Jw_cad
建築詳細図入門

>>> Jw_cad8対応

本書をご購入・ご利用になる前に必ずお読みください

●本書の内容は、執筆時点（2021年1月）の情報に基づいて制作されています。これ以降に製品、サービス、その他の情報の内容が変更されている可能性があります。また、ソフトウェアに関する記述も執筆時点の最新バージョンを基にしています。これ以降にソフトウェアがバージョンアップされ、本書の内容と異なる場合があります。

●本書は、「Jw_cad」の解説書です。本書の利用に当たっては、「Jw_cad」がインストールされている必要があります。Jw_cadのインストール方法はp.32を参照してください。

●本書で解説しているフリーソフト「Jw_cad」については無償のため、作者、著作権者、ならびに株式会社エクスナレッジはサポートを行っておりません。また、ダウンロードやインストールについてのお問合せも受け付けておりません。

●本書は、パソコンやWindows、インターネットの基本操作ができる方を対象としています。

●本書は、Windows 10がインストールされたパソコンで「Jw_cad Version 8.22e」（以降「Jw_cadバージョン8.22e」と表記）を使用して解説を行っています。そのため、ご使用のOSやソフトウェアのバージョンによって、画面や操作方法が本書と異なる場合がございます。

●本書は、Windows 10に対応しています。

●本書で解説しているJw_cad以外のソフトウェアの動作環境は、各ソフトウェアのWebサイト、マニュアル、ヘルプなどでご確認ください。なお、本書ではWindows 10でJw_cadバージョン8.22eを使用した環境で動作確認を行っております。これ以外の環境での動作は保証しておりません。

●本書を利用したことによるいかなる損害に対しても、データ提供者（開発元・販売元・作者など）、著作権者、ならびに株式会社エクスナレッジでは、一切の責任を負いかねます。個人の責任においてご使用ください。

●本書に直接関係のない「このようなことがしたい」「このようなときはどうすればよいか」など特定の操作方法や問題解決方法、パソコンやWindowsの基本的な使い方、ご使用の環境固有の設定や機器に関するお問合せは受け付けておりません。本書の説明内容に関するご質問に限り、p.8の「FAX質問シート」にて受け付けております。

以上の注意事項をご承諾いただいたうえで本書をご利用ください。ご承諾いただけずお問合せをいただいても、株式会社エクスナレッジおよび著作権者はご対応いたしかねます。あらかじめご了承ください。

Jw_cadについて

Jw_cadは無料で使用できるフリーソフトです。そのため株式会社エクスナレッジ、著作権者、データの提供者（開発元・販売元）は一切の責任を負いかねます。個人の責任で使用してください。Jw_cadバージョン8.22eは、Vista/7/8/10上で動作します。本書の内容についてはWindows 10での動作を確認しており、その操作画面を掲載しています。また、Microsoft社がWindows Vista/7のサポートを終了しているため、本書はWindows Vista/7での使用は保証しておりません。ご了承ください。

◉ **Jw_cadバージョン8.22eの動作環境**

Jw_cadバージョン8.22eは、以下のパソコン環境で正常に動作します。

OS（基本ソフト）：上記に記載／内部メモリ容量：64MB以上／ハードディスクの使用時空き容量：5MB以上／モニター解像度：800×600以上／マウス：2ボタンタイプ（ホイールボタン付き3ボタンタイプを推奨）

カバーデザイン：会津 勝久／編集制作：鈴木 健二（中央編集舎）／Special Thanks：清水 治郎＋田中 善文／印刷所：シナノ書籍印刷

はじめに

　筆者は、長年にわたり工業高校建築科の教師として、製図やCADの授業を担当してきました。「平面詳細図」「矩計図」「部分詳細図」などの「詳細図」は、手描き製図では課題としてありましたが、CADで作図させることはありませんでした。そのため卒業設計などで「詳細図」を要求しても、線の使い方のルールなどの基本事項や細部詳細の納まりを間違えるケースが多くなっていました。そこで、「詳細図」をしっかりとした基本ルールに沿ってCAD図面として作図できるようにするための入門テキストが必要と考え、前著『高校生から始めるJw_cad建築詳細図入門』を執筆しました。

　本書は、前著に玄関まわりの「矩計図」の作図方法と、縮尺の違う図面を1枚の図面にまとめる方法を追加し、実務者にも広く活用していただける実用書に仕上げました。また、実務者向けに書名も『Jw_cad建築詳細図入門』としました。

　本書の特長は、実務の初心者や学生でも、CADによる建築の木造在来（軸組）構法の詳細図の作図方法が習得できるよう、コンパクトな内容にまとめてあることです。ただし、誌面の関係上、Jw_cadの基本操作がある程度できることを前提に執筆しています。基本操作が不安という方は、拙著『高校生から始めるJw_cad建築製図入門』（以下『建築製図入門』）、『これで完璧！Jw_cad基本作図ドリル』、『高校生から始めるJw_cad製図超入門』などを参照してください。

> 本書では『建築製図入門』の例題で作図した「木造平家建専用住宅」（オリジナル）を基に、Jw_cadで木造在来（軸組）構法の「平面詳細図」「矩計図」「部分詳細図」などの「詳細図」を作図します。
>
> **1章「建築製図の基本」**では、建築製図を作図するうえで必要となる基本的な知識やルールについて説明します。また、本書で作図する「詳細図」と、それを作図するための基図を紹介します。
> **2章「Jw_cadの準備」**では、Jw_cadのインストールをはじめ、起動・終了の操作、画面各部の機能、ツールバーの設定、図面の保存、基本設定の方法などを解説しています。
>
> 3章から5章では、「木造平家建専用住宅」の「詳細図」を順に作図します。
> **3章「平面詳細図の作図」**では、『建築製図入門』の「平面図」の間取りを基に「平面詳細図」を作図します。
> **4章「矩計図の作図」**では、『建築製図入門』の「断面図」を基に「矩計図」を作図します。作図する矩計図は3枚で、前著の2枚に加えて玄関まわりの矩計図（断面詳細図）を作図します。
> **5章「部分詳細図の作図」**では、「平面詳細図」をさらに詳しくした「平面部分詳細図」「矩計図」をさらに詳しくした「断面部分詳細図」を、外部建具まわりにしぼって作図します。さらに、縮尺が違う平面詳細図と部分平面詳細図を1枚にまとめる方法を解説します。

　本書の内容を理解し、建築の「詳細図」の作図要領を覚えることで、実務でも使える能力が身につき、1人でも多くの方が社会でご活躍されることを望みます。皆さん、頑張ってください。

2021年2月　櫻井 良明

※本書は2013年に刊行された『高校生から始めるJw_cad建築詳細図入門』に加筆・修正したうえで書名を変えたものです。

CONTENTS

4章　矩計図の作図 ────────────────────────── 101

0·1 付録CD−ROMの内容

本書の付録CD-ROM（以降「付録CD」と略称）に収録されているデータとその内容を以下に示します。
これらのデータの使い方は、p.32〜36、p.50〜52、および3章以降の該当項目をご参照ください。
なお、付録CDを使用する前には、必ずp.2の注意書きをお読みください。

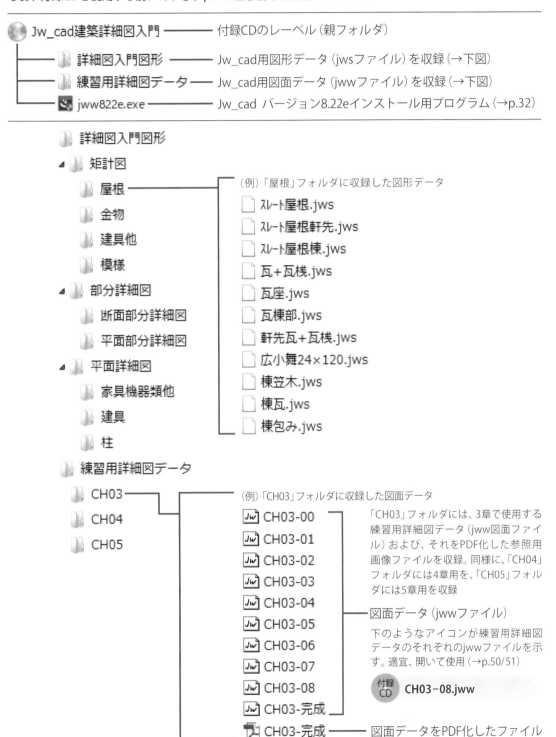

- Jw_cad建築詳細図入門 ——— 付録CDのレーベル（親フォルダ）
    - 詳細図入門図形 ——— Jw_cad用図形データ（jwsファイル）を収録（→下図）
    - 練習用詳細図データ ——— Jw_cad用図面データ（jwwファイル）を収録（→下図）
    - jww822e.exe ——— Jw_cad バージョン8.22eインストール用プログラム（→p.32）

- 詳細図入門図形
    - 矩計図
        - 屋根
        - 金物
        - 建具他
        - 模様
    - 部分詳細図
        - 断面部分詳細図
        - 平面部分詳細図
    - 平面詳細図
        - 家具機器類他
        - 建具
        - 柱

（例）「屋根」フォルダに収録した図形データ
- スレート屋根.jws
- スレート屋根軒先.jws
- スレート屋根棟.jws
- 瓦＋瓦桟.jws
- 瓦座.jws
- 瓦棟部.jws
- 軒先瓦＋瓦桟.jws
- 広小舞24×120.jws
- 棟笠木.jws
- 棟瓦.jws
- 棟包み.jws

- 練習用詳細図データ
    - CH03
    - CH04
    - CH05

（例）「CH03」フォルダに収録した図面データ
- CH03-00
- CH03-01
- CH03-02
- CH03-03
- CH03-04
- CH03-05
- CH03-06
- CH03-07
- CH03-08
- CH03-完成
- CH03-完成 ——— 図面データをPDF化したファイル

「CH03」フォルダには、3章で使用する練習用詳細図データ（jww図面ファイル）および、それをPDF化した参照用画像ファイルを収録。同様に、「CH04」フォルダには4章用を、「CH05」フォルダには5章用を収録

図面データ（jwwファイル）
下のようなアイコンが練習用詳細図データのそれぞれのjwwファイルを示す。適宜、開いて使用（→p.50/51）

付録CD CH03−08.jww

7

FAX 質問シート

Jw_cad 建築詳細図入門

以下を必ずお読みになり、ご了承いただいた場合のみご質問をお送りください。

- ●「本書の手順通り操作したが記載されているような結果にならない」といった本書記事に直接関係のある質問のみご回答いたします。「このようなことがしたい」「このようなときはどうすればよいか」など特定のユーザー向けの操作方法や問題解決方法については受け付けておりません。
- ●本質問シートで FAX または e - mail にてお送りいただいた質問のみ受け付けております。お電話による質問はお受けできません。
- ●本質問シートはコピーしてお使いください。また、必要事項に記入漏れがある場合はご回答できない場合がございます。
- ●ご質問の内容によってはご回答できない場合や日数を要する場合がございます。
- ●e - mail で送信する場合は、書誌名と必要事項を必ずお書きください。
- ●パソコンや OS そのもの、ご使用の機器や環境についての操作方法・トラブルなどの質問は受け付けておりません。

ふりがな

氏名　　　　　　　　　　　　　　　　　年齢　　　歳　　　性別　　男　・　女

回答送付先　　　　（FAX 番号または e-mail アドレスのいずれかをご記入ください。送付先ははっきりとわかりやすくご記入ください。
　　　　　　　　　　判読できない場合はご回答いたしかねます。なお、電話による回答はいたしておりません）

FAX 番号：

e - mail アドレス：

ご質問の内容　　　　（例：146 ページの手順 4 までは操作できるが、手順 5 の結果が別紙画面のようになって解決しない）

【 本書　　　ページ　〜　　　　ページ 】

ご使用のパソコンの環境　　（パソコンのメーカー名・機種名、OS の種類とバージョン、メモリ量、ハードディスク容量など質問内容によって
　　　　　　　　　　　　　　は必要ありませんが、環境に影響される質問内容で記入されていない場合はご回答できません）

建築製図の基本

ここでは、建築図面の製図に必要となる基本的な知識やルールについて解説します。手描きでもCADでも共通に当てはまる内容です。3章以降で行う木造平家建専用住宅の詳細図の作図に役立ててください。

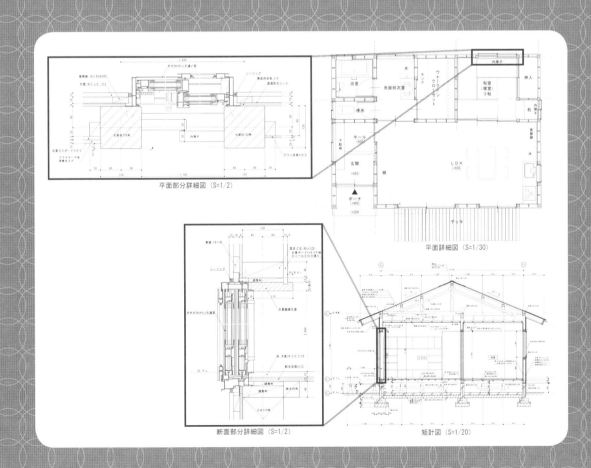

平面部分詳細図（S=1/2）

平面詳細図（S=1/30）

断面部分詳細図（S=1/2）

矩計図（S=1/20）

1・1　建築図面とは

図面は、設計者が考えた設計の意図や内容を相手に伝えるための手段として作図されるものです。建築図面は、その目的に応じて「意匠図」「構造図」「設備図」などに大別されます。本書では、拙著『高校生から始めるJw_cad建築製図入門』の例題で作図した「木造平家建専用住宅」を基に、「意匠図」の「平面図」を詳しくした「平面詳細図」、「断面図」を詳しくした「矩計図」、「平面詳細図」および「矩計図」をさらに詳しくした「平面部分詳細図」「断面部分詳細図」の図面の作図方法を学習します。

1・1・1　建築図面の種類

1つの建築物を建てる場合、その目的に応じていろいろな種類の図面を作図します。建築図面は、「意匠図」「構造図」「設備図」に大別され、その種類の内訳は以下の表のとおりです（標準的な1例）。以下の図面のうち、本書では「木造平家建専用住宅」を例に、「意匠図」の「平面詳細図」「矩計図」「部分詳細図」を作図します。

区別	図面名称	内　　容
意匠図	配置図	建築物が建つ敷地の形状および道路や建築物の位置関係を表した図
	平面図	建築物の各階の床上1〜1.5m付近で水平に切断し、真上から下を見た様子を表した図
	平面詳細図	「平面図」を詳しく表した図（→3章）
	立面図	建築物の外面を指定した方向（東西南北など）から眺めた様子を表した図
	断面図	建築物を指定したところで鉛直に切断し、矢印方向に見た様子を表した図
	屋根伏図	建築物を真上から見た屋根の形状を平面的に表した図
	矩計図	「かなばかり」図と読む。「断面詳細図」と同じ（→4章）
	部分詳細図	特定の部分を詳細に表した図（→5章）
	天井伏図	建築物の各階天井を下から見上げた状態を表した図
	展開図	建築物の各部屋の中央に立ち、四方の壁面を見た状態を表した図
	透視図	パースともいう。建築物の外観や室内を遠近法により立体的にかいた図
	建具表	建具の形状、寸法、材質などをかいた図を表にまとめたもの
	仕上表	建築物の内外部の仕上げ方法や材料を表にまとめたもの
	面積表	敷地や建築物の各階、各室の面積を、求積を含めてまとめたもの
構造図	基礎伏図	建築物の基礎形状や配置を平面的に表した図
	床伏図	建築物の床に使われている構造部材の形状や配置を平面的に表した図
	小屋伏図	建築物の小屋組に使われている構造部材の形状や配置を平面的に表した図
	軸組図	建築物の各壁（通り）ごとに使われている構造部材の形状や配置を立面的に表した図
設備図	電気設備図	建築物の電気設備に必要な器具や装置などの位置、配線などを表した図
	給排水設備図	建築物の給排水設備に必要な器具や装置などの位置、配管などを表した図
	空調設備図	建築物の空気調整設備に必要な器具や装置などの位置、配管などを表した図
	ガス設備図	建築物のガス設備に必要な器具や装置などの位置、配管などを表した図

1·1·2 本書で作図する図面課題

本書では、p.11～15に示す「平面図」「伏図」「断面図」「立面図」「軸組図」を基に、p.16～22に示す「平面詳細図」「矩計図1」「矩計図2」「矩計図3」「部分詳細図（A部窓）」「部分詳細図（B部窓）」を作図します。

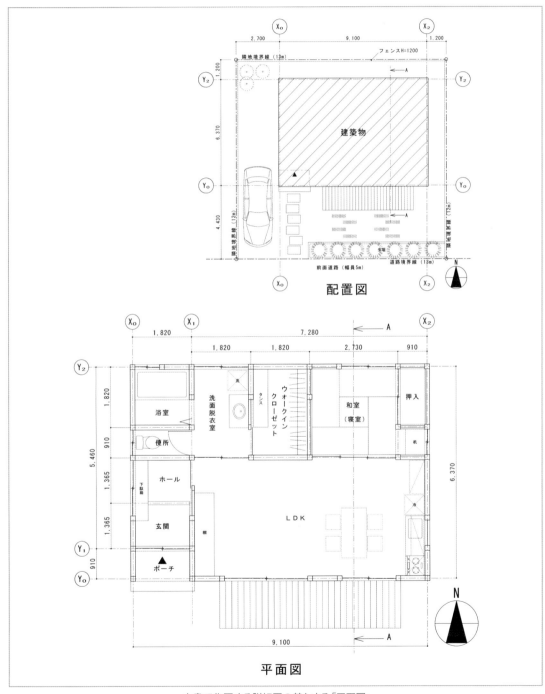

配置図

平面図

本書で作図する詳細図の基とする「平面図」

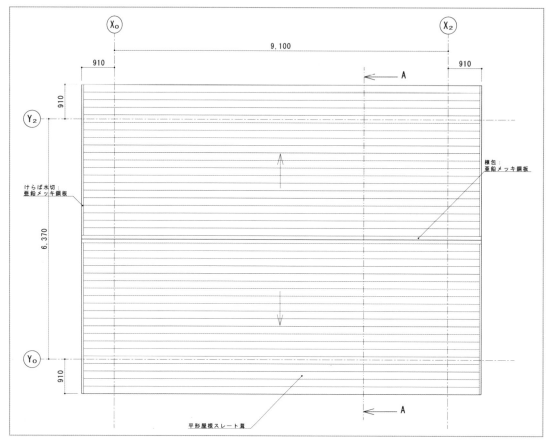

本書で作図する詳細図の基とする「屋根伏図」

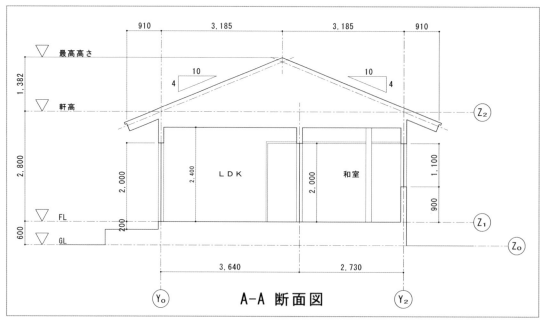

A−A 断面図

本書で作図する詳細図の基とする「断面図」

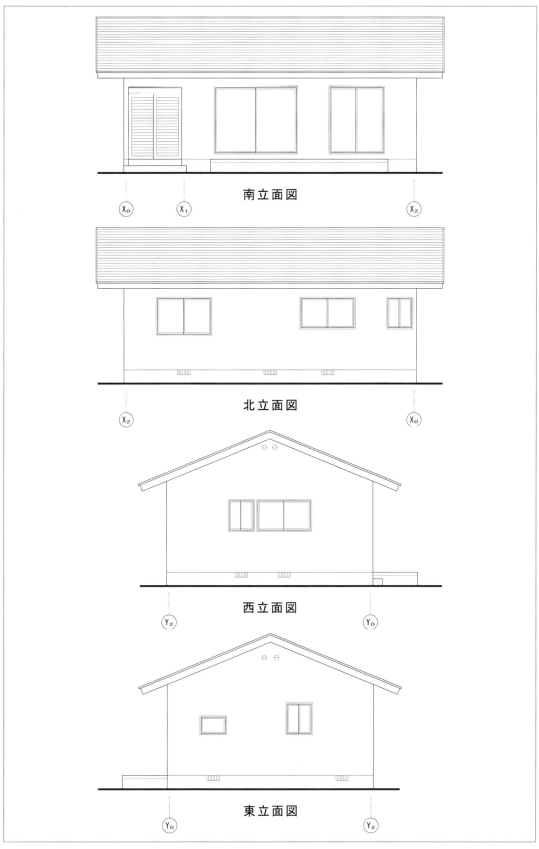

南立面図

X_0　X_1　X_2

北立面図

X_2　X_0

西立面図

Y_2　Y_0

東立面図

Y_0　Y_2

本書で作図する詳細図の基とする「東西南北立面図」

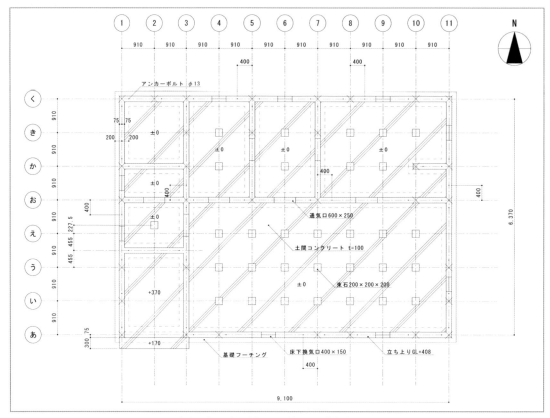

本書で作図する詳細図の基とする「基礎伏図」

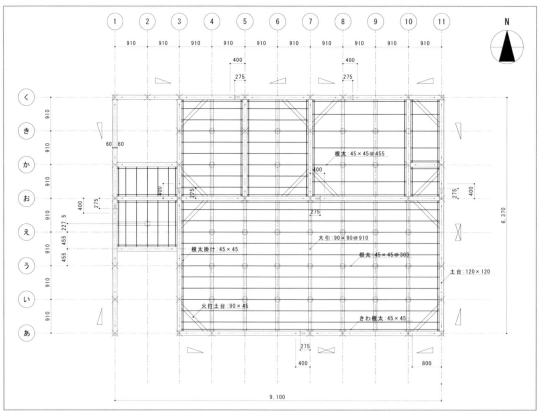

本書で作図する詳細図の基とする「床伏図」

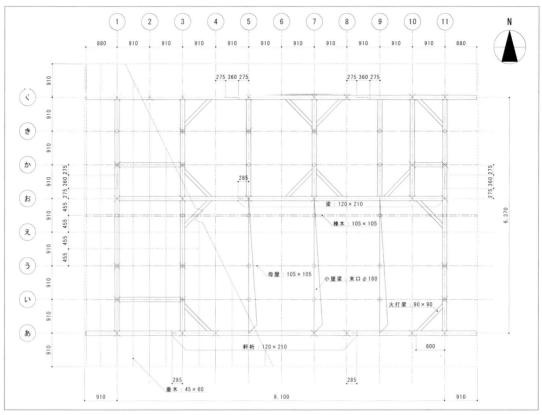

本書で作図する詳細図の基とする「小屋伏図」

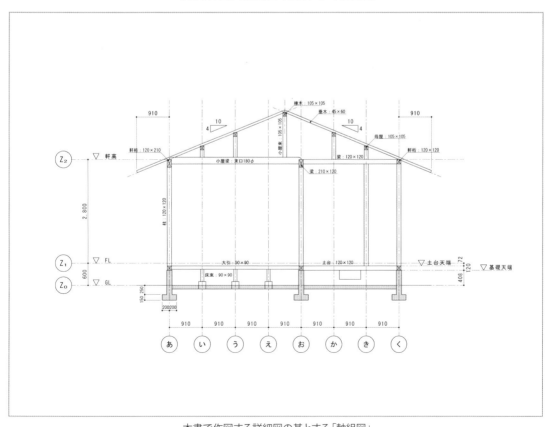

本書で作図する詳細図の基とする「軸組図」

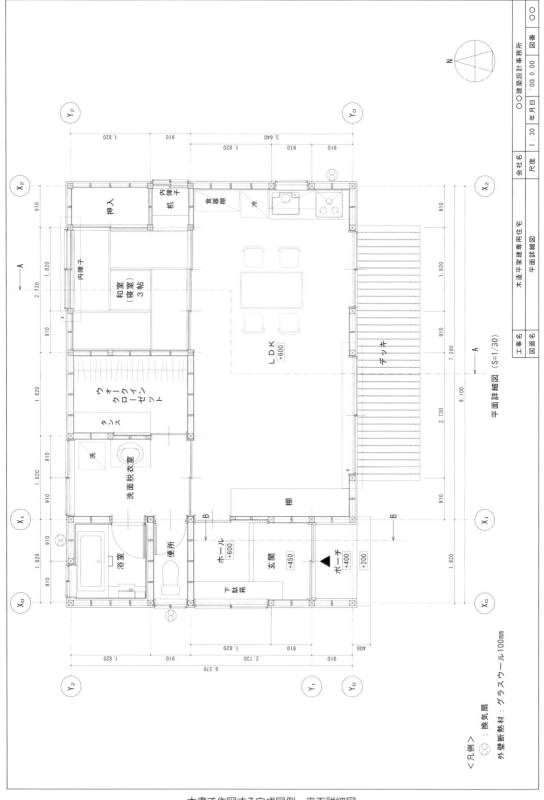

平面詳細図 (S=1/30)

<凡例>
⊗⊗ : 換気扇
外壁断熱材 : グラスウール100mm

本書で作図する完成図例－平面詳細図

工事名		会社名		○○建築設計事務所		○○
図面名					図番	
	木造平家建専用住宅	尺度	1：30	年月日	'00. 0. 00	
	平面詳細図					

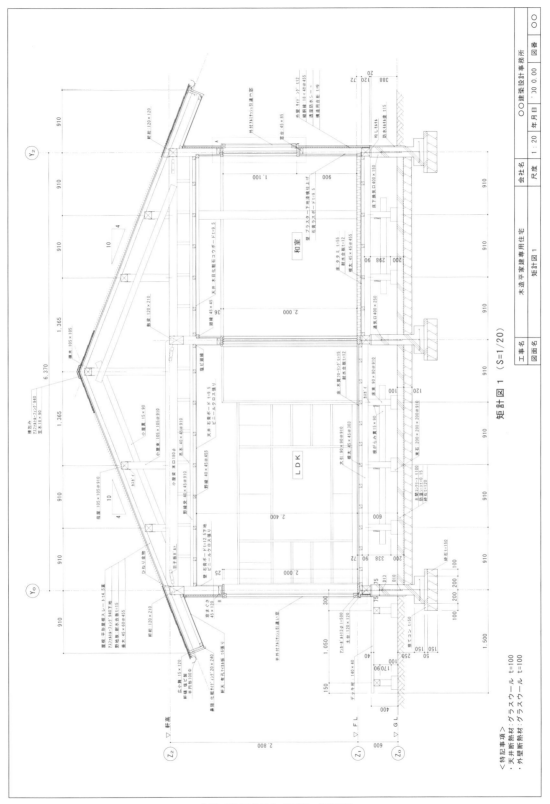

矩計図 1 （S=1/20）

<特記事項>
・天井断熱材：グラスウール t=100
・外壁断熱材：グラスウール t=100

本書で作図する完成図例－矩計図1

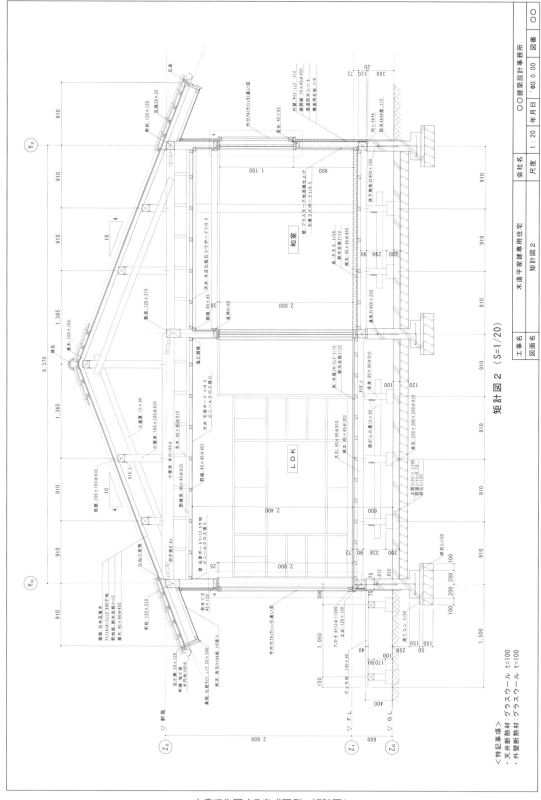

矩計図 2（S=1/20）

< 特記事項 >
・天井断熱材：グラスウール　t=100
・外壁断熱材：グラスウール　t=100

本書で作図する完成図例－矩計図2

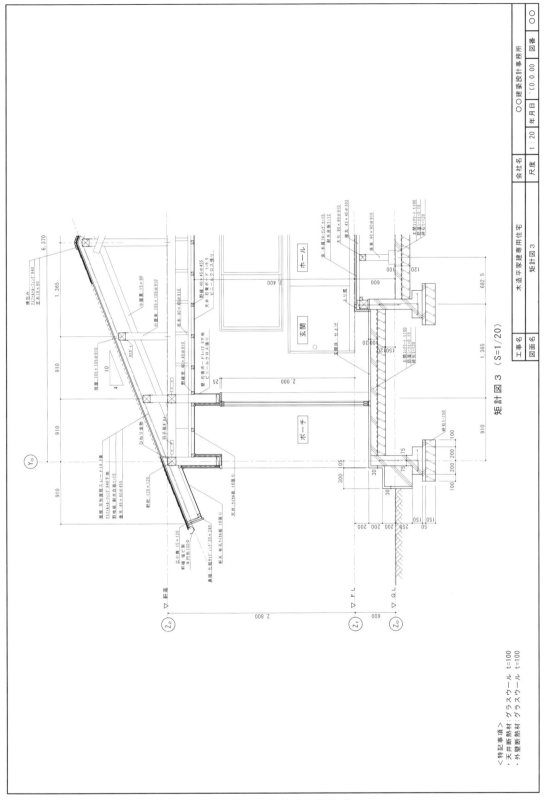

矩計図 3 （S=1/20）

<特記事項>
・天井断熱材：グラスウール t=100
・外壁断熱材：グラスウール t=100

本書で作図する完成図例－矩計図3

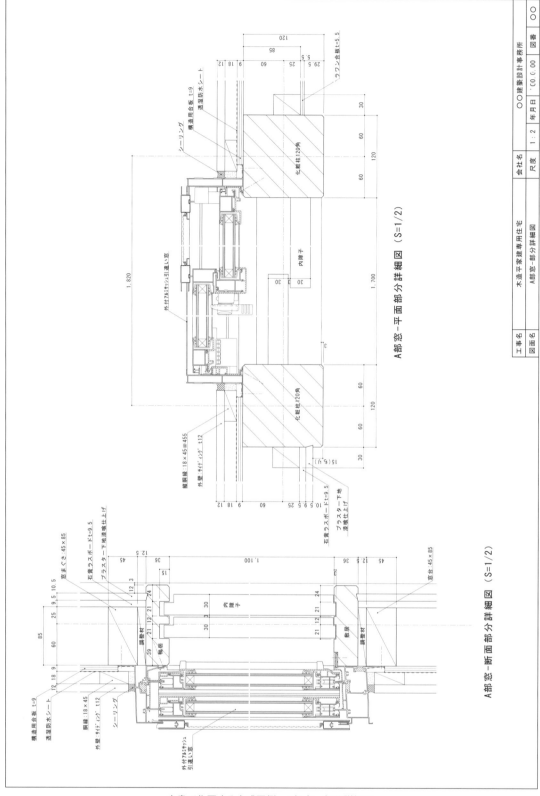

A部窓－平面部分詳細図（S=1/2）

A部窓－断面部分詳細図（S=1/2）

本書で作図する完成図例－A部窓－部分詳細図

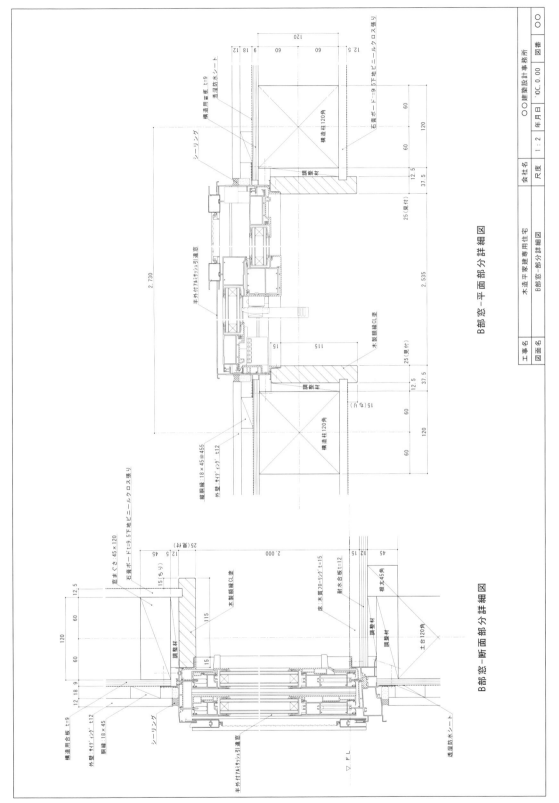

B部窓－平面部分詳細図

B部窓－断面部分詳細図

本書で作図する完成図例－B部窓－部分詳細図

工事名		木造平家建専用住宅	会社名		○○建築設計事務所	
図面名		B部窓－部分詳細図	尺度	1：2	年月日	'0C.0.00	図番	00

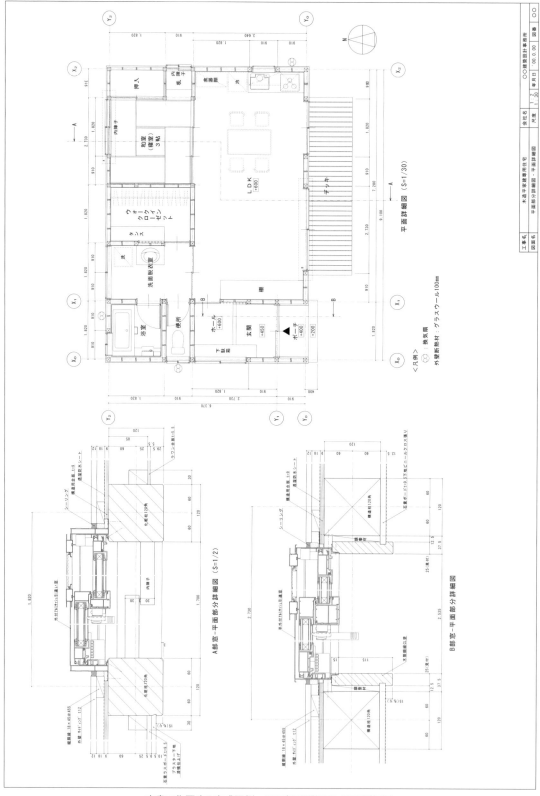

本書で作図する完成図例－平面部分詳細図・平面詳細図

1・1・3 各種図面の関連性

前項で示した建築図面は、それぞれの内容は違っていても、まったく別のものではなく、相互に深い関連性があります。

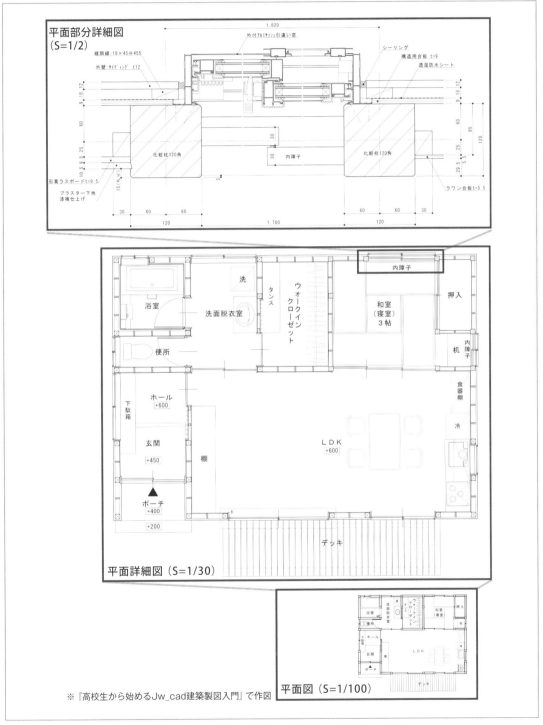

平面図 → 平面詳細図 → 平面部分詳細図への図面拡大の流れ

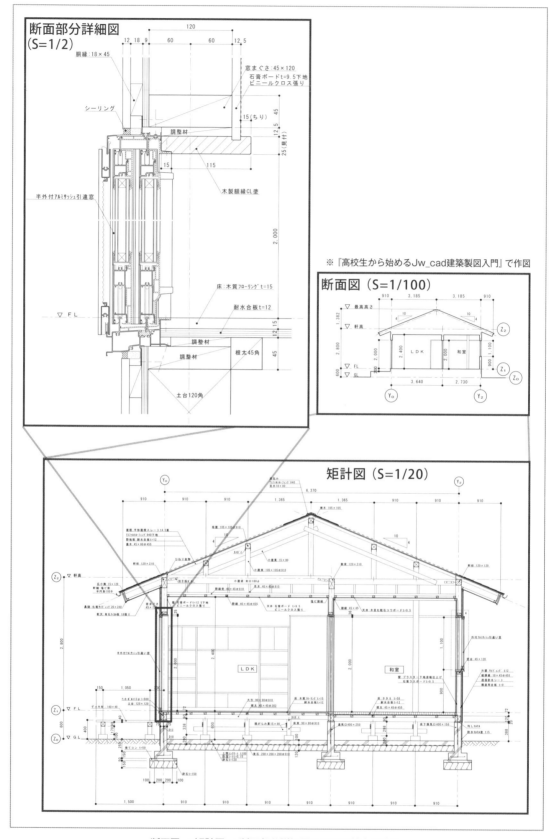

断面図 → 矩計図 → 断面部分詳細図への図面拡大の流れ

1・2 建築製図の基礎知識

ここでは、建築図面を製図するうえで最低限知っておく必要がある項目について説明します。建築製図では、規格の標準化を進めるため、JIS（日本工業規格）が定めた「製図総則」（JIS Z8310）や建築製図通則（JIS A 0150）の製図規約を正しく理解し、誤りのない図面を作図することが大切です。

1・2・1 用紙サイズ

建築製図は、一般的に、JISで定められているA規格（系列）のサイズの用紙（→右表）に作図します。なかでも建築でよく用いられるのは、A系列の「A1」「A2」「A3」判の用紙サイズです。A規格（系列）の用紙の縦横比は1：√2の関係にあり、面積では、A0が面積1m²で他のサイズの基準になり、面積でその1/2がA1、その1/2がA2、その1/2がA3、その1/2がA4です。

規格名称	用紙サイズ（横mm×縦mm）
A 0	841 × 1,189
A 1	594 × 841
A 2	420 × 594
A 3	297 × 420
A 4	210 × 297

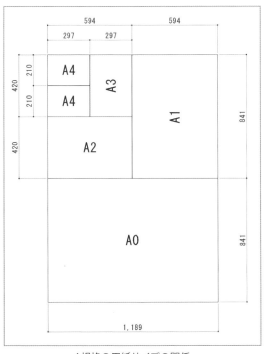

A規格の用紙サイズの関係

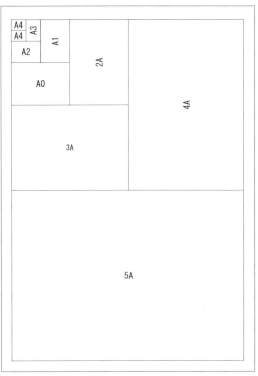

Jw_cadで設定可能な用紙サイズ（一部）

1・2・2　線

建築製図に使う線は、下表のように作図し分けるのが一般的です。

線の太さ	太さの比	線の種類	実　例	用　途
細　線	1	実　線	———————	姿線、寸法線、引出線など
		点　線	....	隠線、想像線など
		一点鎖線	—・—・—・—・—	通り芯（壁・柱の中心線）、基準線など
		二点鎖線	—・・—・・—・・—	切断線など
太　線	2	実　線	———————	外形線、輪郭線など
極 太 線	4	実　線	———————	断面線、輪郭線など
		一点鎖線	▬・▬・▬・▬	隣地境界線、道路境界線など
超極太線	8	実　線	▬▬▬▬▬	基準地盤線＜GL＞（グランドライン）、図面枠など
極 細 線		実　線	....	下書線、補助線

- 用途に応じて「太さ」と「種類」を使い分け、メリハリの利いた表現にする必要があります。
- 線の太さは、細い順から、「細線」「太線」「極太線」「超極太線」があります。「極細線」は、下書き時の線として用い、線の交差部などがわかるようにするのが目的で、CADでは印刷（出力）されません。
- 線の種類は、「実線」「点線」「一点鎖線」「二点鎖線」などがあります。

1・2・3　文字

建築製図に使う文字は、下図のように作図し分けるのが一般的です。

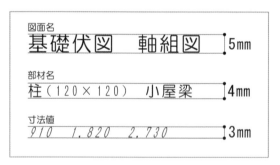

- 文字の種類には、「漢字」「ひらがな」「カタカナ」「数字」「英字」「記号」などがあります。
- 文字の大きさは、2～3種類くらいに統一して作図します。

1·2·4 尺度（縮尺）

建築製図では、建築物を図面に表現するため、図面に応じて尺度を決めます。下表に主な尺度を示します。

尺　度	図　面
1：1、1：2	原寸詳細図、納まり図など
1：5、1：10、1：20、1：30	矩計図、部分詳細図など
1：50、1：100、1：200	平面図、断面図、立面図などの意匠図、構造図、設備図など
1：500、1：1000以上	大規模な土地の敷地図、配置図など

● 実物と同じ大きさのものを「原寸」または「現尺」といい、「S=1：1」「S=1/1」のように表します。
● 通常は実物よりも小さく表現するので、この場合「縮尺」といい、「S=1：100」「S=1/100」（100分の1）のように表します。「S=1：○」「S=1/○」において、○の整数値が小さくなるほど特定の部分を詳細に表すことができ、○の整数値が大きいほど広い範囲まで表すことができます。

図面は尺度によって表現方法が変わります。例えば、木造建築の壁における1：100と1：50による作図表現方法の違いを下表に示します（1：50の方が図面は大きくなるためより詳細に表現できる）。

尺　度	作　図　表　現　方　法	尺　度	作　図　表　現　方　法
1：100 （壁仕上げを省略）	壁／柱	1：50 （壁仕上げを作図）	壁仕上／柱／間柱

1·2·5 寸法

建築製図では、寸法を、寸法線、寸法補助線（引出線）、寸法値、端末記号で構成します。

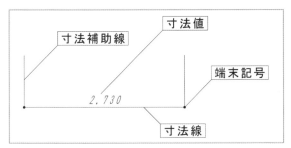

建築製図における寸法の表示例

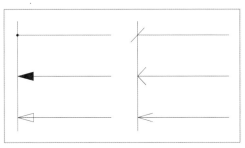

端末記号の表示例

● 寸法値の単位は、原則としてミリメートル（mm）とし、単位記号は付けません。ミリメートル以外の単位を使う場合のみ、末尾に単位記号を付けます。
● 端末記号は、右上図のように表します。
● 寸法線と寸法補助線（引出線）は、細線の実線で表します。

1・2・6 組立基準線と基準記号

建築製図では、組立基準線 (一般には単に「基準線」と呼ぶ) と基準記号を下図のように表します。

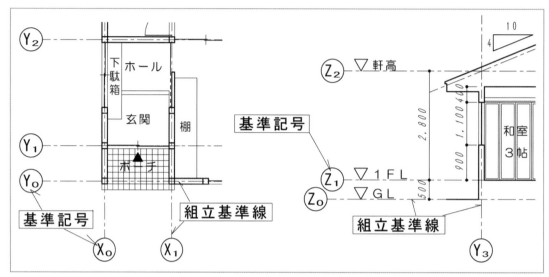

建築製図における組立基準線と基準記号の表示例

- 組立基準線は、平面方向は「通り芯」と呼び、通常は主要な柱、壁の中心線とします。高さ方向は、地盤面、各階の床仕上面、屋根の構造を支える水平材 (木造の場合：軒桁) の上端が基準となります。
- 基準記号は、平面方向は「X_0、X_1、…、X_n」「Y_0、Y_1、…、Y_n」、高さ方向で「Z_0、Z_1、…、Z_n」で表します。ここで、「Z_0」が地盤面 (GL)、「Z_1」が1階床高 (1FL) …「Z_n」が水平材の上端を表すことになります。
- 本書で学ぶ詳細図は木造軸組構造のため、下ごしらえで大工さんの仕事が容易にできるように、910mm間隔で基準記号を付けるようにし、平面方向では「1、2、3、…」「あ、い、う、…」で表します。

1・2・7 勾配と角度 (傾き)

建築製図では、勾配と角度 (傾き) を右図のように表します。
- 建築物の部位で傾斜しているのは主に「屋根」と「スロープ」で、その傾きを「勾配」といい、「垂直長さ／水平長さ」で表します。
- 木造の屋根のように比較的傾斜が大きい場合は水平長さを「10」とし、「3/10」「4/10」のように表します。
- RC造の屋根のように比較的傾斜が小さい場合は垂直長さを「1」とし、「1/50」「1/100」のように表します。
- 敷地の形状や建築物の平面形が直角でない場合は「75°」「120°」のように度数法で表す場合があります。

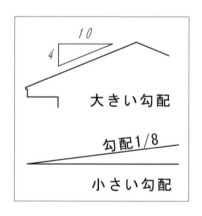

建築製図に用いる表示記号

建築物の図面の表現は尺度で変わります。以下に、JISの標準的な建築製図用の表示記号を示します。

1·3·1 平面表示記号（JIS A 0150他）

以下は、1：100または1：200平面図の表示記号例です。JISを基に慣例的な記号も掲載しています。

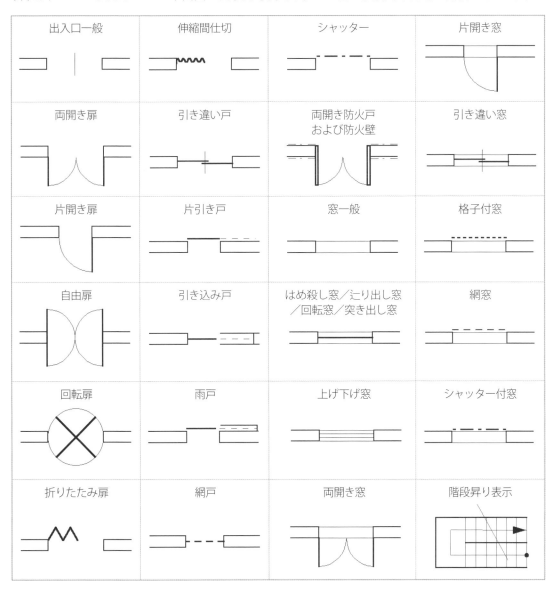

出入口一般	伸縮間仕切	シャッター	片開き窓
両開き扉	引き違い戸	両開き防火戸および防火壁	引き違い窓
片開き扉	片引き戸	窓一般	格子付窓
自由扉	引き込み戸	はめ殺し窓／こり出し窓／回転窓／突き出し窓	網窓
回転扉	雨戸	上げ下げ窓	シャッター付窓
折りたたみ扉	網戸	両開き窓	階段昇り表示

1·3·2 材料構造表示記号（JIS A 0150他）

以下は、平面図や矩計図などの断面部の表示記号例です。JISを基に慣例的な記号も掲載しています。

表示事項	1：100 〜 1：200 程度	1：20 〜 1：50 程度	1：2 または 1：5 程度
壁一般			
コンクリートおよび鉄筋コンクリート			
軽量壁一般			
普通ブロック壁 軽量ブロック壁			実形をかいて材料名を記入する
鉄 骨			
木材および木造壁	真壁造 管柱／片ふた柱／通し柱 真壁造 管柱／片ふた柱／通し柱 大壁造 管柱／間柱／通し柱 柱を区別しない場合	化粧材 構造材　補助構造材	化粧材 （年輪または木目を記入する） 構造材　補助構造材 合 板
地 盤			
割ぐり			
砂利・砂		材料名を記入する	材料名を記入する
石材または擬石		石材名または擬石名を記入する	石材名または擬石名を記入する
左官仕上		材料名および仕上げの種類を記入する	材料名および仕上げの種類を記入する
畳			
保温・吸音材		材料名を記入する	材料名を記入する
網			メタルラスの場合 ワイヤラスの場合 リブラスの場合
板ガラス			
タイルまたはテラコッタ		材料名を記入する 材料名を記入する	
その他の材料		細かくかいて材料名を記入する	細かくまたは実形をかいて材料名を記入する

Jw_cadの準備

ここでは、本書で使用するJw_cad バージョン8.22e（付録CDに収録。以降、「Jw_cad 8.22e」または「Jw_cad」と略称）をWindowsパソコンにインストールし、起動や終了の方法、画面構成、図面ファイルを開いたり、閉じる方法を解説します。また、Jw_cadおよび図面ファイルを本書の解説に合わせるための基本的な設定を行います。

2·1 Jw_cadのインストール、起動、画面構成

付録CDに収録したJw_cad（本書執筆時点での最新バージョン8.22e）をWindowsパソコンにインストールします。また、Jw_cadの起動方法、標準的な画面構成と各部名称を紹介します。なお、Jw_cad作者のWebページ（http://www.jwcad.net/）から最新バージョンのJw_cadをダウンロードできます。

2·1·1 Jw_cadのインストール

付録CDに収録したJw_cadバージョン8.22eを、Jw_cadのインストールプログラムに従って、既定位置である「C：」ドライブの「jww」フォルダにインストールします。

❶ 付録CDをパソコンのDVD/CDドライブにセットする。Windows付属のエクスプローラーが起動して、デスクトップにウィンドウが開く（➡下のcolumn）。

❷ 「jww822e」アイコンを👆👆（左ダブルクリック）して実行する。

左ダブルクリック

---

column　エクスプローラーを手動で起動する

エクスプローラーが自動で起動せず、ウィンドウが開かない場合は、エクスプローラーを手動で起動します。エクスプローラーを起動する方法はWindowsのバージョンによっていくつかありますが、ここでは以下の方法で行います。

① タスクバー左端にあるスタートボタンを👆（右クリック）する。

② スタートメニューが開くので、そのまま「エクスプローラー」を👆（左クリック）する。

Jw_cadバージョン8.22eを使えるパソコンの仕様には条件がありますが、市販されている一般的なWindows 10パソコンで2ボタンマウス（ホイールボタン付きの3ボタンマウスを推奨）を使用するかぎり、本書の解説内容の範囲で正常に動作することを確認しています。

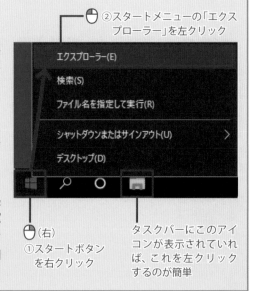

👆 ②スタートメニューの「エクスプローラー」を左クリック

👆（右）
①スタートボタンを右クリック

タスクバーにこのアイコンが表示されていれば、これを左クリックするのが簡単

❸「Jw_cad用のInstallShieldウィザードへようこそ」ダイアログが開くので、「次へ」ボタンを🖲。

❹ ダイアログが切り替わるので、使用許諾契約書をよく読み、同意したら「使用許諾契約の条項に同意します」を🖲して黒丸を付ける（◉の状態にする）。
❺「次へ」ボタンを🖲する。

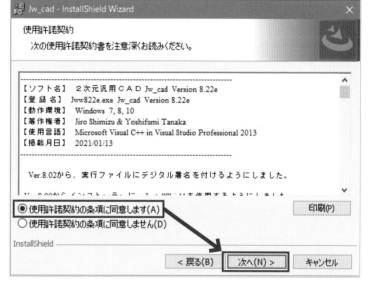

❻ ダイアログが切り替わるので、「Jw_cadのインストール先：C：¥JWW¥」の表示を確認したら、「次へ」ボタンを🖲。

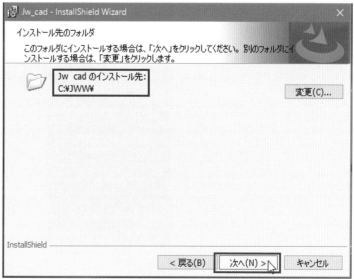

❼ ダイアログが切り替わるので、「現在の設定」の「インストール先フォルダ：C：¥JWW¥」の表示を確認したら、「インストール」ボタンを🖐。

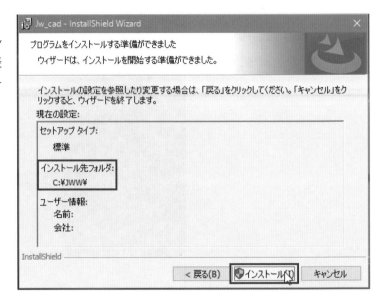

❽ インストール実行中のダイアログが開くので、少し待つ（一般的な性能のパソコンならば数十秒程度）。

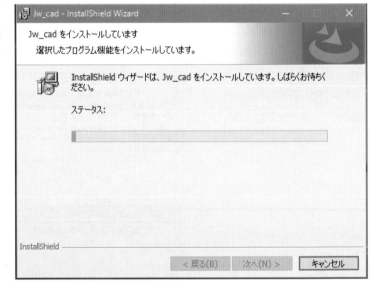

❾ 完了するとダイアログが切り替わるので、「完了」ボタンを🖐。

❿ エクスプローラーを起動（➡ p.32）して、「C：」ドライブに「jww」フォルダがインストールされたことを確認する。

> 「C：」ドライブという名称は、パソコン機種やWindowsバージョンによって異なります。

2·1·2 Jw_cadの起動用ショートカットアイコンを作り、Jw_cadを起動

インストールしたJw_cadを起動する方法にはいくつかありますが、デスクトップに起動用ショートカットアイコンを作っておくと便利です。

❶ 画面左下隅のスタートボタンを🖰して開くスタートメニューに「Jw_cad」があるので、これを🖰（右）（「Jw_cad」がない場合 ➡下のcolumn）。

> スタートメニューの「Jw_cad」を🖰すると、Jw_cadが起動します。

❷ メニューが開くので、「その他」を🖰し（マウスポインタを合わせるだけでもよい）、さらに開くメニューで「ファイルの場所を開く」を🖰。

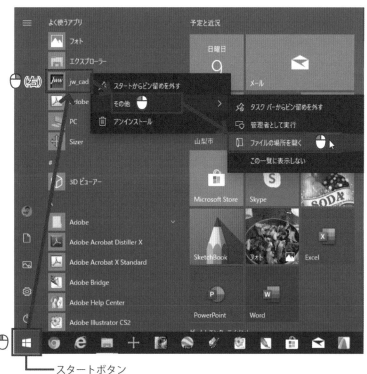

└─ スタートボタン

---

column　スタートメニューの「Jw_cad」を探す

Windows 10以前のバージョンではスタートメニューに「Jw_cad」が表示されない場合があります。その場合は、スタートメニューの「すべてのアプリ」（すべてのプログラム）を🖰し、開くメニューの「Jw_cad」（フォルダ）を🖰すれば表示されます。

❸「Jw_cad」ウィンドウが開くので、「jw_cad」アイコンを🖱（右）し、開くメニューの「送る」を🖱し（マウスポインタを合わせるだけでもよい）、さらに開くメニューの「デスクトップ（ショートカットを作成）」を🖱。

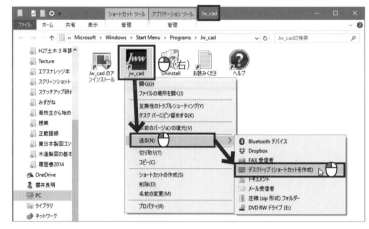

❹ デスクトップにJw_cad起動用のショートカットアイコンが作られたことを確認する。

このショートカットアイコンを🖱🖱すると、Jw_cadが起動して、新規の図面ファイル「無題」（図では非表示状態だが実際には拡張子「.jww」の「無題.jww」）が開く。

> 図の表示「無題-jw_win」の「-jw_win」は、Jw_cadの図面ファイルを意味しているだけで、拡張子ではありません。

❺ ウィンドウ右上隅の ✕ （閉じる）ボタンを🖱して「Jw_cad」ウィンドウも閉じる。

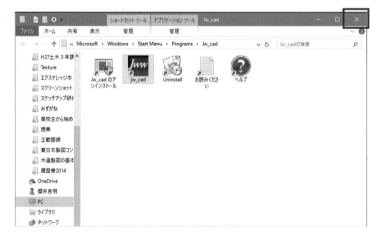

2·1·3 Jw_cadの画面構成

Jw_cadインストール後に起動した時の画面構成を下図に示します。この画面が標準的な初期設定での画面です。

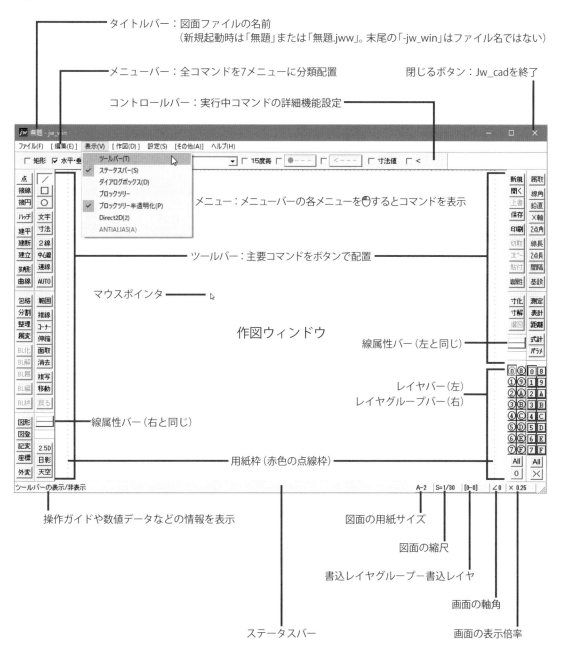

タイトルバー：図面ファイルの名前
（新規起動時は「無題」または「無題.jww」。末尾の「-jw_win」はファイル名ではない）

メニューバー：全コマンドを7メニューに分類配置

閉じるボタン：Jw_cadを終了

コントロールバー：実行中コマンドの詳細機能設定

メニュー：メニューバーの各メニューを🖱するとコマンドを表示

ツールバー：主要コマンドをボタンで配置

マウスポインタ

作図ウィンドウ

線属性バー（左と同じ）

レイヤバー（左）
レイヤグループバー（右）

線属性バー（右と同じ）

用紙枠（赤色の点線枠）

操作ガイドや数値データなどの情報を表示

図面の用紙サイズ

図面の縮尺

書込レイヤグループ－書込レイヤ

画面の軸角

ステータスバー

画面の表示倍率

2·2 基本設定、図面の保存、図面を開く、Jw_cadの終了

3章以降で本書の内容に沿って詳細図を作図する場合は、必ず前の2.1節でインストールしたJw_cadバージョン8.22eを、ここで解説する内容に合わせてから始めてください。

2·2·1 ツールバーの追加表示

3章以降で本書の内容に沿って作図するために、ツールバーを1つ追加表示します。必須条件ではありませんが、追加表示しないと、いくつかのコマンドの選択が面倒になります。

❶ Jw_cadを起動し、メニューバー「表示」を🖱し、開くメニューから「Direct2D（2）」コマンドを🖱してチェックを外す。チェックが外れたかどうかの確認は❷で行う。

> 「Direct2D（2）」コマンドは本書では使わない機能なので、必ず無効にしておきます。

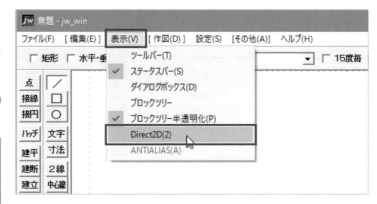

❷ 同様に、メニューバー「表示」を🖱し、開くメニューから「ツールバー」コマンドを🖱。

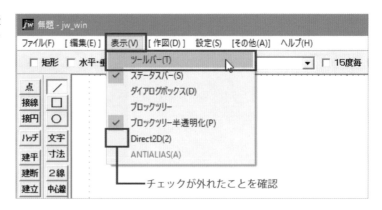

チェックが外れたことを確認

❸「ツールバーの表示」ダイアログが開くので、「初期状態に戻す」を🖐してチェックを付ける。

❹「ユーザー（1）」を🖐してチェックを付ける。

❺「OK」ボタンを🖐する。

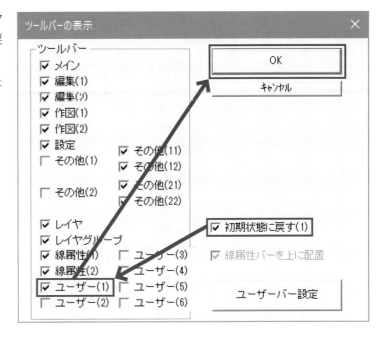

❻ 作図ウィンドウに「ユーザー（1）」ツールバーが追加表示されたことを確認する。

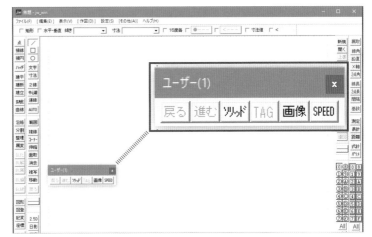

以上で、作図ウィンドウに「ユーザー（1）」ツールバーが表示されます。ただし、このままでは、このツールバーが作図の邪魔になるので、コントロールバー右端部に移動します。

❼「ユーザー（1）」ツールバーのタイトルバー部でマウスの左ボタンを押し、そのまま移動（左ボタンのドラッグ）して、図の位置付近でボタンを放す。

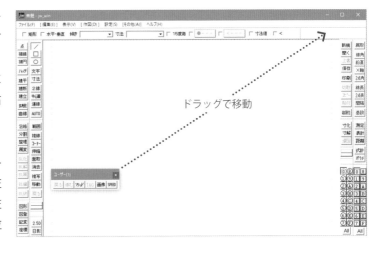

ドラッグで移動

以上で、ツールバーの追加表示設定は完了です。本書に掲載している画面のツールバーは、すべてこの状態になっています。

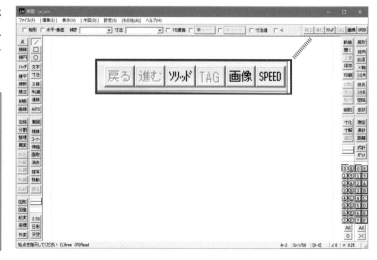

> 「ユーザー（1）」ツールバーには「進む」や「ソリッド」コマンドがあります。このように、本シリーズでは設定や登録変更を行っています。ツールバーは、いつでも変更や初期化が自由にできるようになっているのです。

2·2·2　作図する図面ファイルの基本設定を変更

Jw_cadでは、作図に際してのほとんどの基本設定を図面ファイルごとに設定・保存できます。設定は「基本設定」コマンドを実行すると開く「jw_win」ダイアログなどで行います。3章以降での作図では、ここでの設定と同じであることを前提としているので、必ず、設定を合わせてから作図を始めてください。

❶ メニューバー「設定」を🖱する。

❷ 表示されるメニューから「基本設定」コマンドを🖱する。

> ❶〜❷の代わりに、ツールバーのコマンドボタン「基設」を🖱しても同じです。

基本設定を行う「jw_win」ダイアログが開くので、以下のように順次、設定します。

❸ 「一般（1）」タブでは、以下の項目（チェックボックス）を🖱してチェックを付ける（他は初期設定のまま変更しない）。

　「読取り点に仮点表示」
　「消去部分を再表示する」
　「ファイル読込項目」の3項目
　「用紙枠を表示する」
　「新規ファイルのとき…」

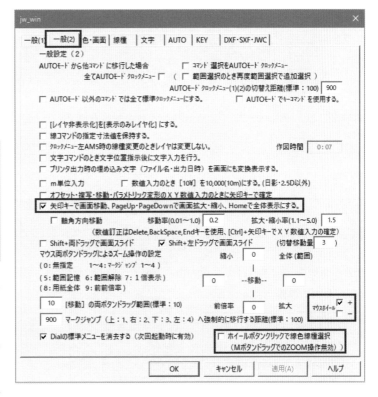

❹ 「一般（2）」タブを🖱して画面を切り替え、以下の項目（チェックボックス）を🖱してチェックを付ける。

　「矢印キーで画面移動、…」
　「マウスホイール」欄の「＋」

「マウスホイール」欄の「＋」にチェックを付けると、マウスホイールの後方（手前）回転で画面拡大、前方（奥）回転で画面縮小になります（「－」にチェックを付けると逆）。

❺ ホイールボタンを操作する時に「線属性」ダイアログが開く場合があるので、「ホイールボタンクリックで線色線種選択」のチェックを外す。

❻ 他は初期設定のまま変更しない。

❼ 「色・画面」タブを🖱して画面を切り替え、以下の項目（チェックボックス）を🖱してチェックを付ける（他は初期設定のまま変更しない）。

「実点を指定半径（mm）で…」

他の5つのタブの設定は、すべて初期設定のまま変更しません。

❽ 「OK」を🖱し、「jw_win」ダイアログを閉じる。

以上、このように基本設定を行った図面ファイルならば、本書での解説に適合します。本書を参照しながら作図を進める場合は、必ずここでの設定に合わせてください。

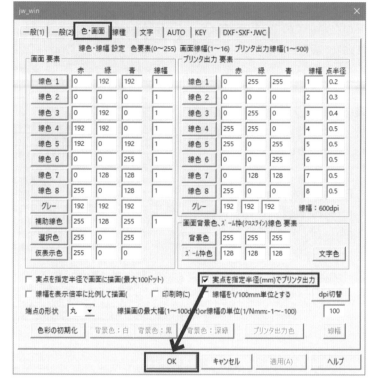

2·2·3 図面ファイルの新規保存（名前を付けて保存）・開く、Jw_cadの終了

前項まででツールバーの追加表示および基本設定を変更した図面ファイルは、3章以降の作図に使用できます。なお、作図を進めると、途中の図面ファイルを適宜、保存する必要があります。ここでは、練習を兼ねて、現在使用している（開いている）図面ファイルに別の名前を付けて新規保存（「名前を付けて保存」）し、Jw_cadを終了する練習をします。また、保存した図面ファイルを開く方法も解説します。

図面ファイルの新規保存

❶ メニューバー「ファイル」を🖱し、表示されるメニューから「名前を付けて保存」（またはツールバー「保存」）を🖱する。

> 作図した図面を新規保存する時のコマンドは「名前を付けて保存」（ツールバーのボタンは「保存」）です。保存済みの図面に変更を加えた後の再保存は「上書き保存」（ツールバーのボタンは「上書」）です（→次ページ）。

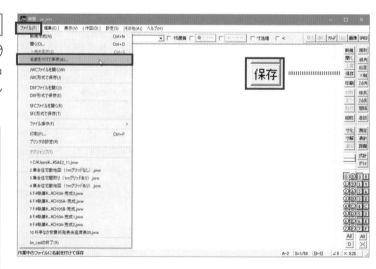

❷ 開く「ファイル選択」ウィンドウで、保存先とするフォルダ（本書では例として「C：jww」）を🖱する。

❸ 「新規」を🖱する。

作図した図面の保存先（パソコンのハードディスクのドライブやフォルダ）は任意です（パソコンの環境によって画面表示が一様ではないため）。
本書では「C：jww」フォルダに直接保存しますが、「C：jww」フォルダの中に任意の保存用フォルダ（「作図練習」フォルダなど）を作って保存すると管理しやすいでしょう（以降同）。

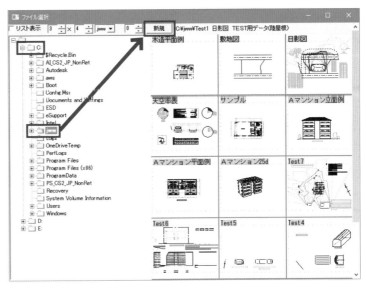

❹ 開く「新規作成」ダイアログで、「名前」ボックスに、ここでは例として「課題」と入力する。

❺ 「OK」を🖱し、「新規作成」ダイアログと「ファイル選択」ウィンドウを閉じる。

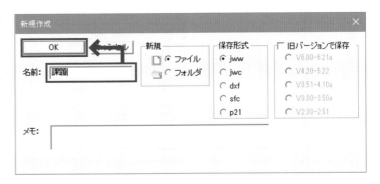

以上で、新規保存は完了です。
なお、図面ファイル名を変更せずに現在の内容の状態に更新する場合は「上書き保存」コマンド（ツールバー「上書」）を🖱します。画面上の変化はありませんが、ただちに上書き保存（内容更新）が行われます。

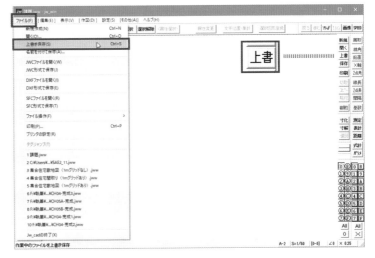

Jw_cadの終了

❶ タイトルバー右端の ✕ を🖑して、Jw_cadを終了する。

以上で、Jw_cadが終了し、図面ファイルも閉じます。

> 作図を終えた最新の状態が図面ファイルとしてハードディスクなどに保存されていない場合は、Jw_cad終了時に保存確認のダイアログが開きます。保存する必要がある場合は、新規保存＝名前を付けて保存または上書き保存（→前ページ）を行ってください。

> Jw_cadには他のWindowsソフトのようなファイルを閉じるコマンドがありません。したがって、図面を作図し終わって、その図面ファイルを閉じる場合は、Jw_cadを終了させます。なお、Jw_cadを終了させないで、続けて別の図面ファイルを使う場合は、図面ファイルを新規作成（「新規作成」コマンド→Jw_cad起動時と同じ結果となる）するか、保存済みの図面ファイルを開きます（「開く」コマンド→下段）。その時も現在開いている図面ファイルは自動的に閉じます。

図面ファイルを開く

ここでは例として、前ページで新規保存した「課題.jww」を開きます。

❶ Jw_cadを起動し、メニューバー「ファイル」を🖑し、表示されるメニューから「開く」（またはツールバー「開く」）を🖑する。

❷ 開く「ファイル選択」ウィンドウで、左側のフォルダツリー部で開く図面ファイルが保存されているフォルダ（本書では例として「C：jww」）を🖑する。

❸ 右側のファイルサムネイル一覧部で、開く図面ファイル（本書では例として「課題」）を🖑🖑する。

図面ファイル「課題」が開きます。

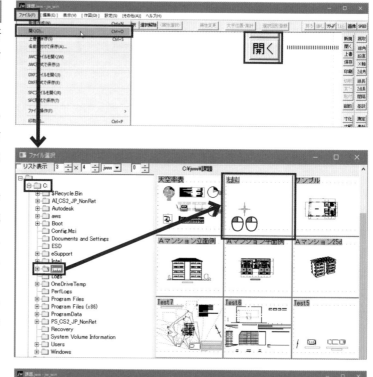

> Jw_cadは、同時に1つの図面ファイルしか開いておくことができません。2つ以上の図面ファイルをモニター上に同時に開いておきたい場合は、図面ファイルの数だけJw_cadを起動します。Jw_cadは同時に複数起動しておくことができます。これもJw_cadの大きな特徴です。

平面詳細図の作図

ここでは、拙著『高校生から始めるJw_cad 建築製図入門』で作図した木造平家建専用住宅の「平面図」の間取りを基に、縮尺1/30で「平面詳細図」として作図します。

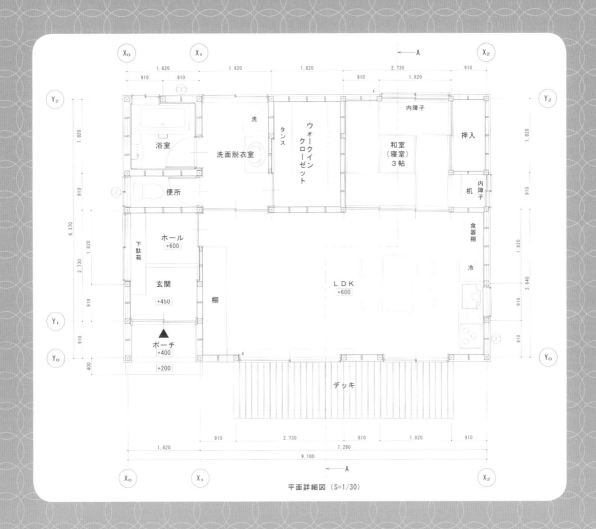

平面詳細図 (S=1/30)

3·1 平面詳細図の作図にあたって

平面詳細図の作図にあたって、まず作図前の確認を行います。以下の「作図のポイント」を必ず確認してから作図を始めるようにしてください。

作図のポイント

- 平面詳細図とは、平面図の縮尺を上げて、詳細にかく図面をいいます。
- 縮尺は、作図する用紙のサイズや建築物の規模にもよりますが、一般的には1/20〜1/50程度を用います。できるだけ縮尺を上げて見やすいように表現します。本書では1/30で作図します。
- 柱は、構造材と化粧材で区別し、間柱も明記します。

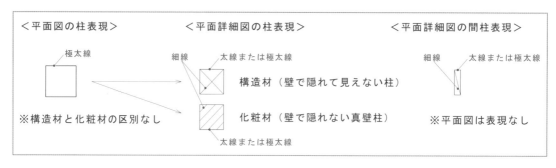

- 壁は、仕上材に厚みをもたせて表現します（→p.49の図中の「あ」の部分）。

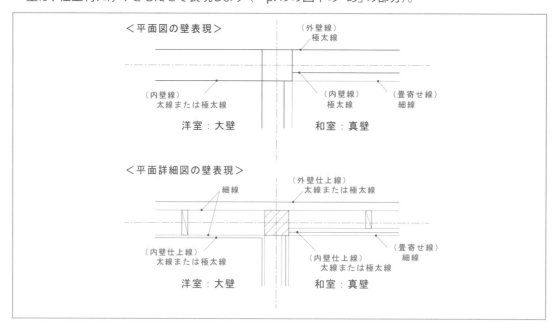

● 外部建具は、サッシや額縁も表現します。また、和室で内障子が付く場合もその表現をします。
下図は、半外付サッシの場合の例です（→p.49の図中の「い」の部分）。

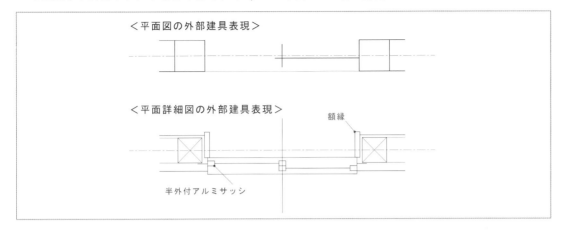

下図は、外付サッシ・内障子付の場合の例です（→p.49の図中の「う」の部分）。

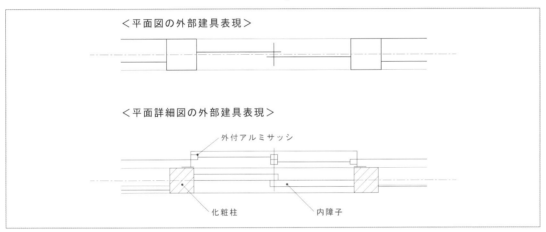

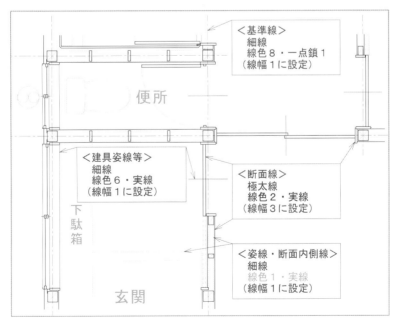

本書での平面詳細図における線の使い分け

● 内部建具は、建具に厚みをもたせ、建具枠も表現します（→p.49の図中の「え」の部分）。

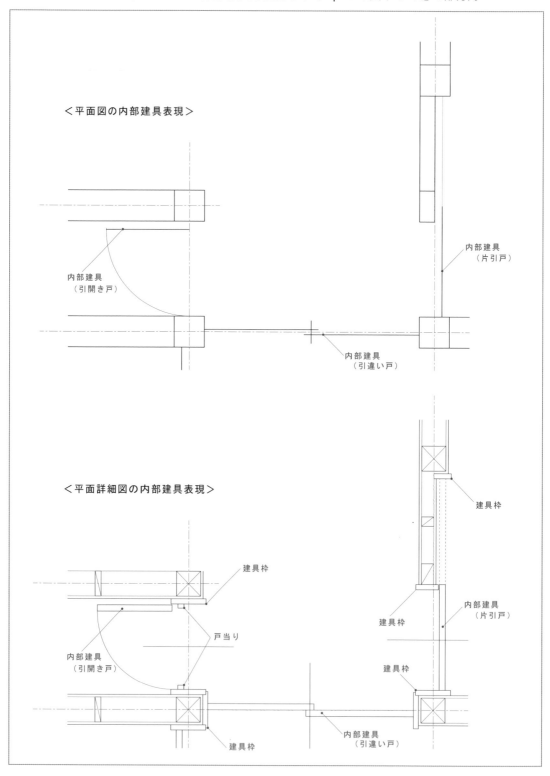

＜平面図の内部建具表現＞

内部建具
（引開き戸）

内部建具
（片引戸）

内部建具
（引違い戸）

＜平面詳細図の内部建具表現＞

建具枠

建具枠

戸当り

内部建具
（引開き戸）

建具枠

建具枠

内部建具
（片引戸）

建具枠

内部建具
（引違い戸）

● 姿線は、畳のへりまで作図して、細部まで表現します。

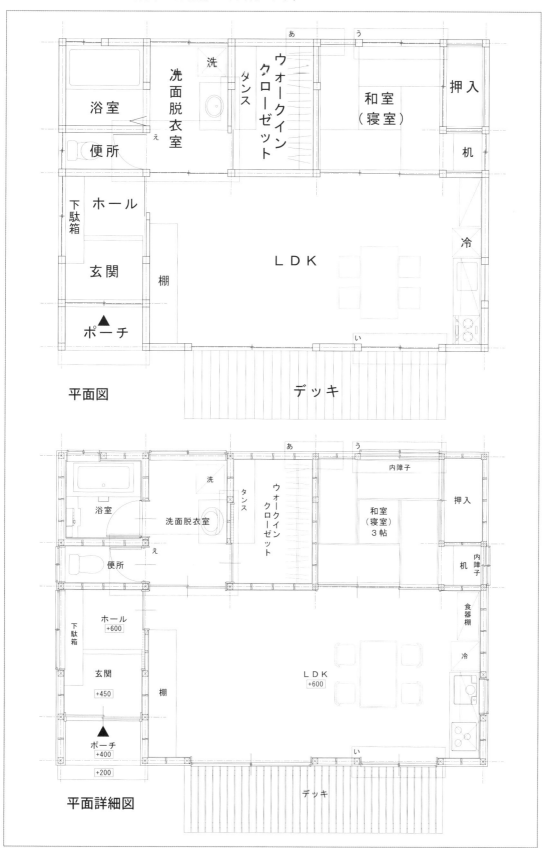

平面図

平面詳細図

3・2 練習用詳細図データの準備と、基本設定の確認

本書で詳細図を作図する図面は、「練習用詳細図データ」として（→p.7）、かき始めの図面、途中経過の図面、完成図面など、すべて付録CDに収録しています。練習用詳細図データは基本設定など済ませてあるので、読者の方は必ずこれらの図面ファイルを使用して作図を進めてください。そうすることで、図面の基本設定（→p.55）を行う必要がなくなります。ここでは、練習用詳細図データに加え、各種図形データ（「詳細図入門図形」として付録CDに収録）も、付録CDからハードディスクの「jww」フォルダ（Jw_cadをインストールしたフォルダ）にコピーし、基本設定の内容を確認します。

3・2・1 練習用詳細図データなどをjwwフォルダにコピー

付録CDに収録した「練習用詳細図データ」フォルダと「詳細図入門図形」フォルダを、ハードディスクのCドライブの「jww」フォルダ内に、フォルダごとコピーします。

❶ パソコンを起動し、付録CDをCDまたはDVDドライブにセットし、Windowsのエクスプローラなどで付録CDを開く（自動的に開く場合もある）。

❷ Windowsのエクスプローラなどで、付録CDの「練習用詳細図データ」フォルダと「詳細図入門図形」フォルダを、フォルダごとハードディスクのCドライブの「jww」フォルダ内にコピーする。

> コピー先は「jww」フォルダに限らず任意ですが、本書では「jww」フォルダにコピーしています。

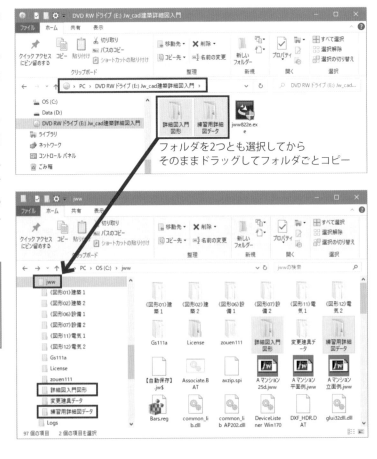

フォルダを2つとも選択してから
そのままドラッグしてフォルダごとコピー

3·2·2 練習用詳細図データの「CH03-00（.jww）」を別名「平面詳細図（.jww）」で保存

前項でコピーした「練習用詳細図データ」フォルダの「CH03-00.Jww」を、適当な場所に、別の図面ノファイル名で保存（コピー）します。

❶ 前項の❷に続けて「練習用詳細図データ」フォルダを🖱🖱して開く。

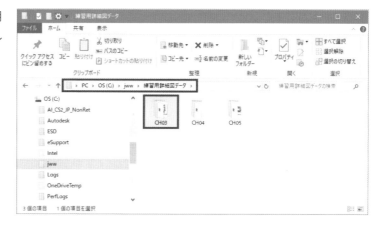

❷ さらに「CH03」フォルダを開き、「CH03-00.jww」ファイルを🖱🖱する。

付録 CD CH03-00.jww

❸ Jw_cadが起動し、図面ファイル「CH03-00.jww」が開くので、「ファイル」メニューの「名前を付けて保存」（→p.42）を🖱する。

（→p.42）

図面ファイル「CH03-00.jww」には、図面枠および表題を作図済みです。本書ではこれらの作図手順は省略します。

51

❹ 開く「ファイル選択」ウィンド
ウで、保存先とするフォルダ（本
書では例として「C：jww」）を🖱️
する。
❺「新規」を🖱️する。

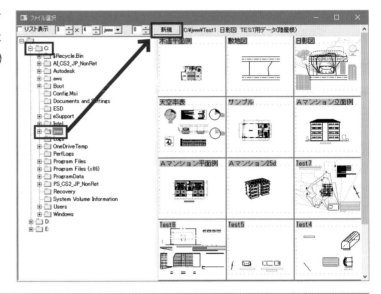

作図した図面の保存先（パソコンのハードディスクのドライブやフォルダ）は任意です（パソコンの環境に
よって画面表示が一様ではないため）。
本書では「C：jww」フォルダに直接保存しますが、「C：jww」フォルダの中に任意の保存用フォルダ（「作図
練習」フォルダなど）を作って保存すると管理しやすいでしょう（以降同）。

❻「新規作成」ダイアログが開
くので、「名前」ボックスに「平面
詳細図」と入力する。
❼「OK」ボタンを🖱️する。

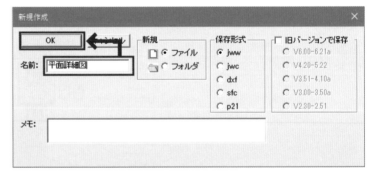

❽ ダイアログとウィンドウが閉
じ、Jw_cadの作図ウィンドウに
戻るので、タイトルバーで図面
ファイル名が「平面詳細図.jww」
に変わったことを確認する。

3·2·3 レイヤ、用紙サイズ、縮尺の確認

ここでは、前項で保存した「平面詳細図.jww」に設定済みのレイヤ、用紙サイズ、縮尺を確認します。

使用する（かき分ける）レイヤグループおよびレイヤの確認

本書で作図する平面詳細図の図面ファイル「平面詳細図.jww」には、以下のレイヤグループ・レイヤを設定済みです。この設定で作図を開始します。

図面名	縮　尺	レイヤグループ	レイヤグループ名	レイヤ	レイヤ名
平面詳細図	1/30	0	平面詳細図	0	基準線
				1	柱
				2	間柱
				3	外部建具
				4	内部建具
				5	壁
				6	衛生機器家具他
				7	寸法文字他
図面枠・表題	1/1	F	図面枠	0	図面枠
				1	図名・尺度

❶ 書込レイヤグループ0のボタンを🖱して「レイヤグループ一覧」ウィンドウを開き、内容を確認したら右上端の ✕ を🖱して閉じる。同様に、書込レイヤ0のボタンを🖱して「レイヤ一覧」を開き、確認する。

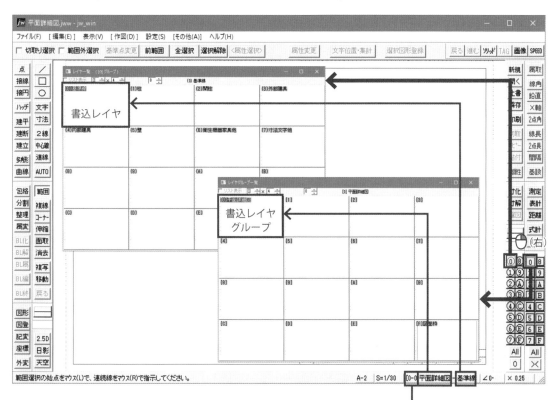

[0-0]は、0レイヤグループ（ここでは「平面詳細図」）の0レイヤ（ここでは「基準線」）を表す

ステータスバーのボタンにレイヤグループ名を表示

❶ ステータスバーの「書込レイヤグループ－書込レイヤ」ボタンを🖱して開く「レイヤ設定」ダイアログで、「レイヤグループ名をステータスバーに表示する」にチェックを付けると、図のようにレイヤグループ名が表示される。

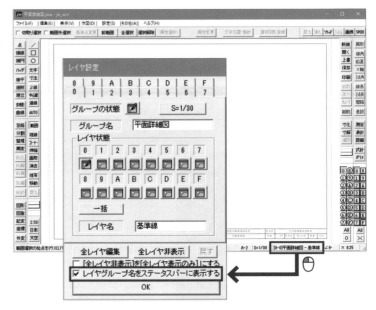

レイヤグループ（平面詳細図）の縮尺の確認

❶ 使用する2つの0レイヤグループ、Fレイヤグループの縮尺（→前ページのレイヤ分け表）を、ステータスバーの縮尺ボタン「S=1/30」を🖱して開く「縮尺・読取　設定」ダイアログで確認する。

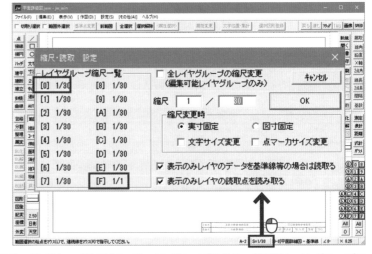

平面詳細図で使用する0レイヤグループは「1/30」、Fレイヤグループは「1/1」。縮尺はレイヤグループに設定し、レイヤごとには設定できない（1つのレイヤグループではすべてのレイヤが同じ縮尺となる）

用紙サイズの確認

❶ 使用する用紙サイズ「A-2」は、ステータスバーの用紙サイズボタンの表示で確認する（🖱するとメニューが表示される）。

平面詳細図はA2判サイズで作図

3·2·4 図面の基本設定を確認

続けて、「平面詳細図.jww」に設定済みの基本設定を確認します。内容は1カ所（以下の最下段の図の「プリンタ出力 要素」の設定）を除いてp.40〜42と同じです。詳細はそちらを参照してください。

❶ ツールバー「基設」を🖱して開く「jw_win」ダイアログの3つのタブ画面で、図の赤枠のチェック付きを確認する。

本書で作図した図面はカラー印刷するため、このプリント出力の線色設定は、線色1〜7は黒、線色8だけは赤に設定している

「線属性」ダイアログの「線色2」〜「線色8」に対応したこれらの項目は、初期設定では、番号が大きくなるほど太い線で印刷される設定だが、図面ファイル「平面詳細図.jww」ではここの数値を変更している。こういう設定もあるので、以降の作図では必ず練習用詳細図データを使用していただきたい

【jw_winダイアログ 一般(1)タブ】

一般設定（1）　外部エディタ　C:¥WINDOWS¥NOTEPAD.EXE　参照

画面横寸法(mm) 246　全体表示モード 狭幅優先　画面横ドット数 1366
オートトープ 時間(1〜1000分) 30　バックアップ ファイル数 1　Undo の回数 100

☐ クロックメニューを使用しない　☐ 左 ☐ 右 クロックメニュー開始のAM／PMは前操作状態
☑ 読取り点に仮点表示　クロックメニューに移行する ドラッグ 量(20〜200) 35
☐ 複数のとき、数値入力後の[Enter]キーで連続複線にする　☑ 消去部分を再表示する
ファイル読込項目 ☑ 線色要素・線種パターン・点半径　☑ 描画・印刷状態　☑ 文字基準点ずれ
☐ プリンタ出力イメージの背景を白にする（背景色が白の場合は無効）　☐ 初期コマンド ：AUTOモード
☐ 円周1/4点読取りを、円周1/8点読取りにする
☐ 線長取得で円を指示したとき、円半径取得を円周長取得にする　☑ 用紙枠を表示する
☐ 入力数値の文字を大きくする　☐ ステータスバーの文字を大きくする
☐ 文字入力コンボボックスの文字数を2バイト単位で表示
文字表示と枠表示の切り替えドット数 6　文字フォント表示倍率 1
☐ マウスの左または右ボタンを押して1秒待つと操作(L:移動)(R:縮小・拡大)
☐ 線コマンドでマウスを左または上下に4回移動すると水平垂直線と斜線との切替
☐ クロスラインカーソルを使う　(☐ 範囲指定のみ　☐ 範囲始点のみ　)
☐ 表示のみレイヤも属性取得　☐ ファイル選択にコマンドダイアログを使用する
☐ 逆順描画　☑ 画像・ソリッドを最初に描画　☐ ソリッドを先に描画
☑ 透過属性　ソリッド 描画順 ☑ レイヤ順 ☐ レイヤ逆順 ☐ 色順 ☐ 色逆順 ☐ 印刷出力設定順
☑ 新規ファイルのときレイヤ名・状態を初期化、プロフィール・環境ファイルを再読込み　☐ 逆順サーチ
線数 0　円数 0　文字 0　点数 0　寸法 0　ブロック,ソリッド 0, 0

【jw_winダイアログ 一般(2)タブ】

一般設定（2）

AUTOモード から他コマンドに移行した場合　☐ コマンド 選択をAUTOモード クロックメニュー
全てAUTOモード クロックメニュー　(☐ 範囲選択のとき再度範囲選択で追加)
AUTOモード クロックメニュー(1)(2)の切替え距離(標準
☐ AUTOモード 以外のコマンド では全て標準クロックメニューにする。　☐ AUTOモード でキーコマ

☐ [レイヤ非表示化]を[表示のみレイヤ化]にする。
☐ 線コマンドの指定寸法値を保持する。
☐ クロックメニュー左AM5時の線種変更のときレイヤは変更しない。　作図時
☐ 文字コマンドのとき文字位置指示後に文字入力を行う。
☐ プリンタ出力時の埋め込み文字（ファイル名・出力日時）を画面にも変換表示する。
☐ m単位入力　☐ 数値入力のとき [10#] を10,000(10m)にする。(日影・2.5D以外)
☐ オフセット・複写・移動・パラメトリック変形のX Y数値入力のときに矢印キーで確定
☑ 矢印キーで画面移動、PageUp・PageDownで画面拡大・縮小、Homeで全体表示にする。
☐ 軸角方向移動　移動率(0.01〜1.0) 0.2　拡大・縮小率(1.1〜5.0) 1.5
（数値訂正はDelete,BackSpace,Endキーを使用、[Ctrl]+矢印キーでX Y数値入力の確定）
☐ Shift+両ドラッグで画面スライド　☑ Shift+左ドラッグで画面スライド　(切替移動量 3)
マウス両ボタンドラッグによるズーム操作の設定　縮小 0　全体（範囲）
(0：無指定 1〜4：マークジャンプ 1〜4)
(5：範囲記憶 6：範囲解除 7：1倍表示)　0 --移動--
(8：用紙全体 9：前前倍率)　前倍率 0　拡大　マウスホイール ☑ +　☐ -
10 [移動]の両ボタンドラッグ範囲(標準：10)
900 マークジャンプ（上：1、右：2、下：3、左：4）へ強制的に移行する距離(標準：100)
☑ Dialの標準メニューを消去する（次回起動時に有効）　☐ ホイールボタンクリックで線
(Mボタンドラッグでの ZOO

OK　キャンセル　適用(A)

【jw_winダイアログ 色・画面タブ】

一般(1) 一般(2) 色・画面 線種 文字 AUTO KEY DXF・SXF・JWC

線色・線幅 設定 色要素(0〜255) 画面線幅(1〜16) プリンタ出力線幅(1〜500)

画面 要素

	赤	緑	青	線幅
線色 1	0	192	192	1
線色 2	0	0	0	1
線色 3	0	192	0	1
線色 4	192	192	0	1
線色 5	192	0	0	1
線色 6	0	0	255	1
線色 7	0	128	128	1
線色 8	255	0	0	1
グレー	192	192	192	
補助線色	255	128	128	1
選択色	0	255	0	
仮表示色	255	0	255	

プリンタ出力 要素

	赤	緑	青	線幅	点半径
線色 1	0	0	0	1	0.2
線色 2	0	0	0	3	0.3
線色 3	0	0	0	4	0.4
線色 4	0	0	0	2	0.5
線色 5	0	0	0	8	0.5
線色 6	0	0	0	1	0.5
線色 7	0	0	0	1	0.5
線色 8	255	0	0	1	0.5
グレー	192	192	192	線幅：600dpi	

画面背景色、ズーム枠(クロスライン)色 要素

	赤	緑	青	
背景	255	255	255	
ズーム枠色	128	128	128	文字色

☐ 実点を指定半径で画面に描画(最大100ドット)　☑ 実点を指定半径(mm)でプリンタ出力
☐ 線幅を表示倍率に比例して描画(　☐ 印刷時に　☐ 線幅を1/100mm単位とする　dpi切替
端点の形状 丸 ▼　線描画の最大値(1〜100dot)or線幅の単位(1/Nmm:-1〜-100) 100

色彩の初期化　背景色：白　背景色：黒　背景色：深緑　プリンタ出力色　線幅

3·2·5 作図ウィンドウの目盛表示を確認

平面詳細図の作図では、作図ウィンドウに目盛（等間隔の格子仮点で、印刷されない作図補助点）を表示させます。「平面詳細図.jww」で目盛が表示設定になっていることを確認します。

❶ ステータスバーの軸角ボタンを🖐して開く「軸角・目盛・オフセット　設定」ダイアログで、図の3カ所の赤枠の項目を確認する。

3カ所の赤枠を確認

❷ 現在の画面表示倍率では目盛が見えないので、マウスのホイールボタンを手前に回転させて画面を拡大表示し（→下段の囲み）、目盛を確認する。

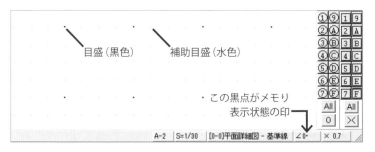

目盛（黒色）　補助目盛（水色）

この黒点がメモリ表示状態の印

目盛の間隔は水平・垂直とも910mm
補助目盛（ダイアログの「表示最小間隔」）の間隔は910÷4＝227.5mm

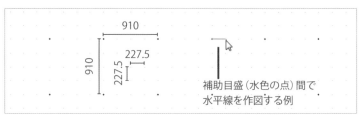

910
910
227.5
227.5

補助目盛（水色の点）間で水平線を作図する例

画面表示変更操作

拡大・縮小
　▶ マウスホイールボタンの回転（p.41の設定の場合）⇒ 手前側回転：拡大　向こう側回転：縮小
　▶ 両ボタンでドラッグ
　　　右下方向ドラッグ：指定範囲拡大
　　　左上方向ドラッグ：ドラッグ開始位置を中心に1/2縮小

画面移動 ▶ 両ボタンをクリック：クリック位置が作図ウィンドウの中心になる
図面（用紙）全体表示 ▶ 両ボタン右上方向ドラッグ：初期状態の図面（用紙）全体表示に戻る

前節までで設定が終わったので、ここからは平面詳細図の作図を開始します。最初は「基準線」です。基準線は柱や壁の中心を通る線のことで、「通り芯」や「中心線」とも呼ばれます。平面図各部の線のほとんどは基準線を基準としてかきます。このため、基準線には100%の正確さが求められます。

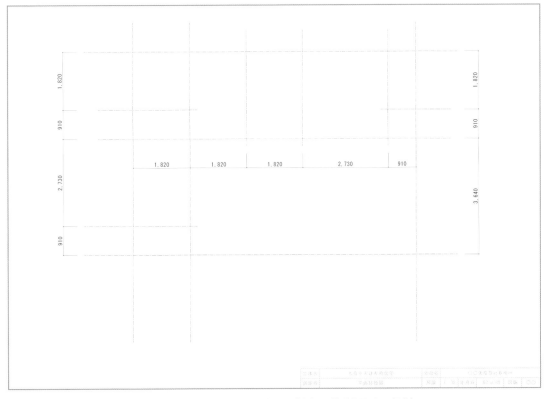

3.3節で作図する基準線の完成図例（赤色の線が作図する部分）

作図のポイント

- 0レイヤグループ「平面詳細図」、0レイヤ「基準線」に作図します。
- 細線の一点鎖線で作図するので、線属性は、線色「線色8（赤色）」、線種「一点鎖1」に設定します。
- 作図位置（各線間の寸法）は、上記完成図例に示したとおりです。

3·3·1 線属性と書込レイヤの設定

線属性を線色「線色8（赤色）」、線種「一点鎖1」に設定します。書込レイヤは0レイヤグループの0レイヤに設定されています。

❶「線属性」バーを🖱して開く
「線属性」ダイアログで、「線色8」
と「一点鎖1」を順次🖱して設定し
（ボタンをへこませる）、「Ok」を
🖱する。

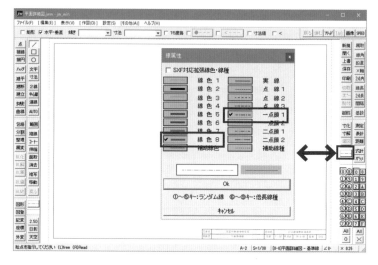

作図ウィンドウの周囲に作図済
みの図面枠および表題は、以
降、利用することがないので、
Fレイヤグループを、編集するこ
とができない表示のみレイヤグ
ループ（薄いグレー表示）にしま
す。

❷レイヤグループバーの「F」ボ
タンを2回🖱して、表示のみレ
イヤグループ（薄いグレー表示）に
する（ボタンは枠なし数字表示
になる）。

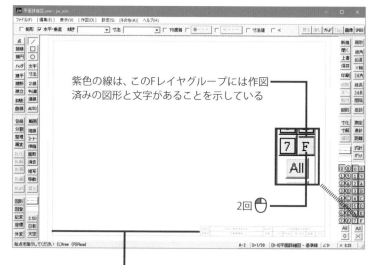

紫色の線は、このFレイヤグループには作図
済みの図形と文字があることを示している

2回🖱

図面枠と表題が薄いグレー表示になる

2回🖱は🖱🖱（ダブルクリック）
とは違います。🖱（クリック）
と🖱（クリック）の時間間隔を
少しとってください。

3·3·2 基準線の作図

p.570の完成図例を参照して、「線」コマンド（ツールバー「／」）で、すべての基準線を作図します。

❶ ツールバー「／」を🖲し、コントロールバー「水平・垂直」にチェックを付ける。

❷ 線の始点・終点として目盛（黒色または水色）を🖲（右）し、順次、水平線または垂直線をかく（始点・終点は拡大図も参照）。

❸ ツールバー「上書」を🖲して、図面ファイル名「平面詳細図.jww」のまま上書き保存（内容更新）する。

 CH03-01.jww

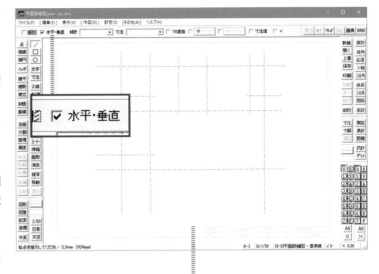

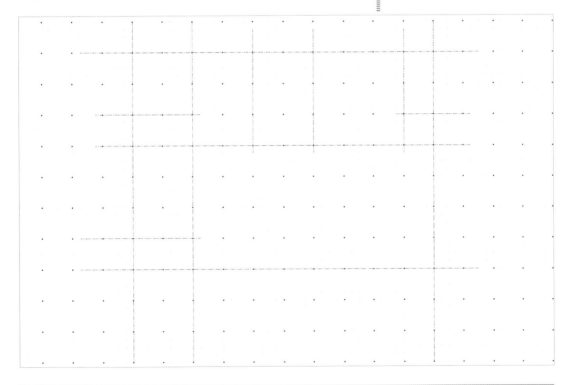

ここまで作図してきた図面ファイル「平面詳細図.jww」は、付録CDの「練習用詳細図データ」フォルダの「CH03」フォルダに「CH03-01.jww」というファイル名で収録しています（3章のデータは「CH03」フォルダ、4章のデータは「CH04」フォルダ、5章のデータは「CH05」フォルダに収録。ハードディスクにコピー済み→p.7/50）。適宜、参照・利用してください。以降は上記のアイコンのみ掲載し、解説は省略します。

3・4 柱と間柱の作図

前節で作図した基準線をガイドにして、続けて120×120mmの柱（構造用柱、化粧用柱）および間柱（30×120mm、30×85mm、30×50mm）を使い分けながら作図します。

3・4・1 書込レイヤの設定、柱の作図

ここでは、書込レイヤを切り替え、下図の完成図例を参照して、本書で使うJw_cad用図形データ（付録CDの「詳細図入門図形」フォルダ→「平面詳細図」フォルダ→「柱」フォルダに収録→p.7）を貼り付けることで柱を作図します。

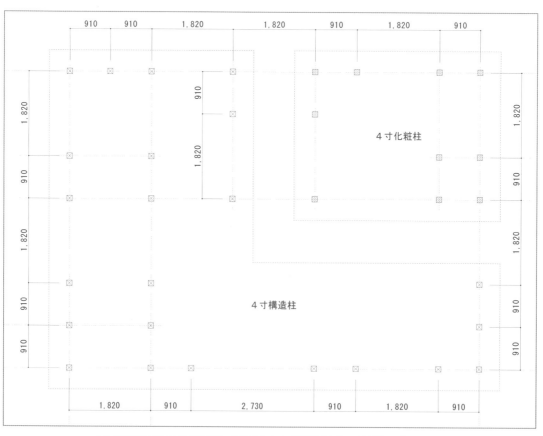

3.4.1項で作図する柱（構造柱、化粧柱）の完成図例（赤色の線が作図する部分）

作図のポイント

- 0レイヤグループ「平面詳細図」、1レイヤ「柱」に作図します。0レイヤ「基準線」は表示のみとします。
- 構造柱と化粧柱に大別されます(→p.46)。大きさは4寸(120×120mm)です。
- 付録CDに収録したオリジナル図形(「詳細図入門図形」フォルダ→「平面詳細図」フォルダ→「柱」フォルダ→p.7)を貼り付けることで作図します。
- 作図位置(各線間の寸法)は、前ページの完成図例に示したとおりです。

以降、すべて0レイヤグループに作図します。柱は1レイヤに作図します。また、前節で基準線をかいた0レイヤは表示のみレイヤにします。図形を貼り付けるので、ここでは図形の線属性を優先し、線属性は前節のまま変更しません。

❶ レイヤバーの「1」ボタンを🖰(右)して1レイヤを書込レイヤに、「0」ボタンを2回🖰して0レイヤを表示のみレイヤにする。

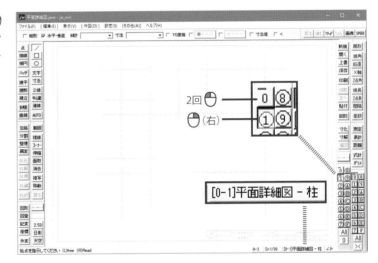

前ページの完成図例を参照して、「図形」コマンド(ツールバー「図形」)で、2種類の柱(4寸構造柱、4寸化粧柱)をそれぞれの位置に貼り付けます。

❷ ツールバー「図形」を🖰し、「ファイル選択」ダイアログを開く。

❸ ダイアログ左側のフォルダツリー表示部で、「jww」フォルダ→「詳細図入門図形」フォルダ→「平面詳細図」フォルダ→「柱」フォルダとたどって選択する。

❹ まず「4寸柱」(4寸構造柱のこと)を貼り付けるので、ダイアログ右側の図形データ一覧部で「4寸柱」を🖰🖰して読み込む。

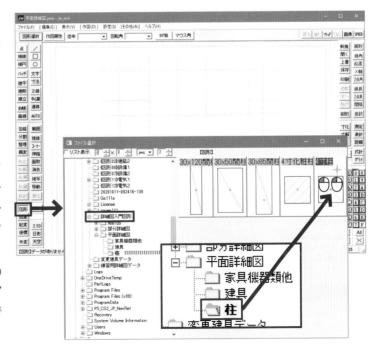

❺ 作図ウィンドウのマウスポインタの先に「4寸柱」が赤色で仮表示されるので、p.60の完成図例の図のとおり、「4寸柱」(4寸構造柱) を作図する基準線交点または基準線上の目盛を🖱(右)して貼り付ける。

❻ 1つ貼り付けると、続けて同じ図形の貼り付け待ち状態が続くので、残りの該当個所に順次、繰り返して貼り付ける。

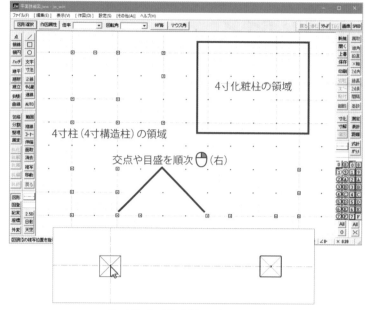

「4寸柱」(4寸構造柱) の貼り付け例

❼ 「4寸柱」(4寸構造柱) が貼り付け終わったら、コントロールバー「図形選択」を🖱して再び「ファイル選択」ダイアログを開き、今度は「4寸化粧柱」を🖱🖱して読み込む。同様にして、該当個所すべてに貼り付ける。

❽ 図形貼り付けを終了する場合は、ツールバーの任意のコマンドボタン (一般には「／」) を🖱して、「図形」コマンドを終わらせる。

> Jw_cadの多くの作図コマンドは、同じ作図を繰り返すことができるため、作図待ち状態が続きます。その状態を終わらせるには、上記のようにツールバー「／」を🖱するとよいでしょう。

❾ 上書き保存する。

付録CD CH03-02.jww

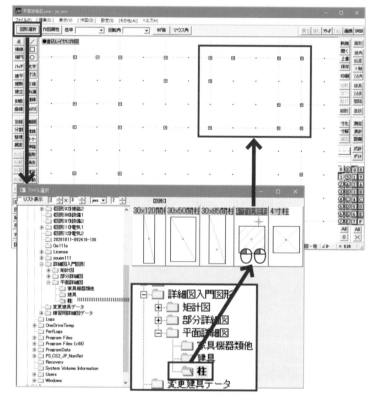

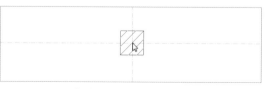

「4寸化粧柱」の貼り付け例

3·4·2 間柱の作図

ここでは、「平面図」の作図時には省略する「間柱」を本書で使う図形データ（「詳細図入門図形」フォルダ→「平面詳細図」フォルダ→「柱」フォルダに収録）（→p.7）を貼り付けることで作図します。大壁、併用壁、真壁によって、下図の完成図例のように、3種類を使い分けます。

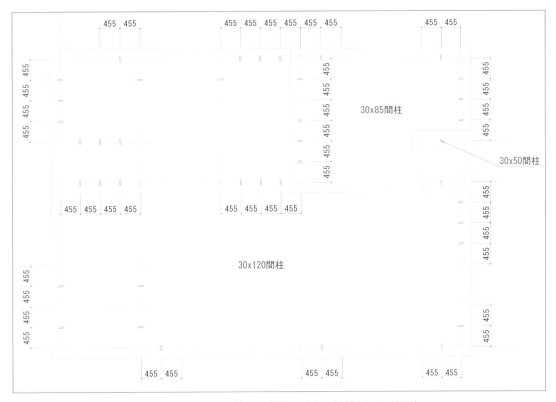

3.4.2項で作図する間柱の完成図例（赤色の線が作図する部分）

作図のポイント

- 0レイヤグループ「平面詳細図」、2レイヤ「間柱」に作図します。0レイヤ「基準線」と1レイヤ「柱」は表示のみとします。
- 大壁用（30×120）、真壁用（30×50）、併用壁用（30×85）の3種類を使い分けます。
- 付録CDに収録したオリジナル図形（「詳細図入門図形」フォルダ→「平面詳細図」フォルダ→「柱」フォルダ）を貼り付けることで作図します。
- 作図位置（各線間の寸法）は、上記完成図例に示したとおりです。

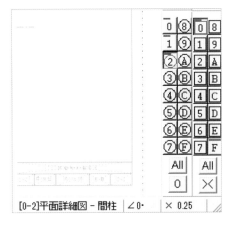

間柱は、3種類を使い分けます。

❶ 2レイヤを書込レイヤに、0と1レイヤを表示のみレイヤにする。

❷ ツールバー「図形」を🖱し、「ファイル選択」ダイアログを開く（前項に引き続き図形を貼り付ける場合はコントロールバー「図形選択」を🖱）。

❸ 前項の柱と同様、「柱」フォルダを選択する。

❹ まず「30x120間柱」を🖱🖱する。

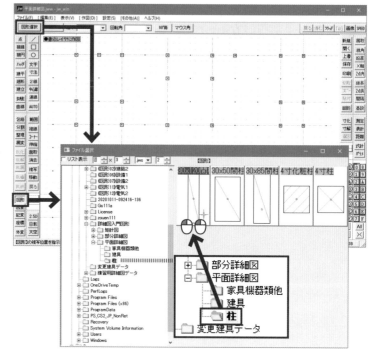

❺ 前ページの完成図例を参照し、「30x120間柱」を該当個所の交点または目盛を🖱（右）し、繰り返しながらすべて貼り付ける。

❻ 「30x120間柱」の貼り付けが終わったら、コントロールバー「図形選択」を🖱し、開く「ファイル選択」ダイアログで「30x50間柱」を🖱🖱して読み込み、図の1カ所に貼り付ける。

❼ 同様にして、「30x85間柱」も該当個所すべてに貼り付ける。

❽ 間柱の貼り付けが終わったら、必要に応じて上書き保存し、ツールバー「／」を🖱して「図形」コマンドを終わらせる。

付録CD **CH03-03.jww**

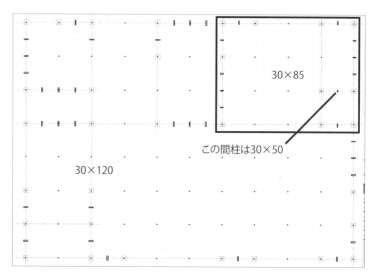

30×85

この間柱は30×50

30×120

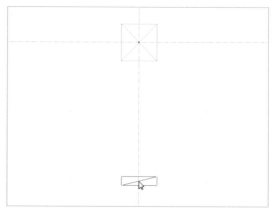

「30x120間柱」の貼り付け例

3·5 外部建具と額縁の作図

ここでは、額縁付き外部建具を本書で使う図形データ（「詳細図入門図形」フォルダ→「平面詳細図」フォルダ→「建具」フォルダに収録）（→p.7）を貼り付けることで作図します。平面詳細図の場合、平面図の開口部では省略する細部も表現します。本書では、事前に作図し登録しておいた図形データを貼り付けますが、細部の納まりは、5章で作図する部分詳細図も参考にすると理解が深まります。

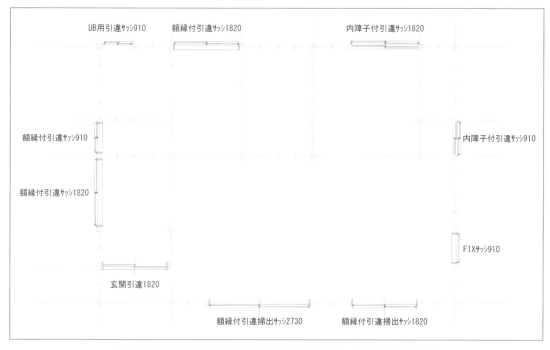

3.5節で作図する外部建具と額縁の完成図例（赤色の線が作図する部分）

作図のポイント

- 0レイヤグループ「平面詳細図」、3レイヤ「外部建具」に作図します。0〜2レイヤは表示のみとします。
- 付録CDに収録したオリジナル図形（「詳細図入門図形」フォルダ→「平面詳細図」フォルダ→「建具」フォルダ）を貼り付けることで作図します。なお、図形データは建具と額縁が一体となっています（ただしUBサッシは建具のみ）。
- 作図位置は、上記完成図例に示したとおりです。なお、図形データでは、基準点がすべて開口部の中心点になっているので、目盛を利用して貼り付けます。また、必要に応じて、貼り付け時に回転させます。

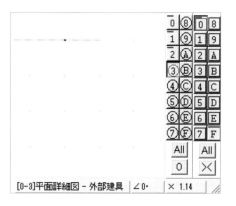

外部建具と額縁は、多くの種類を使い分けます。

❶ 3レイヤを書込レイヤに、0〜2レイヤを表示のみレイヤにする。

❷ ツールバー「図形」を🖱して「ファイル選択」ダイアログを開き、「建具」フォルダを選択する。

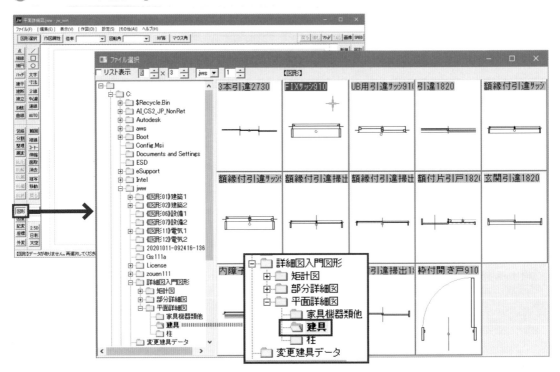

❸ 前ページの完成図例を参照し、各建具図形を順次、該当個所に貼り付ける。

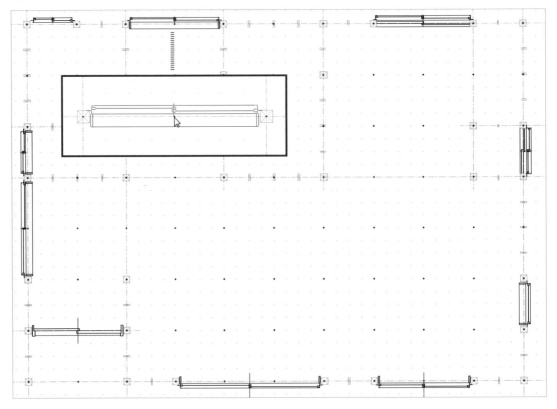

❹ 図形を垂直方向に変更して貼り付ける場合は、コントロールバー「回転角」に「90」または「270」（または「−90」）を入力します（反時計回りが＋の回転角）。

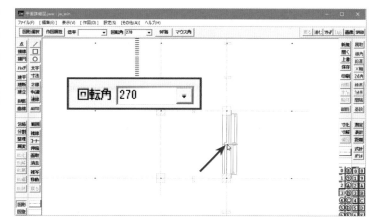

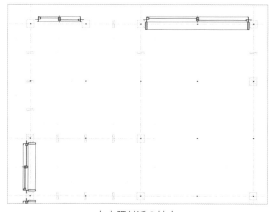

左上隅付近の拡大

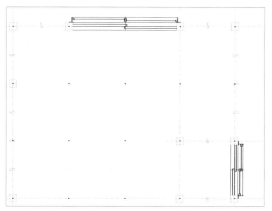

右上隅付近の拡大

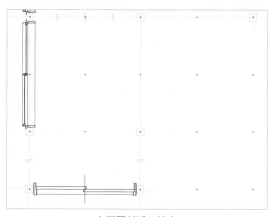

左下隅付近の拡大

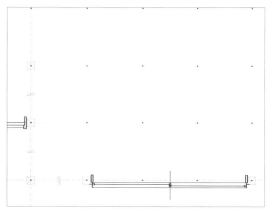

中央下方付近の拡大

❺ 必要に応じて上書き保存し、ツールバー「／」を🖱して「図形」コマンドを終わらせる。

 CH03-04.jww

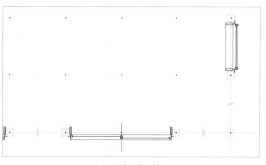

右下隅付近の拡大

column　半外付サッシと外付サッシの比較

半外付サッシは、主に、内部の壁が大壁の時に使用し、木製の額縁で見切ります。したがって、柱との取り合いは下図のようになります。

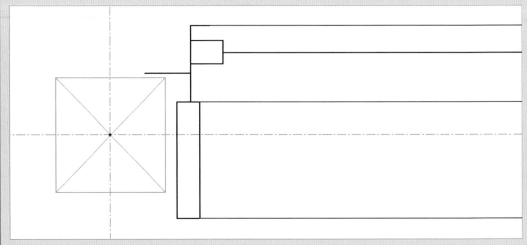

上図は、B部窓－部分詳細図（→p.241/264/280）で詳細を確認できる

外付サッシは、主に、内部の壁が真壁の時に使用し、額縁は不要で、柱間に内障子を取り付けます。したがって、柱との取り合いは下図のようになります。

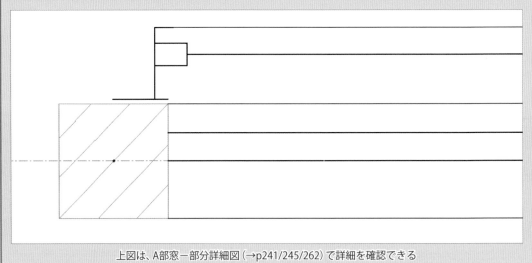

上図は、A部窓－部分詳細図（→p241/245/262）で詳細を確認できる

3·6 内部建具、建具枠、ユニットバスの作図

ここでは、内部建具（建具枠付き）を本書で使う図形データ（「詳細図入門図形」フォルダ→「平面詳細図」フォルダ→「建具」フォルダ→p.7）を貼り付けることで作図します。平面詳細図の開口部においては、平面図では省略する細部も表現します。細部の納まりも理解をしてください。

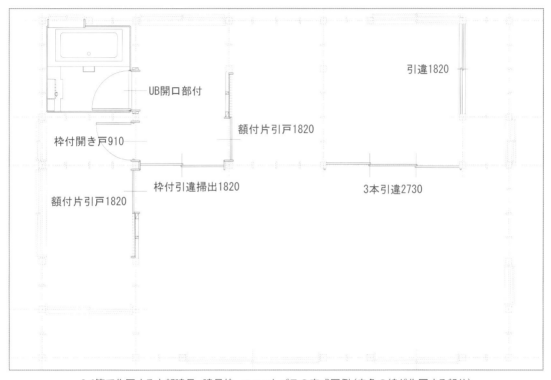

引違1820

UB開口部付

額付片引戸1820

枠付開き戸910

枠付引違掃出1820

額付片引戸1820

3本引違2730

3.6節で作図する内部建具、建具枠、ユニットバスの完成図例（赤色の線が作図する部分）

作図のポイント

- 0レイヤグループ「平面詳細図」、4レイヤ「内部建具」に作図します。0〜3レイヤは表示のみとします。
- 付録CDに収録したオリジナル図形（「詳細図入門図形」フォルダ→「平面詳細図」フォルダ→「建具」フォルダ（ユニットバスは「家具機器類他」フォルダ））を貼り付けることで作図します。なお、図形データは建具と建具枠または内障子が一体となっています（ただし化粧柱に納まるものは建具のみ）。

- 作図位置は、上記完成図例に示したとおりです。なお、図形データでは、基準点が開口部の中心点になっているので、水色の目盛に貼り付けます（ユニットバスは部屋の中心点が基準点で黒色の目盛に貼り付ける）。また、必要に応じて、貼り付け時に回転させます。

p.66と同様にして、内部建具を使い分けながら貼り付けていきます。

❶ 4レイヤを書込レイヤに、0～3レイヤを表示のみレイヤにする。

❷ ツールバー「図形」を🖱して「ファイル選択」ダイアログを開き、「建具」フォルダを選択する。

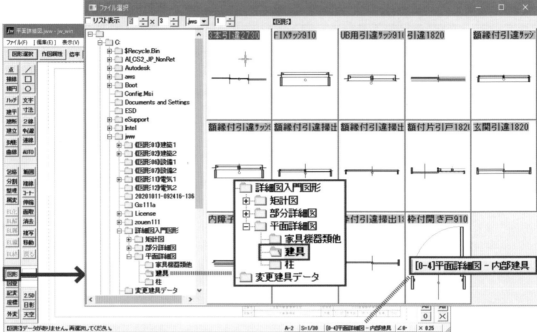

❸ 前ページの完成図例を参照し、内部建具と建具枠を、順次、該当個所に貼り付ける。

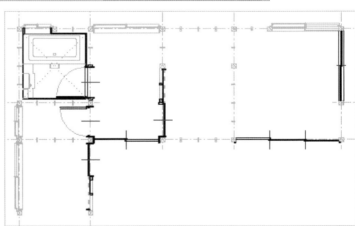

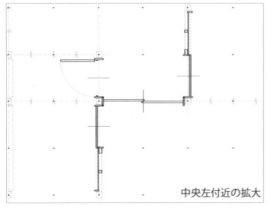

中央左付近の拡大

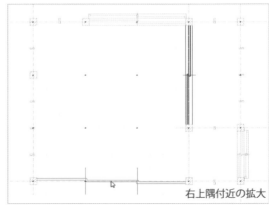

右上隅付近の拡大

❹ 複数の図形を貼り付けることで、建具枠の線が重なる「枠付引違掃出1820」の左右端2カ所については、「伸縮」コマンドまたは「消去」コマンドで正す。

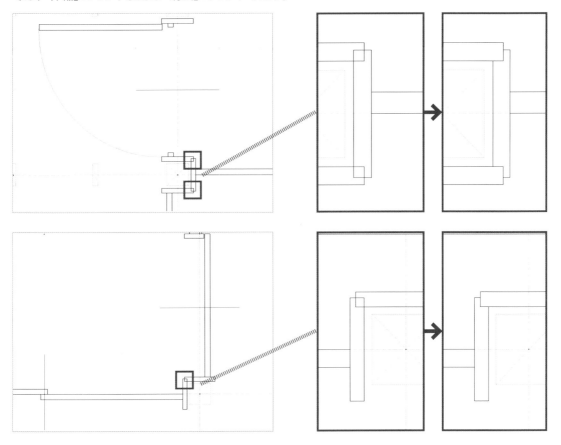

❺ 「3本引違い2730」は、化粧柱に納まっていて真壁と大壁の境にある建具なので、下図の位置・寸法で見切り縁を付ける。「複線」コマンドで柱の辺や基準線を複線してから、「伸縮」コマンドまたは「コーナー処理」コマンドでコの字型に整える方法が簡便である。

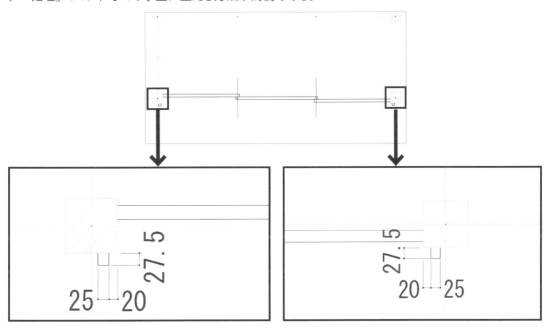

❻ ユニットバスは「家具機器類他」フォルダから「UB開口部付」を読み込んで貼り付ける。

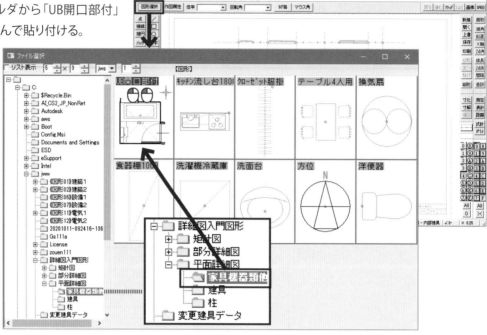

❼ 図形の基準点を部屋の中心点（黒色目盛）に合わせる。

❽ 必要に応じて上書き保存し、ツールバー「／」を🖱して「図形」コマンドを終わらせる。

付録CD　CH03−05.jww

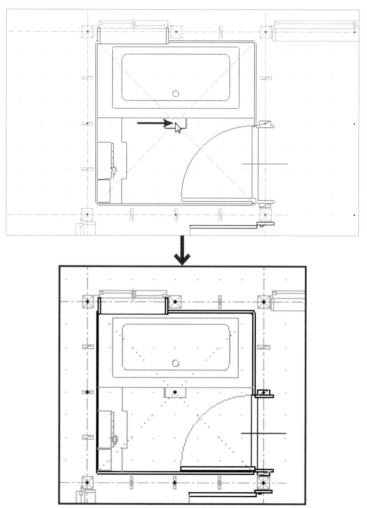

平面詳細図の壁を作図する場合、仕上の「厚み」も表現します。厚みは仕上内容によって異なり、本書では完成図例のようにします。

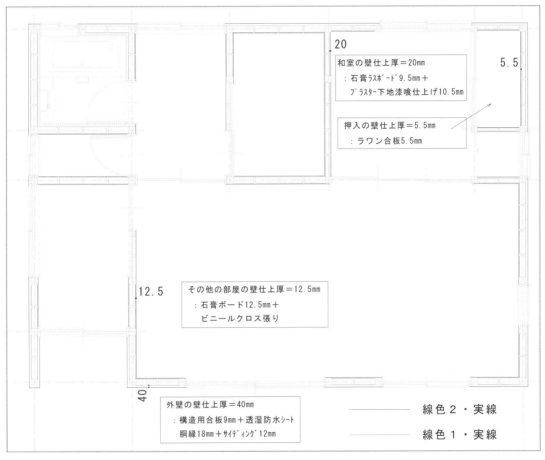

20

和室の壁仕上厚＝20mm
: 石膏ラスボード9.5mm＋
プラスター下地漆喰仕上げ10.5mm

5.5

押入の壁仕上厚＝5.5mm
: ラワン合板5.5mm

12.5

その他の部屋の壁仕上厚＝12.5mm
: 石膏ボード12.5mm＋
ビニールクロス張り

40

外壁の壁仕上厚＝40mm
: 構造用合板9mm＋透湿防水シート
胴縁18mm＋サイディング12mm

——————— 線色2・実線

——————— 線色1・実線

3.7節で作図する壁の完成図例（赤色と青色の線が作図する部分）

作図のポイント

- 0レイヤグループ「平面詳細図」、5レイヤ「壁」に作図します。0〜4レイヤは表示のみとします。
- 壁の種類に応じて、線属性を使い分けます。

3·7·1 壁仕上線の内側の線を作図

まず、壁仕上線の内側の線を作図します。

❶ 5レイヤを書込レイヤに、0〜4レイヤを表示のみレイヤにする。

❷ 線属性を、「線色1（水色）」「実線」にする。

❸ 「線」コマンド（ツールバー「／」）の「水平・垂直」モードで、壁仕上線の内側の線を作図する。図のように、和室の真壁の場合は、間柱を基準とする。

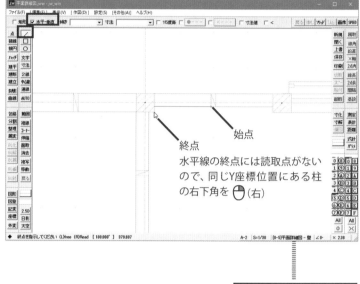

始点

終点
水平線の終点には読取点がないので、同じY座標位置にある柱の右下角を🖱(右)

[0-5]平面詳細図 − 壁

❹ 同様にして、他のすべての壁の線を作図する（水色の線）。

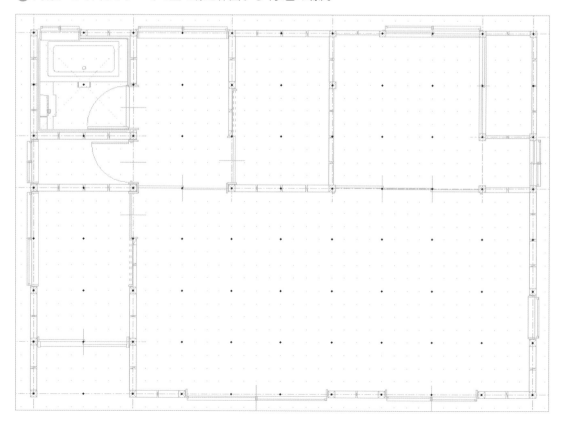

3·7·2 外壁の壁仕上線を作図

続いて、外壁の壁仕上線を作図します。

❶ 線属性を、「線色2（黒色）」「実線」にする。

❷ 「複線」コマンドの「複線間隔」を「40」に設定する。

❸ まず、図の左上隅柱面より40mm左外側および上外側に離れた位置に垂直線および水平線を作図する。

❹ 同様にして、他の3カ所の隅柱、および左下の玄関ポーチ部の柱でも複線を行う。

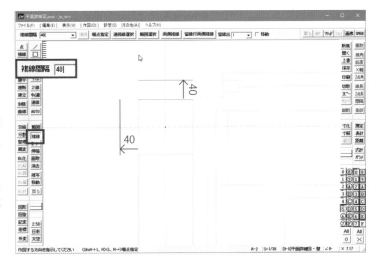

❺ 「コーナー処理」コマンド（ツールバー「コーナー」）で、複線した線を利用してコーナーをつくり、図のような外壁仕上線の元となる線を作図する。左下玄関ポーチ部では断線させる。

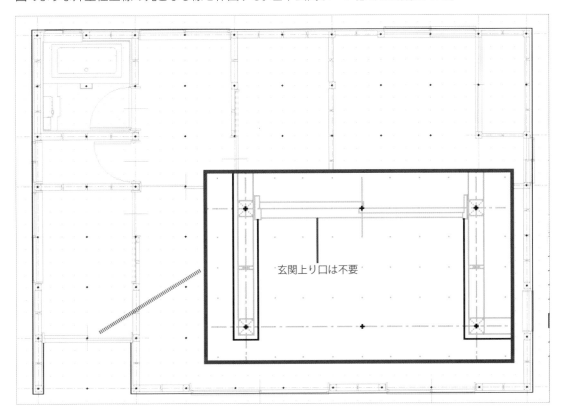

玄関上り口は不要

外壁の仕上線が外部建具に被っている部分を消去して正します。

❻「消去」コマンドで、消去する線を🖱する。

❼ 部分消去の始点として、まず、図の交点を🖱（右）する。

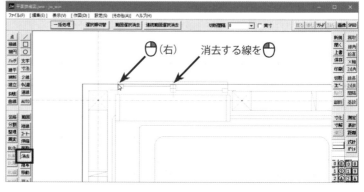

❽ 部分消去の終点として、図の交点を🖱（右）して部分消去する。

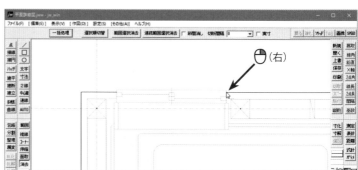

❾ 同様にして、p.73の完成図例のように仕上げる。

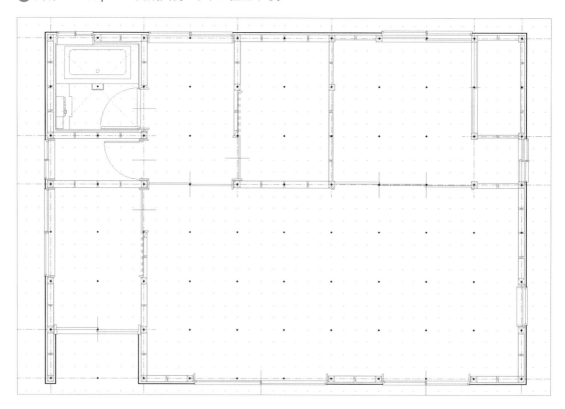

> このような例で、複線した線からコーナーをつくり、外周線をかいていく方法はいろいろ考えられます。「伸縮」コマンドを併用する方法など、工夫してください。

3·7·3 和室の壁仕上線を作図

和室の壁仕上の厚みは、石膏ラスボード9.5mm＋プラスタート地漆喰仕上10.5mmの計20mmとします。3.7.1節で作図した壁仕上線の内側の線から20mm室内側に出します。線属性は外壁の壁仕上線と同じ「線色2（黒色）」「実線」のままです。

❶ 「複線」コマンドの「複線間隔」を「20」に設定する。

❷ 図のように、壁仕上線の内側の線から20mm室内側に複線する。

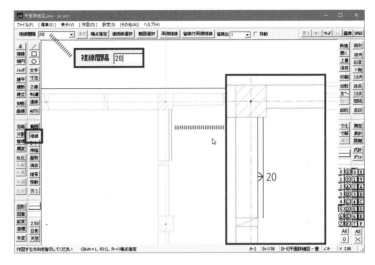

❸ 同様に、すぐ下の壁仕上線の内側の線も複線する。

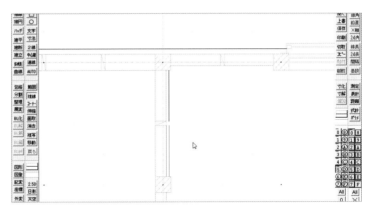

❹ ❷と❸で複線した2本の垂直線を、「コーナー処理」コマンドで1本につなぐ。

> 「コーナー処理」コマンドは、同一直線上にある離れた2本を1本につなぐ機能もあります。

❺ 同様にして、p.73の完成図例を参照して他の個所も作図する。

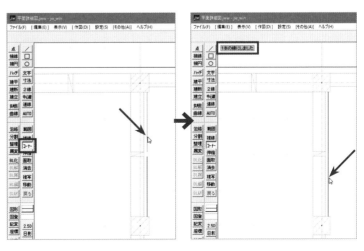

3·7·4 押入の壁仕上線を作図

押入の壁仕上の厚みは、ラス合板5.5mmとします。3.7.1節で作図した壁仕上線の内側の線から5.5mm室内側に出します。線属性は外壁の壁仕上線と同じ「線色2（黒色）」「実線」のままです。

❶「複線」コマンドの「複線間隔」を「5.5」に設定する。

❷ 図のように、壁仕上線の内側の線から5.5mm室内側に複線する。

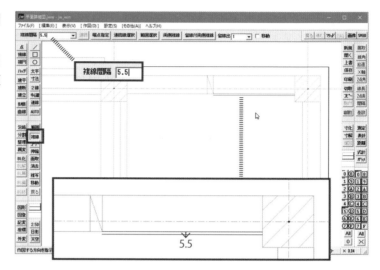

❸ 同様に、すぐ左の壁仕上線の内側の線も複線する。

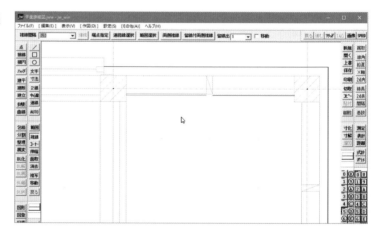

❹ ❷と❸で複線した2本の垂直線を、「コーナー処理」コマンドで1本につなぐ。

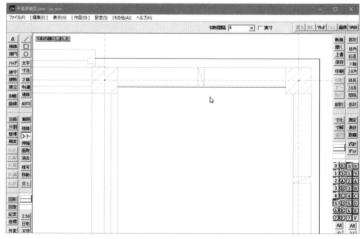

3·7·5 その他の壁仕上線を作図

その他の壁仕上の厚みは、石膏ボード12.5mmとします。ビニールクロスはほとんど厚みがないので厚みを考慮しません。3.7.1節で作図した壁仕上線の内側の線から12.5mm室内側に出します。線属性は外壁の壁仕上線と同じ「線色2（黒色）」「実線」のままです。

❶「複線」コマンドの「複線間隔」を「12.5」に設定する。

❷ 図のように、壁仕上線の内側の線から12.5mm室内側に複線する。

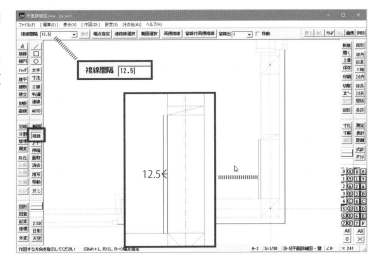

❸ 同様に、すぐ上の壁仕上線の内側の線も複線する。

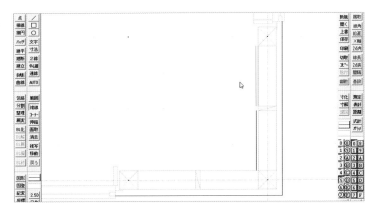

❹ ❷と❸で複線した2本の垂直線を、「コーナー処理」コマンドで1本につなぐ。

❺ 同様にして、p.73の完成図例を参照して他の個所も作図する。

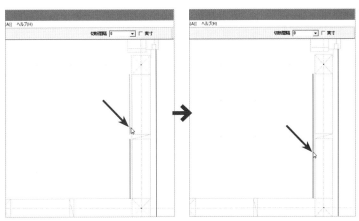

以上、これまで作図した壁仕上線です。

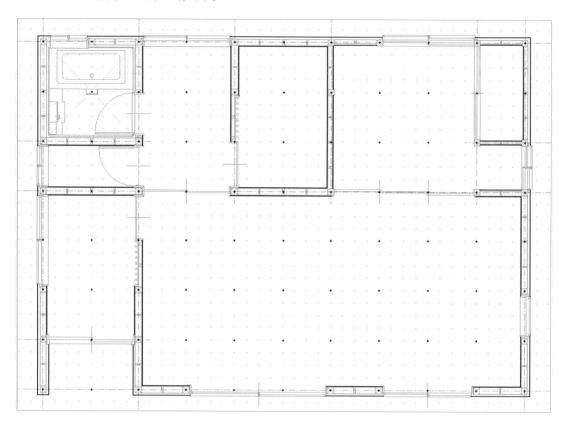

❻ 必要に応じて上書き保存する。

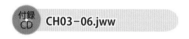

3.8 畳、家具、デッキ、衛生機器 などの姿線を作図

ここでは、内部・外部のいろいろな姿線を、各種コマンドを使い分け、また図形データ(「詳細図入門図形」フォルダ→「平面詳細図」フォルダ→「家具機器類他」フォルダに収録)(→p.7)を貼り付けることで作図します。

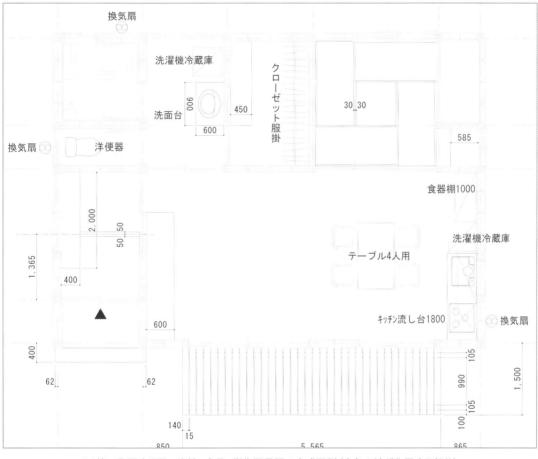

3.8節で作図する畳の姿線、家具、衛生器具類の完成図例(赤色の線が作図する部分)

作図のポイント

- 0レイヤグループ「平面詳細図」、6レイヤ「衛生機器家具他」に作図します。0〜5レイヤは表示のみとします。
- 線属性を使い分けます。

81

3·8·1 畳の姿線を作図

まず、畳寄せと敷居の姿線を作図します。

❶ 6レイヤを書込レイヤに、0～5レイヤを表示のみレイヤにする。

❷ 線属性を、「線色1（水色）」「実線」にする。

❸「線」コマンド（ツールバー「／」）の「水平・垂直」モードで、畳寄せの姿線を計5本作図する。

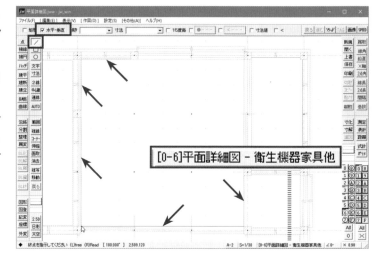

❹ 目盛を利用して、畳の姿線を計4本作図する。

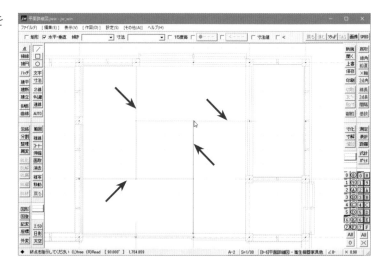

❺「複線」コマンドでコントロールバー「複線間隔」を「30」とし、畳のへりを幅30mmで作図する。

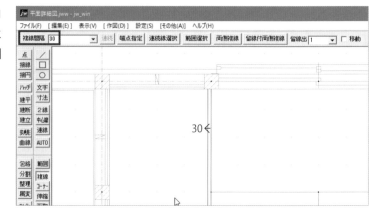

❻ 同様にして、他の畳のへりを
すべて作図する。

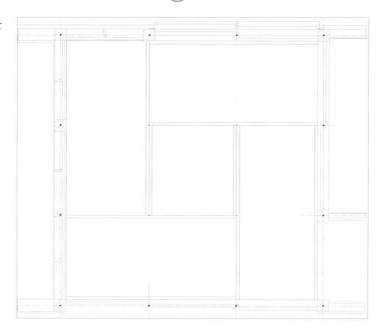

3·8·2 机の姿線を作図

続いて、机の姿線を作図します。線属性は変更しません。

❶「複線」コマンドでコントロ
ールバー「複線間隔」を「585」と
し、図の内壁線を室内側に
585mm出す。

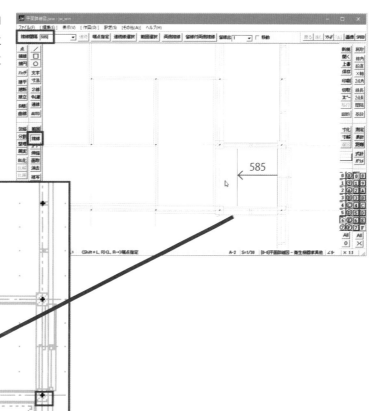

3·8·3 下駄箱、上り框、ポーチ階段の姿線を作図

続いて、玄関の下駄箱、上り框の姿線、ポーチ階段の姿線を作図します。線属性は変更しませんが、上り框をかくために、その中心線をあらかじめ補助線色・補助線種で作図しておきます。

❶「線（／）」コマンドと「複線」コマンドを使って、図のような位置・寸法で、それぞれの図形を作図する。

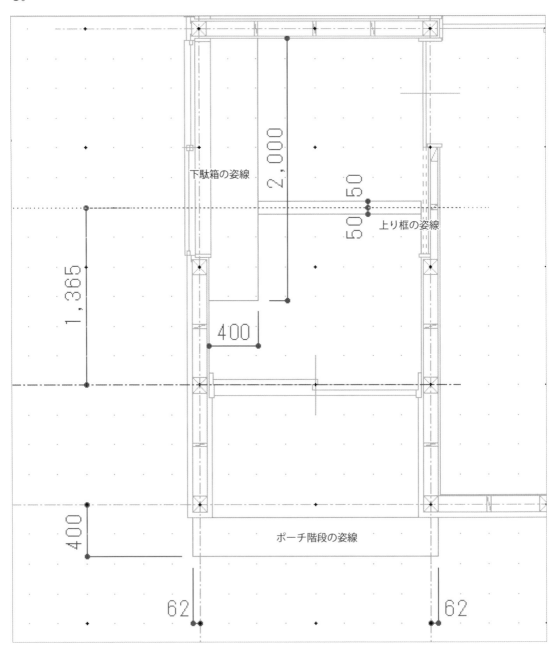

3·8·4 出入口表示の作図

続いて、出入口表示を作図します。出入口表示は正三角形でかき黒色で塗りつぶすので、「多角形」コマンドと「ソリッド」コマンドを使います。

❶ ツールバー「多角形」を🖱し、コントロールバー「角数」に「3」、「寸法」（正三角形の辺の長さ）に「150」を入力する。

❷ 仮の正三角形が表示されます。この例では適当な読取点がないため、図のような位置を🖱して配置する。

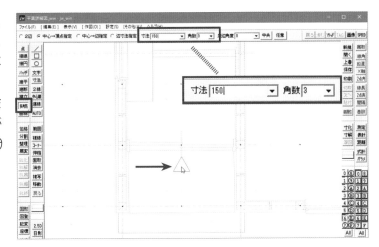

正三角形を黒色で塗りつぶします。

❸ p.38で追加したツールバー「ソリッド」を🖱する。

❹ コントロールバー「任意色」にチェックを付ける。

❺ その右の「任意■」（または「任意■」）を🖱する。

❻ 「色の設定」ダイアログが開くので、ダイアログ左のカラーパレットの黒いボタンを🖱し、「OK」を🖱する。コントロールバー「任意■」（または「任意■」）ボタンが「任意■」に変わる。

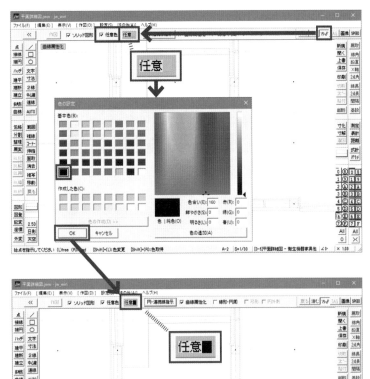

本書では「ソリッド」コマンドのツールバーを追加表示しましたが（→p.38）、初期設定では、「多角形」コマンドのコントロールバーの右端にある「任意」ボタンを🖱することでコントロールバーの内容が切り替わり、上図のように「ソリッド図形」チェックボックスが表示されます。これにチェックを付けることで、「ソリッド」コマンド選択時と同じソリッド作図状態になります。

❼ コントロールバー「円・連続線指示」を🖱してから、コントロールバー「曲線属性化」にチェックを付ける。

❽ 三角形の任意の辺（線上）を🖱する。

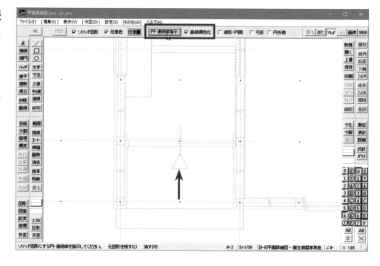

図のように、三角形が黒くなり、出入口表示の作図は完了です。

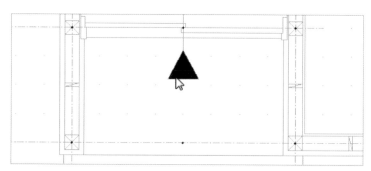

3·8·5 タンス、洗面台、棚の姿線を作図

続いて、タンス、洗面台、棚の姿線を、「線」「複線」「コーナー処理」「伸縮」コマンドを使って作図します。建具枠端点を基準に、下図の寸法で作図します。

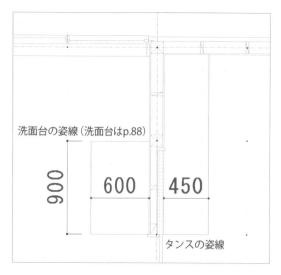

洗面台の姿線（洗面台はp.88）

900

600　450

タンスの姿線

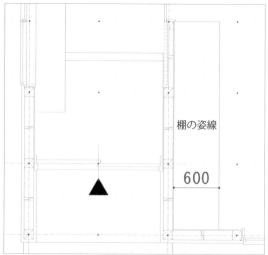

棚の姿線

600

3·8·6 デッキの姿線を作図

続いて、建物南側外部に取り付くデッキの姿線を、「線」「複線」「コーナー処理」「伸縮」コマンドを使って作図します。寸法は下図のとおりです。

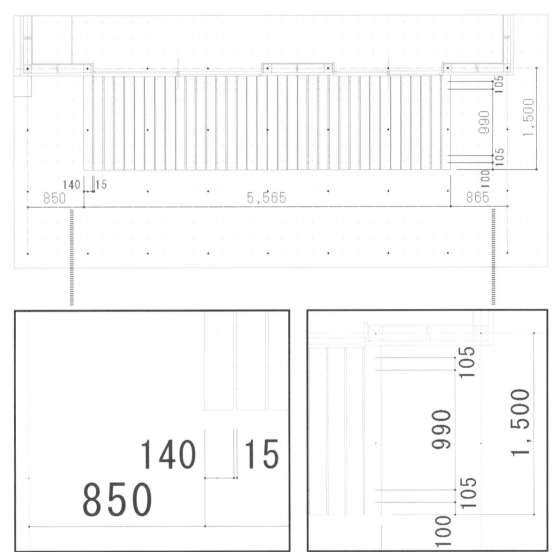

3・8・7 その他の姿線を作図

ここでは、その他の姿線を、図形データ（「家具機器類他」フォルダ）の貼り付けで作図します。

❶「図形」コマンドの「ファイル
選択」ダイアログから図形デー
タを順次読み込み、貼り付ける。

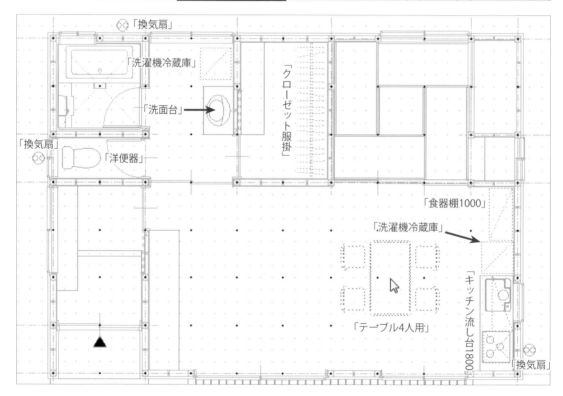

❷ 必要に応じて上書き保存し、ツールバー
「／」を🖱して「図形」コマンドを終わらせる。

 付録CD　CH03-07.jww

寸法、文字、基準記号、方位記号、断面線などの作図

ここでは、寸法、文字、基準記号、方位記号など、平面詳細図には不可欠なものを作図します。また、4章で作図する矩計図の断面位置を示す断面線や、5章で作図する2カ所の部分詳細図のA部、B部（→p.241/245/262/264/280）をかき示します。

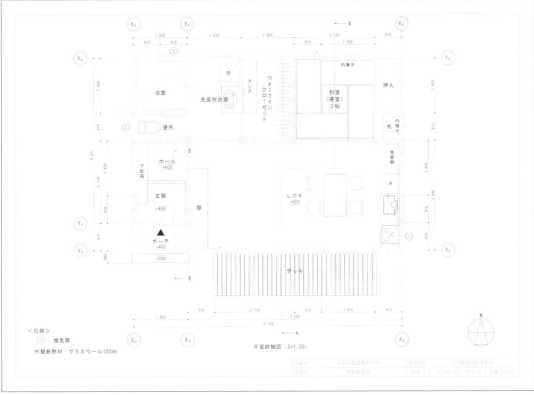

3.9節で作図する寸法、文字、基準記号、方位記号、断面線などの完成図例（赤色の線や文字が作図する部分）

作図のポイント

- 0レイヤグループ「平面詳細図」、7レイヤ「寸法文字他」に作図します。0〜6レイヤは表示のみとします。
- 線属性を使い分けます。

3·9·1 基準記号の作図

基準記号は、作図済みの基準線（通り芯）の両端に作図する通り記号で、円をかき、その中に通り記号の文字を記入します。

❶ 7レイヤを書込レイヤに、0～6レイヤを表示のみレイヤにする。

❷ 線属性を、「線色2（黒色）」「実線」にする。

❸「円弧」コマンド（ツールバー「○」）を🖱する。

❹ まず、円の中心点として、図の黒色目盛を🖱（右）する。

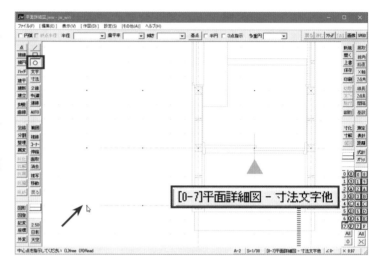

❺ 続けて、円の円周点として、図の基準線左端点を🖱（右）する。

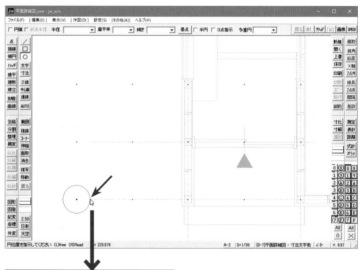

これで、図のような半径227.5mmの円が作図できます。この円が基準記号を入れる円になります。

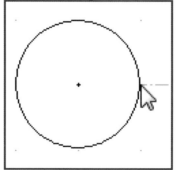

前ページでかいた円の中に基準記号を記入します。最初はY$_0$通りの通り芯（基準線）に作図します。下付きの数字は「文字」コマンドの特殊文字機能を利用して記入します。

まず、記入する文字の種類と記入位置を指示する時の文字基点を基準記号用に設定します。

6 ツールバー「文字」を🖱する。

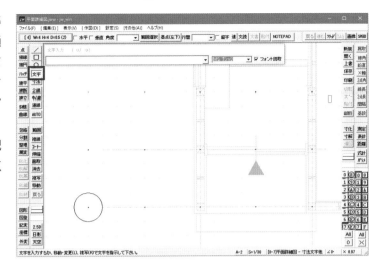

7 コントロールバー「基点（左下）」を🖱し、開く「文字基点設定」ダイアログで、「文字基点」の「中中」を🖱する。

「文字基点設定」ダイアログの特徴で、「文字基点」の9種類から選択してどれかを🖱すると、設定を確認できないままダイアログが閉じます。確認は、作図ウィンドウに戻った時のコントロールバーの「基点（中中）」ボタンで行います。

8 コントロールバー左端の文字種ボタン（初期設定は「[3] W=3 H=3 D=0.5（2）」）を🖱し、開く「書込み文字種変更」ダイアログで、「文字種 [6]」を🖱して黒丸を付ける。

「書込み文字種変更」ダイアログの特徴で、「文字種」の10種類から選択してどれかを🖱すると、設定を確認できないままダイアログが閉じます。確認は、作図ウィンドウに戻った時のコントロールバー左端の文字種ボタンで行います。

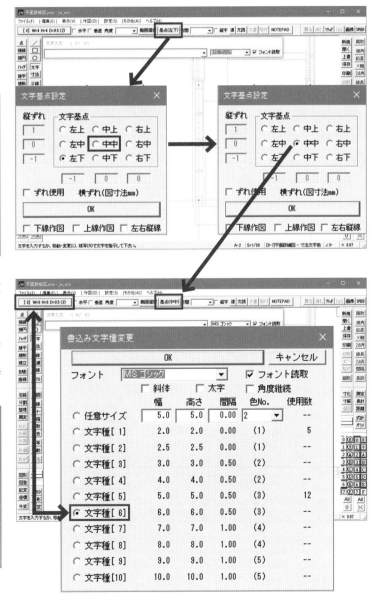

❾「文字入力」ボックスに、キーボードから半角英数記号で「Y^d0」と入力する。

❿ マウスポインタの先に記入する文字の大きさに合わせた文字枠（文字列の外形枠）が表示され、基準点が文字列の中心（文字基点「中中」）を指すので、図の黒色目盛を🖱（右）する。

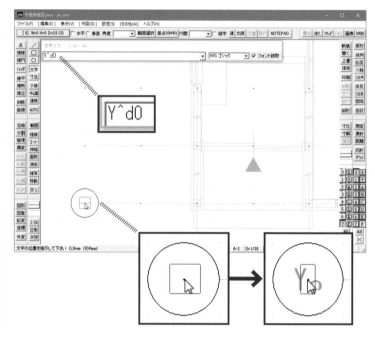

特殊文字には多くの種類があります（上付文字、○囲み文字など）。詳細は、Jw_cadの「ヘルプ」メニューで「作図」ー「文字」の内容を参照してください。

他の通り芯の基準記号は、❿で作図した基準記号を複写し、文字を変更することで作図します。

⓫「図形複写」コマンド（ツールバー「複写」）を🖱し、❿で作図した基準記号（円と文字の全体）を矩形範囲選択する（文字や寸法値を含んだ図形の複写・移動なので対象の矩形範囲選択の終点指示は🖱（右））。

⓬ 複写先として、図の黒色目盛を🖱（右）。

円の中の文字を「Y₁」に書き換えます。

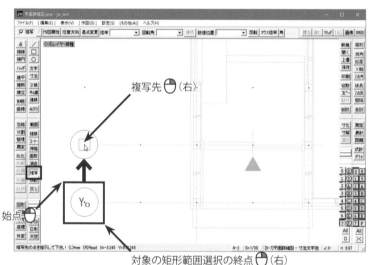
複写先🖱（右）
始点
対象の矩形範囲選択の終点🖱（右）

⓭ ツールバー「文字」を🖱し、作図済みの文字「Y₀」を🖱すると、「文字入力」ボックスに「Y₀」を意味する「Y^d0」が自動入力されるので、「Y^d1」に変更し（「0」を「1」に変更）、「Enter」キーを押して確定する。

⓮ 同様にして、他の通り芯の基準記号を作図する。

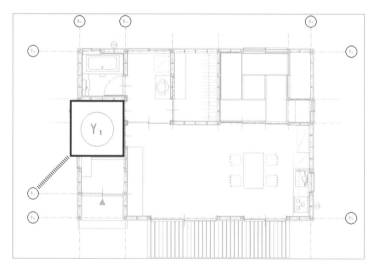

3·9·2 寸法の作図

本書では、寸法値（数字）の種類と寸法線端部記号の色を、初期設定から変更して寸法を作図します。

❶「寸法」コマンドを🖱し、コントロールバー「設定」を🖱する。

❷「寸法設定」ダイアログが開くので、赤枠の2項目を変更（「文字種類」を「4」、「矢印・点色」を「2」（線色2・黒色））し、「OK」を🖱する。

❸ コントロールバーの引出線タイプボタン（左から3番目）を何回か🖱して「−」表示にする。

❹ 下図のように、寸法を記入する位置の両端点にある目盛を順次🖱していく。

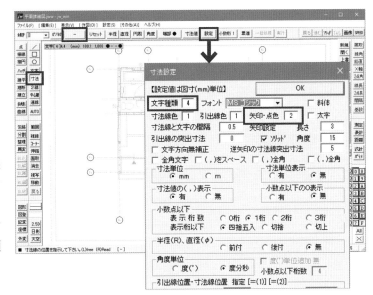

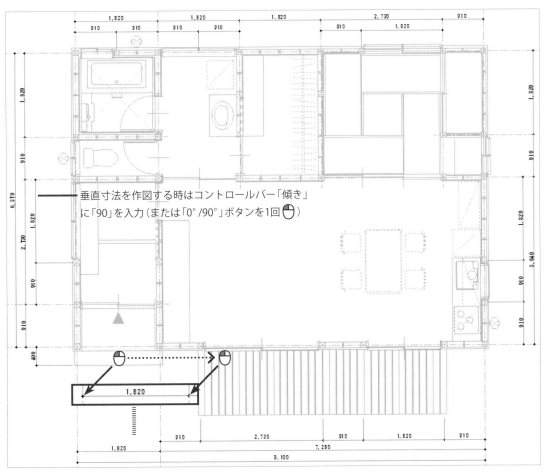

垂直寸法を作図する時はコントロールバー「傾き」に「90」を入力（または「0°/90°」ボタンを1回🖱）

3・9・3 部屋名や家具名などの文字を作図

p.91で解説した文字種の変更をしながら部屋名や家具名などの文字を記入します。高さ数値と家具類名称は文字種 [5]、部屋名、図面名、凡例は文字種 [6] を使います。文字種 [6] は文字種 [5] よりもひとまわり大きいサイズになります。

❶「文字」コマンドで、コントロールバーの文字種ボタン（→p.91）を操作して文字種 [5] に設定し、高さ数値と家具類名称を順次、記入する。

❷ 同様に、文字種 [6] に設定し、部屋名、図面名、凡例を順次、記入する。

3·9·4 その他の作図

方位記号の作図

❶ 方位記号は、図形データ（「家具機器類他」フォルダ）の貼り付けで作図する。

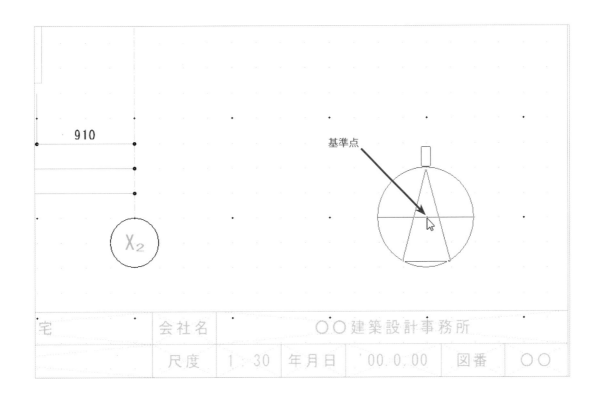

切断線の作図

❶ 切断線（別途作図する断面図の断面位置を示す線）は、断面線部分は「線色1」「二点鎖1」の水平線・垂直線で、両端に付加する矢印線は「線色3」「実線」の矢印付き線で表現する。

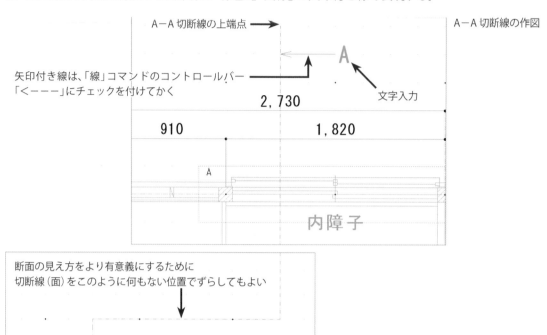

A−A 切断線の上端点　→

A−A 切断線の作図

矢印付き線は、「線」コマンドのコントロールバー「＜－－－」にチェックを付けてかく

文字入力

2,730

910　　1,820

A

内障子

断面の見え方をより有意義にするために
切断線（面）をこのように何もない位置でずらしてもよい

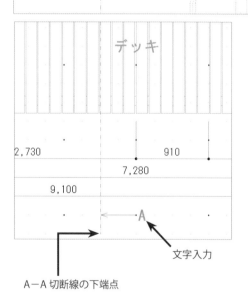

デッキ

2,730　　　　910

7,280

9,100

A

文字入力

A−A 切断線の下端点

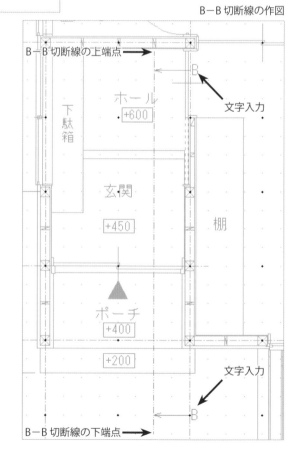

B−B 切断線の作図

B−B切断線の上端点　→

B

文字入力

ホール
+600

下駄箱

玄関
+450

棚

ポーチ
+400

+200

文字入力

B

B−B 切断線の下端点　→

部分詳細図の囲い線を作図

❶ 部分詳細図の囲い線（下図のA部、B部）は、「線色1」「点線1」の矩形（長方形）で表現する。

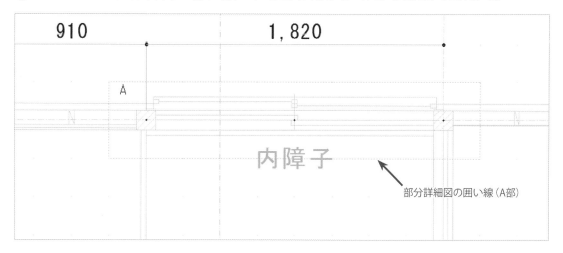

部分詳細図の囲い線（A部）

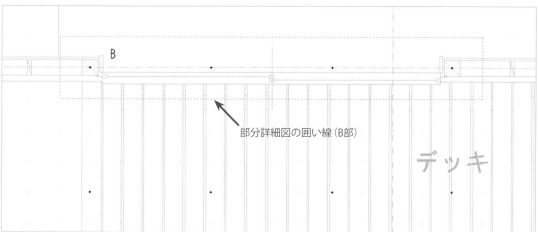

部分詳細図の囲い線（B部）

A部、B部の囲い線は、5章の部分詳細図を作図する範囲になる

❷ 必要に応じて上書き保存する。

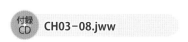

付録
CD　CH03-08.jww

3·10 図面の印刷

3章の最後は図面の印刷です。Jw_cadに限らず、CAD図面の印刷には大判用紙を使うことがありますが、ここでは、これまで作図してきた（または付録CDに収録した練習用詳細図データ）図面に合わせて、A2判用紙・横置きでの印刷方法を解説します。

A2判の用紙に印刷する場合、主に家庭用として売られているA4判対応プリンタの印刷用紙4倍の大きさになるため、ここでは業務用プリンタや大判プロッタなどへ印刷することを想定した解説になります。なお、Jw_cadの印刷機能で、A2判で作図した図面を縮小してA4判対応プリンタに印刷する方法も補足します。

Jw_cadでは、印刷時の線の太さは、パソコン画面での作図時に線属性の線色を変えてかき分けることで対応する仕様になっています。これまで作図してきた図面（または付録CDに収録した練習用詳細図データ）は、すでにp.55の「3.2.4　図面の基本設定を確認」で済ませてあるので、あらためて線色を調整する必要はありません。

❶ これまで作図してきたすべての図形や文字を見るため、レイヤバーの「All」ボタンを何回か🖲して、すべてのレイヤを書込レイヤ以外は編集可能レイヤにする（図の状態は1例）。レイヤグループバーの🅵を1回🖲して編集可能レイヤグループにする。

❷ 必要に応じて上書き保存する。

付録CD CH03−完成.jww

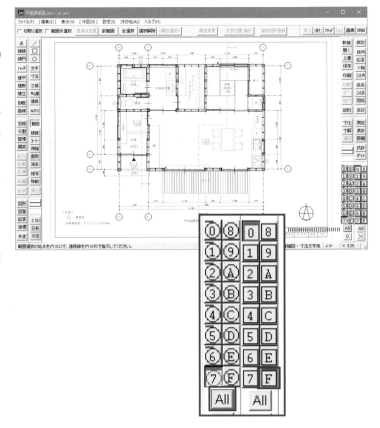

完成した平面詳細図を大判プロッターに印刷します。まず、使用するプリンタを確認します。なお、プリンタは印刷可能状態になっていることを前提にします。

❸「印刷」コマンド（ツールバー「印刷」）を○する。

❹「プリンターの設定」ダイアログが開くので、使用するプリンタ名を確認し、「OK」を○する。

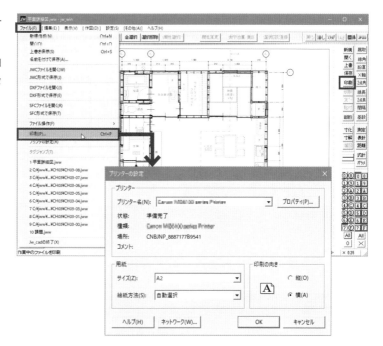

❺ コントロールバー「カラー印刷」を○してチェックを付ける。

❻ コントロールバー「印刷」を○する。

画面上の変化はありませんが、ただちに印刷が開始されます。

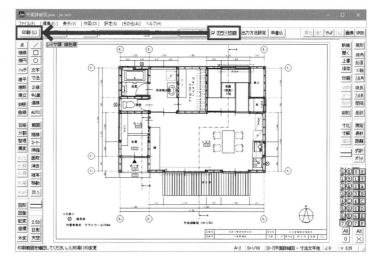

99

column 印刷範囲枠の表示

一般的なプリンタでは用紙の端まで印刷できないので（フチなし印刷などの機能がある場合は除く）、実際に印刷される範囲は用紙の範囲よりもほんの少し狭く（内側までに）なります。そこで、図面を作図する段階で、印刷できる範囲を補助線色・補助線種などの線を作図しておくと便利です。

前ページの❻まで行った後、線属性を「補助線色」「補助線種」にしてからコントロールバー「枠書込」を🖱します。

その後、印刷はせず、ツールバー「／」を🖱して「印刷」コマンドから抜けます。

以上で、印刷できる範囲枠が補助線色、補助線種で作図されます。

column A4判の用紙への印刷（縮小印刷）

大きな用紙サイズを設定して作図した図面を家庭用プリンタのA4判用紙などに縮小印刷するには、コントロールバーで倍率指定します（ここでは「50%（A2→A4,A1→A3）」を選択）。その後、コントロールバー「範囲変更」を🖱し、赤色の範囲枠をマウス操作で移動して、印刷枠に図面が納まるように調整してから印刷を実行してください。印刷の設定方法および実行方法は前ページと同じです。

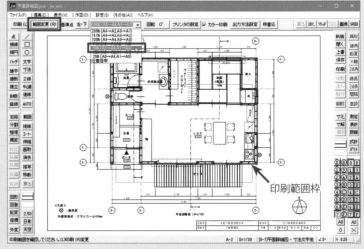

印刷範囲枠

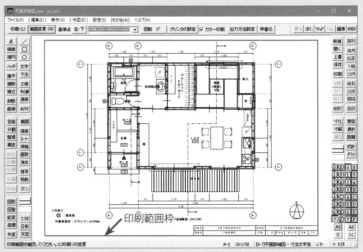

印刷範囲枠

矩計図の作図

ここでは、縮尺1/100の木造平家建専用住宅「断面図」（拙著『高校生から始めるJw_cad 建築製図入門』で作図）を基に、縮尺1/20で「矩計図」を作図します。なお、この4章からは、これまでと同様の作図操作は徐々に省略していきます。

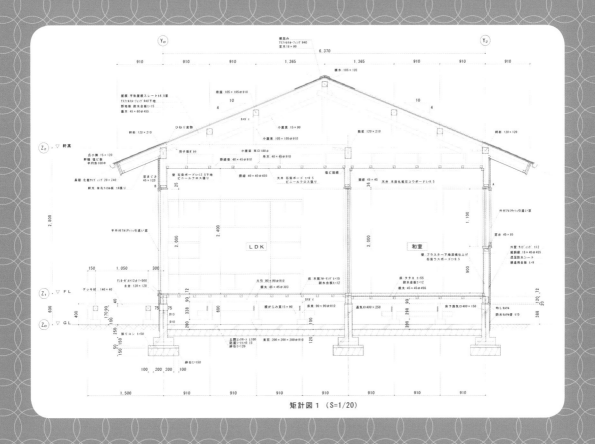

矩計図 1 （S=1/20）

4·1 矩計図の作図にあたって

矩計図の作図にあたって、まず、4章で作図する矩計図の概観（下図の上が最初に作図する図面。下が後から屋根をスレートから瓦に仕様変更する図面）を確認します。そのうえで、次ページの「作図のポイント」を必ず確認してから作図を始めるようにしてください。

「矩計図1」

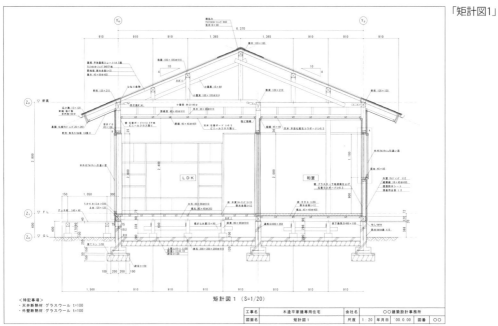

矩計図 1 （S=1/20）

「矩計図2」（屋根をスレートから瓦に変更）

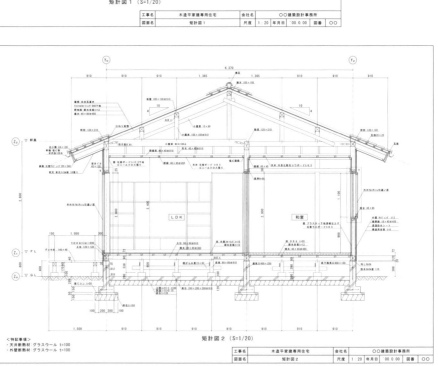

矩計図 2 （S=1/20）

作図のポイント

- 「矩計図」は「かなばかりず」と読み、断面図の縮尺を上げて詳細にかく図面のことです。言いかえれば「断面詳細図」のことです。

- 縮尺は、一般的に1/20〜1/30程度を用いますが、かき込む用紙のサイズや建築物の規模にもよりますが、できるだけ縮尺を上げて見やすいように表現します。本書では1/20で作図します。

- 矩計図に記入する要素は、「各部の高さ」「屋根勾配」「軒の出」「室名」「基準記号」「基礎・床・天井・壁・屋根・軒の仕上材の名称と寸法」「図名」「縮尺」などがあります。

- 断面線となる地盤線（GL）、基礎、土台、根太、外壁の仕上線、床、壁、天井、軒桁、屋根、母屋などは「極太線の実線」または「太線の実線」でかきます。本書では、線色を「線色2」、線種を「実線（線幅3)」に設定します。ただし、線の間隔が狭く重なってしまう部分については線の太さを調整します。本書では、線色を「線色4」、線種を「実線（線幅2)」に設定します。

- 本書において姿線となる大引、束、野縁受、小屋梁、小屋束などは「細線の実線」でかきます。本書では、線色を「線色1」、線種を「実線（線幅1)」に設定します。

- 中心線、基準線などは、「細線の一点鎖線」でかきます。本書では、線色を「線色8」、線種を「一点鎖1（線幅1)」に設定します。

- 寸法線、寸法補助線（引出線）、ハッチングなどは、「細線の実線」でかきます。本書では、線色を「線色1」、線種を「実線（線幅1)」に設定します。

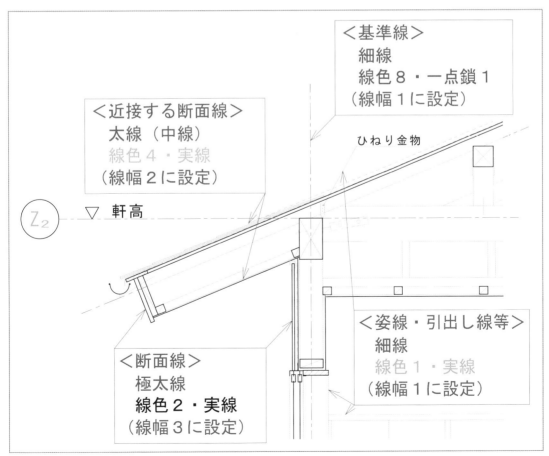

本書での矩計図における線の使い分け

4・2 練習用詳細図データの準備と基本設定の確認

本書では、付録CDであらかじめ基本設定など済ませた練習用詳細図データを使用して作図を開始します。したがって、細かい基本設定をする必要がありません。そこで、設定した内容を確認します。

4・2・1 練習用詳細図データの「CH04-00(.jww)」を別名「矩計図1(.jww)」で保存

❶「開く」コマンドで、3章であらかじめCドライブの「jww」フォルダにコピーした「練習用詳細図データ」フォルダ（→p.7/51）の「CH04」フォルダから「CH04-00.jww」ファイルを開く。

 CH04-00.jww

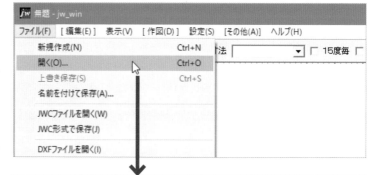

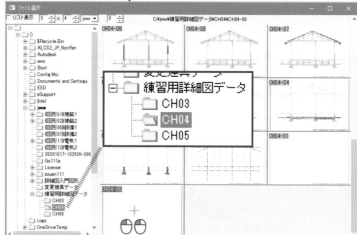

❷ 適当な場所に、別の図面ファイル名で保存（コピー）する（→p.51）。

ここでは例として、「C：」ドライブ→「jww」フォルダに「矩計図1（.jww）」で保存する（「名前を付けて保存」→p.42）。

作図した図面の保存先（パソコンのハードディスクのドライブやフォルダ）は任意です。
本書では「C：」ドライブの「jww」フォルダに保存しますが、任意の保存用フォルダ（「作図練習」フォルダなど）を作って保存すると管理しやすいでしょう。

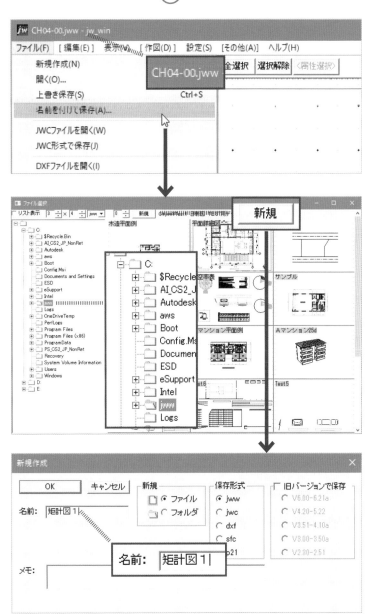

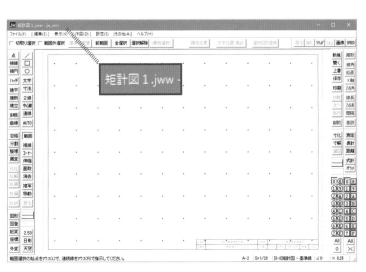

4·2·2 レイヤ、縮尺、用紙サイズの確認

ここでは、前項で保存した「矩計図1.jww」に設定済みのレイヤ、用紙サイズ、縮尺を確認します。基本的な手順はp.53〜54と同じです。詳細はそちらを参照してください。

「矩計図1.jww」には、表に示したレイヤグループ・レイヤを設定済みです。この設定で作図を開始します。以下、その設定を確認します。

図面名	縮尺	レイヤグループ	レイヤグループ名	レイヤ	レイヤ名
矩計図	1/20	0	矩計図	0	基準線
				1	基礎
				2	砕石・土間コン・束石
				3	土台まわり・外デッキ
				4	軒桁・小屋組
				5	垂木・屋根
				6	屋根仕上・金物
				7	建具
				8	壁・天井・床仕上
				9	室内姿線
				A	寸法
				B	説明
平面詳細図	1/20	E	平面詳細図	0	
図面枠・表題	1/1	F	図面枠	0	図面枠
				1	図名・尺度

❶ 書込レイヤグループ0のボタンを🖱(右)して「レイヤグループ一覧」ウィンドウを開き、内容を確認したら、右上端の ✕ を🖱して閉じる。同様に、書込レイヤ0のボタンを🖱して「レイヤ一覧」を開き、確認する。

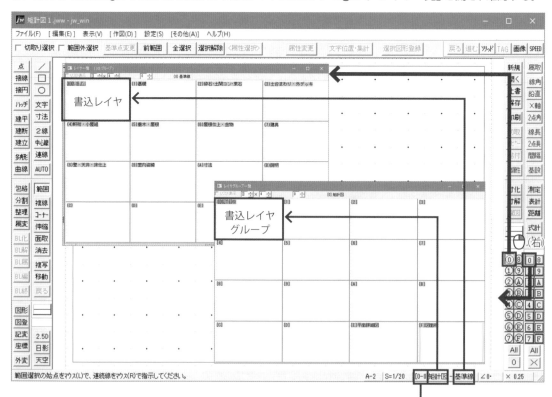

[0-0]は、0レイヤグループ(ここでは「矩計図」)の0レイヤ(ここでは「基準線」)を表す

❷ Fレイヤグループのボタンを🖱(右)して書込レイヤグループにし、書込レイヤ0のボタンを🖱(右)して一覧ウィンドウを開き、内容を確認する。

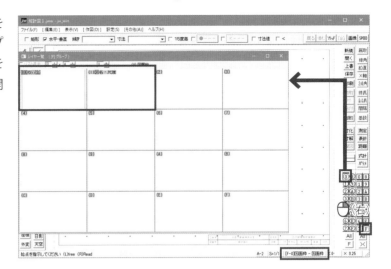

❸ レイヤグループ「0」のボタンを🖱(右)して、書込レイヤグループを「0」にし、ステータスバーの縮尺ボタン「S＝1/20」を🖱して開く「縮尺・読取　設定」ダイアログで、使用する2つのレイヤグループの縮尺（→前ページのレイヤ分け表）を確認する。

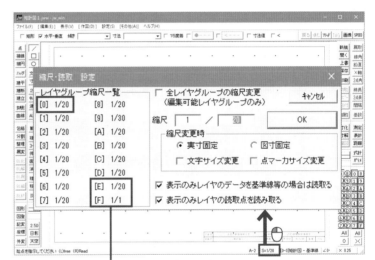

矩計図の作図に使用するレイヤグループは、上記のうち、0レイヤグループ「1/20」、Eレイヤグループ「1/20」、Fレイヤグループ「1/1」である

❹ ステータスバーの用紙サイズボタンの表示で、使用する用紙サイズ「A-2」を確認する。

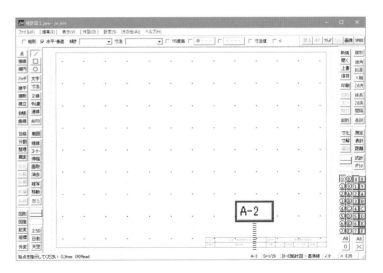

107

4·2·3 図面の基本設定を確認

続けて、「矩計図1.jww」に設定済みの基本設定を確認します。内容はp.55と同じです。

❶ ツールバー「基設」を🖱して開く「jw_win」ダイアログの3つのタブ画面で、図の赤枠のチェック付きを確認する。

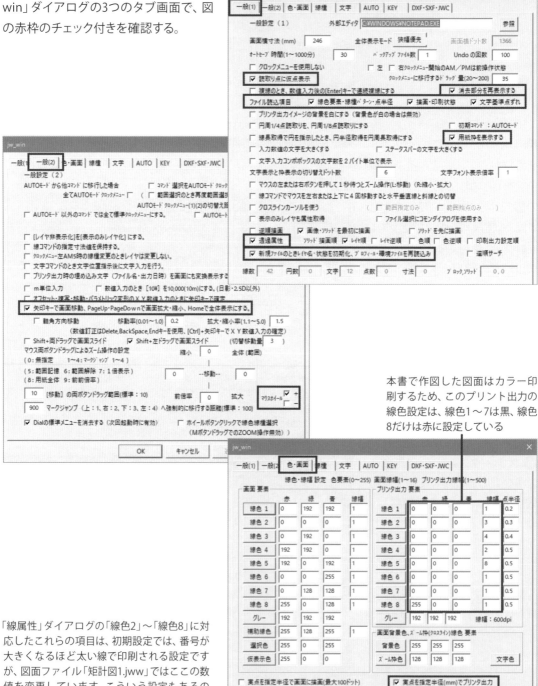

本書で作図した図面はカラー印刷するため、このプリント出力の線色設定は、線色1〜7は黒、線色8だけは赤に設定している

「線属性」ダイアログの「線色2」〜「線色8」に対応したこれらの項目は、初期設定では、番号が大きくなるほど太い線で印刷される設定ですが、図面ファイル「矩計図1.jww」ではここの数値を変更しています。こういう設定もあるので、以降の作図では必ず練習用詳細図データを使用してください。

4·2·4 作図ウィンドウの目盛表示を確認

続けて、「矩計図1.jww」に設定済みの目盛表示を確認します。補助目盛を「1/2」(平面詳細図では1/4)に設定しています。それ以外の詳細はp.56を参照してください。

❶ ステータスバーの軸角ボタンを🖱️して開く「軸角・目盛・オフセット 設定」ダイアログで、図の3カ所の赤枠の項目を確認する。

3カ所の赤枠を確認

矩計図では1/2まで表示 ──
(平面詳細図では1/4まで表示)

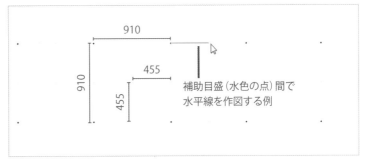

補助目盛(水色の点)間で
水平線を作図する例

目盛の間隔は水平・垂直とも910mm
補助目盛の間隔は910÷2=455mm

4·2·5 矩計図の作図を開始、矩計図の作図補助のため平面詳細図をコピー

ここから、矩計図の作図を開始します。

矩計図をかく時は、建物の断面構造の位置を決めるのに、同じ計画建築物の平面詳細図を利用するのが正確でかつ合理的です。そこで本書でも、矩計図をかく前に、平面詳細図をコピーしておきます。

3章で作図した「平面詳細図（.jww）」上の平面詳細図部分（図面枠、表題欄、凡例などを除く）を、Jw_cadのコマンド「コピー」「貼り付け」で「矩計図1（.jww）」の図面上（邪魔にならない位置である図面枠の上側）に持ってきます。2つのJw_cad図面を使う必要があるため、Jw_cadを2つ起動することになります（→p.44）。なお、以降はJw_cadの図面ファイルの拡張子「.jww」の表記を省略する場合があります。

まず、矩計図を作図する図面ファイル「矩計図1」の書込レイヤグループを、平面詳細図をコピー・貼り付けするためのEレイヤグループにします。

❶「矩計図1（.jww）」のEレイヤグループを🖱️（右）して、書込レイヤグループにする。また、書込レイヤが0レイヤになっていることを確認をする。

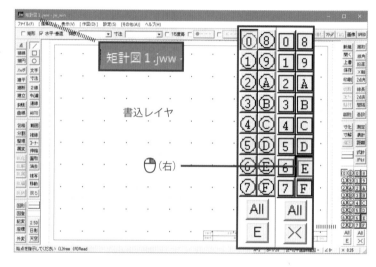

2つのJw_cad図面ファイル間でコピー・貼り付けするため、「矩計図1」を開いているJw_cadとは別にもう1つJw_cadを起動して、3章で作図した平面詳細図の完成図である「CH03−完成」（付録CDに収録した練習用詳細図データ）を開きます。

❷ Windowsのデスクトップ画面に移ってJw_cad起動用ショートカットアイコンを🖱️🖱️する。

❸ Jw_cadが起動したら、「開く」コマンドを選択する。

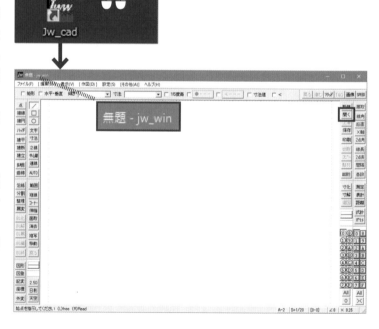

❹「jww」フォルダ→「練習用詳
細図データ」フォルダの「CH03」
フォルダから、「CH03-完成」を
🖱🖱して開く。

 付録
CD **CH03-完成.jww**

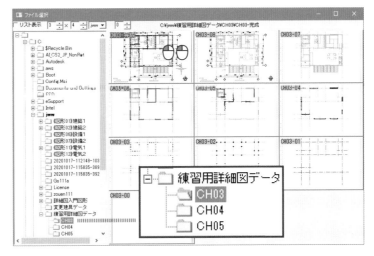

3章で作図した平面詳細図「CH
03-完成」が開きます。

❺「範囲選択」(ツールバー「範
囲」)コマンドを選択し、図のよ
うに平面詳細図の全体を矩形範
囲選択する(凡例、図面枠、表題
などは除く)。

コピーの対象データがピンク色
の選択色に変わります。

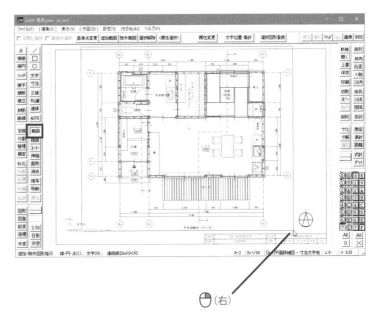

🖱(右)

111

❻ コピー・貼り付け時に正確な位置決めを行うため、コントロールバー「基準点変更」を🖱する。

❼ 基準点として、平面詳細図右下（南東）隅柱の中心を🖱（右）する。

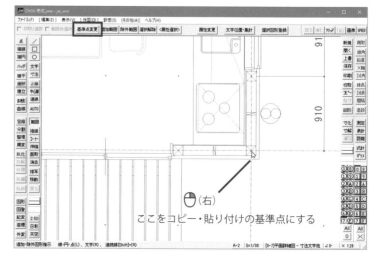

🖱（右）

ここをコピー・貼り付けの基準点にする

❽ ツールバー「コピー」（「編集」メニューの「コピー」コマンド）を🖱する。

作図ウィンドウの左上に「コピー」と表示されれば、コピーが完了です。

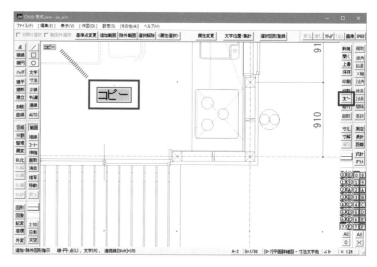

コピー

❾ 「矩計図1.jww」が開いているJw_cadに移り、ツールバー「貼付」を🖱する。

矩計図1.jww

作図ウィンドウの左上に「●書込レイヤに作図」と表示されれば、貼り付けの準備が完了です。

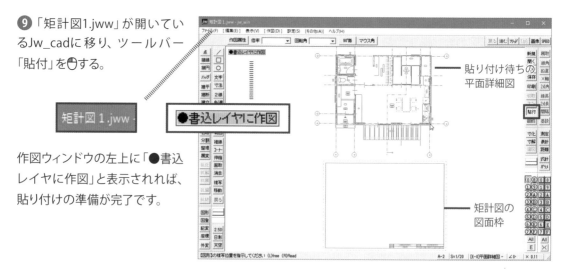

●書込レイヤに作図

貼り付け待ちの平面詳細図

矩計図の図面枠

画面移動は移動方向の矢印（カーソル）キーを押すのが簡便です。また、マウスの両ボタンで🖱すると、その位置が作図ウィンドウの中心になります。画面拡大・縮小はp.41/56を参照してください。

❿ 図の位置に図の向きで貼り付けるため、コントロールバー「90°毎」を3回🖱してコントロールバー「回転角」を「270」に設定してから、図の位置の黒色日盛で🖱（右）する。

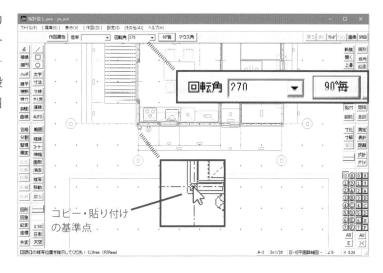

コピー・貼り付けの基準点

作図ウィンドウの左上に「●書込レイヤに作図」が消えれば、貼り付けが完了です。

⓫ 「CH03-完成.jww」はもう使わないので閉じる（このJw_cadを終了する）。

⓬ 必要に応じて上書き保存する。

 付録CD **CH04-01.jww**

4章で作図する練習用詳細図データは、「練習用詳細図データ」フォルダ→「CH04」フォルダに収録してあります。

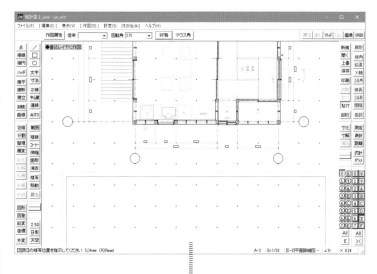

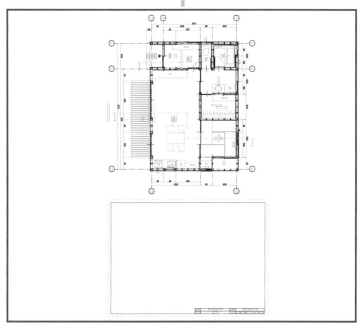

4·3　基準線の作図

ここでは、前節の最後にコピー・貼り付け後、回転複写で作図した平面詳細図を利用して、矩計図の柱・壁の基準線、高さの基準線、屋根勾配の基準線を作図します。計画建築物を上から見た平面図と、人の目線で見た断面図の空間位置関係を考えながら、対応関係にある基準線を正確に作図します。

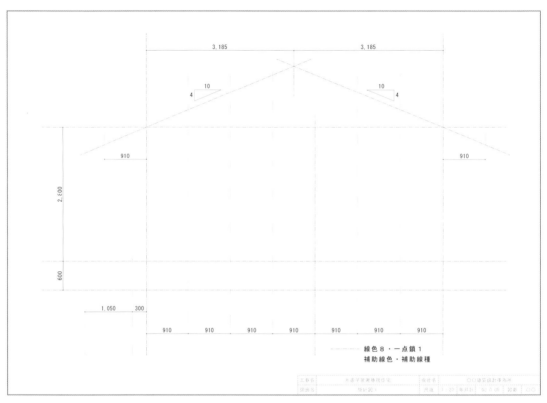

4・3節で作図する基準線の完成図例（赤色の線が作図する部分）

作図のポイント

- 0レイヤグループ「矩計図」、0レイヤ「基準線」に作図します。
- 細線の一点鎖線で作図するので、線属性は、線色を「線色8（赤色）」、線種を「一点鎖1」に設定します。また、作図を円滑に進めるため、印刷されない線である線色「補助線色」、線種「補助線種」も使用します。
- 作図位置（各線間の寸法）は、上記完成図例に示したとおりです。

壁の基準線は前節でコピーした平面詳細図の線に合わせてかき、高さの基準線はGL線をかいた後、FL線と軒高線は複線で作図します。屋根の基準線は、壁の基準線と高さの基準線をガイドにかきます。

❶ 線属性を「線色8」「一点鎖1」にする。

❷ 書込レイヤグループを矩計図をかく0レイヤグループの0レイヤにし、平面詳細図をコピーしたEレイヤグループ（→p.110）と、Fレイヤグループを表示のみにする。

❸ 「線（／）」コマンドで、コントロールバー「水平・垂直」にチェックを付け、平面詳細図の基準線（Y通り芯）の位置に合わせて壁の基準線をかく。

❹ 高さの基準線は、GL線を水平線でかき、上に600で複線してFL線、さらに上に2800で複線して軒高線を作図する。

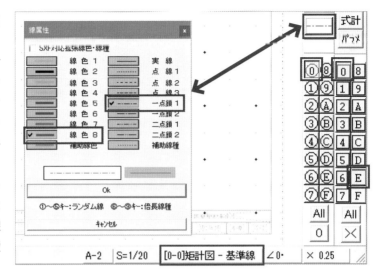

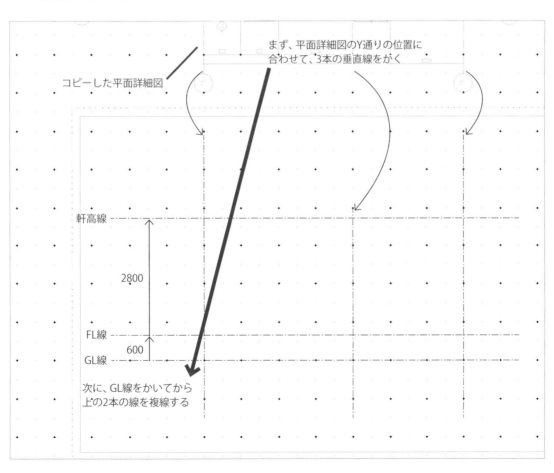

コピーした平面詳細図

まず、平面詳細図のY通りの位置に合わせて、3本の垂直線をかく

軒高線

2800

FL線

600

GL線

次に、GL線をかいてから上の2本の線を複線する

❺ 図のように棟と屋根の基準
線を作図する。屋根は4寸勾配
なので、基準線は、ツールバー
「／」を🖱して、コントロール
バー「傾き」に「//0.4」と入力してから
かく(反対側は「−//0.4」)。

> 「線(／)」コマンドのコントロ
> ールバー「傾き」に、上記のよ
> うに半角スラッシュ2つ+小数
> 1桁で入力すると、屋根勾配に
> 合わせた角度の線になります。

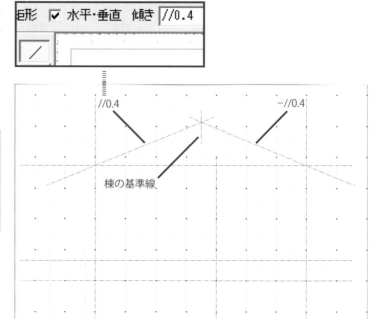

//0.4 −//0.4

棟の基準線

❻ 線属性を「補助線色」「補助
線種」にし、下図のようにこの後
の作図で必要になる補助的な垂
直の基準線を追加する。

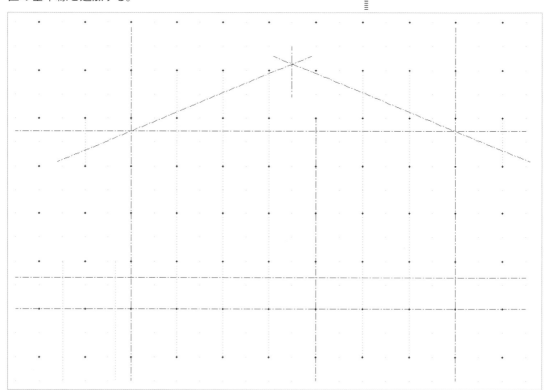

❼ 必要に応じて上書き保存す
る。

付録CD  CH04−02.jww

ここでは、基礎まわりを作図します。書込レイヤを適宜切り替えるので、2項目に分けて解説します。

4·4·1 基礎の作図

前節で作図した基準線（Y通り芯）をガイドにして、布基礎、捨てコン、砕石の断面を作図します。

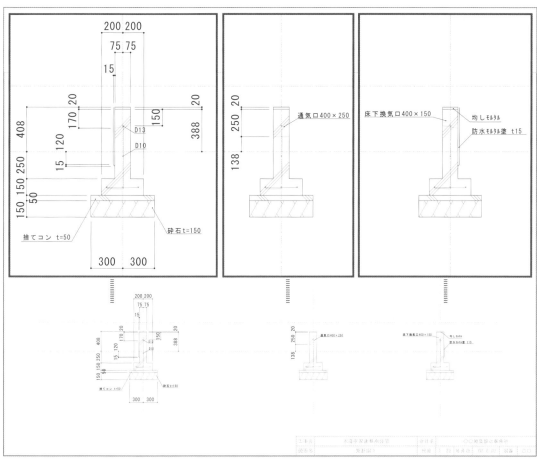

4·4·1項で作図する基礎の完成図例（赤色の線が作図する部分）

作図のポイント

● 0レイヤグループ「矩計図」、1レイヤ「基礎」に作図します。0レイヤ「基準線」は表示の
みにします。

断面線の作図

布基礎、捨てコン、砕石の断面線を作図します（寸法は前ページの完成図例を参照）。Y_0通りを作図して、他は複写で作図します。

❶ 書込レイヤを0レイヤグループ「矩計図」の1レイヤ「基礎」に、0レイヤ「基準線」を表示のみに、線属性を「線色2」「実線」にする。

❷ Y_0通りの基準線を「2線」コマンドで左右に振り分けて（→p.134）、垂直線を順次作図する。

❸ Z_0通りの基準線を「複線」コマンドで複線し、「コーナー処理」コマンドでかいた垂直線とコーナーを作っていく。

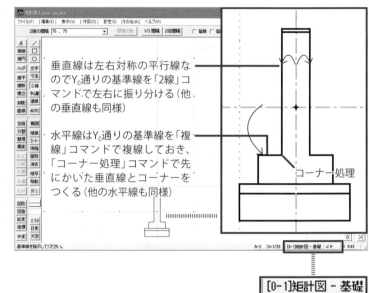

垂直線は左右対称の平行線なのでY_0通りの基準線を「2線」コマンドで左右に振り分ける（他の垂直線も同様）

水平線はY_0通りの基準線を「複線」コマンドで複線しておき、「コーナー処理」コマンドで先にかいた垂直線とコーナーをつくる（他の水平線も同様）

コーナー処理

[0-1]矩計図 - 基礎

模様の作図

布基礎、捨てコン、砕石に模様を付けます。まず、布基礎に模様を付けます。

❶ 線属性を「線色1」「実線」にする。

❷ ツールバー「ハッチ」を🖱し、布基礎のハッチングとして、コントロールバー「3線」を選択し、角度「45」、ピッチ「15」、線間隔「1」を入力する。

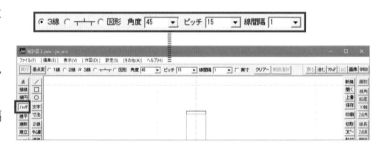

❸ 布基礎を構成するすべての線を順番に🖱して1周する。1周したら、最初の線を再度🖱して指定終了とする。

❹ コントロールバー「基点変」を🖱して、図の角を🖱（右）してハッチングの基点に設定する。

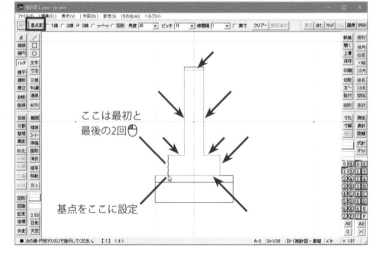

ここは最初と最後の2回🖱

基点をここに設定

❺ コントロールバー「実行」を🖱️して、ハッチングを実行する。

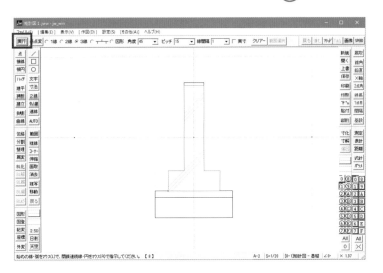

❻ 同様にして、捨てコン部分にもハッチングする。種類、ピッチ、線間隔は布基礎の場合と同じで、角度だけ−45°に反転させる。

❼ 基点を図の位置に設定する。

❽ コントロールバー「実行」を🖱️して、ハッチングを実行する。

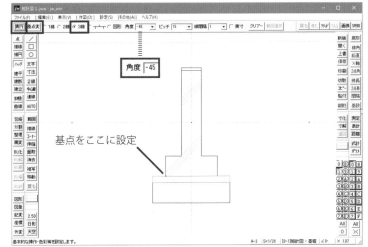

角度 −45

基点をここに設定

続いて、砕石の模様は、図形を貼り付けて表現します。

❾ ツールバー「図形」を🖱️し、「詳細図入門図形」フォルダ→「矩計図」フォルダ→「模様」フォルダの「砕石模様」を🖱️🖱️する。

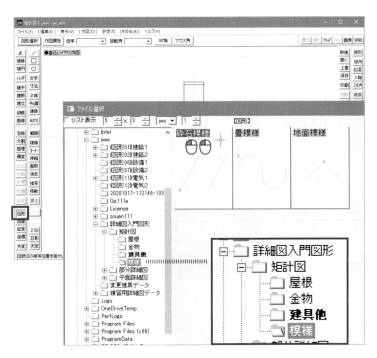

❿ 読み込んだ図形データ「砕石模様」の基準点は左側の模様の左下端点にあるので、そこを砕石の断面線の左下隅に合わせ、🖱（右）する。

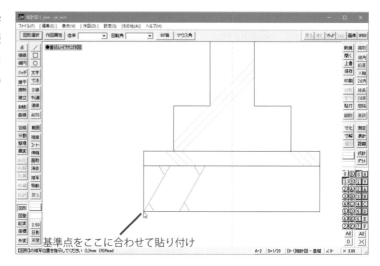

基準点をここに合わせて貼り付け

⓫ 同じ図形データ「砕石模様」で右のスペースも埋めるため、まず、ツールバー「範囲」で図のように矩形範囲選択する。

⓬ ツールバー「複写」を🖱し、コントロールバー「基準点変更」で複写の基準点を図の点に設定する。

複写の基準点をここに設定

⓭ 複写先の点として、❿で貼り付けた図形データ「砕石模様」の端点を🖱（右）する（このように操作しないと、「砕石模様」を同じ間隔で作図できない）。

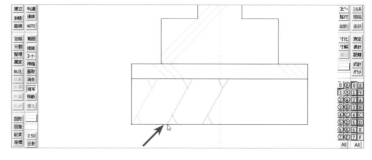

⓮ 同様にして「砕石模様」を複写し、スペースを埋める。

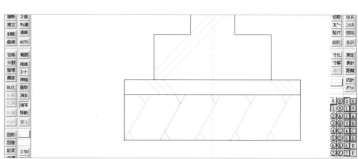

基礎配筋の作図

続いて、基礎配筋の図形を貼り付けることで作図します。

❶ ツールバー「図形」を🖱し、「詳細図入門図形」フォルダ→「矩計図」フォルダ→「金物」フォルダの「基礎配筋」を🖱🖱する。

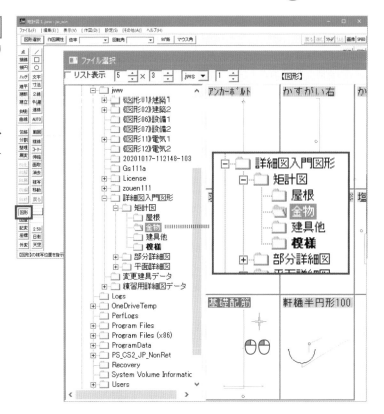

❷ 図形データ「基礎配筋」の基準点を利用して、図の位置に貼り付ける。

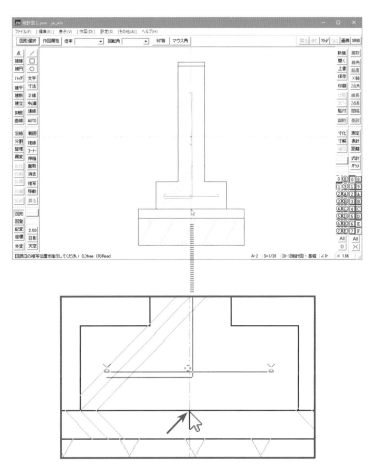

Y₀通りの基礎を他に複写

❶「図形複写」コマンドを選択し、図のように他の2つの基準線Y₁通り、Y₂通りにも複写する。

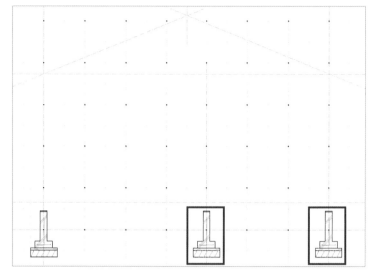

防水モルタル塗の作図

p.117の完成図例で寸法を参照して、Y₀通り、Y₂通りの布基礎に防水モルタル塗りを表現する線を追加で作図します。

❶ Y₀通りの布基礎断面線の垂直線を「複線」コマンドで複線し、「線（／）」コマンドで下端から布基礎まで短い斜線（45°を目安）をかき足す（左側の図）。

❷ 同様に、Y₂通りの布基礎にも防水モルタル塗りの線をかく（右側の図）。

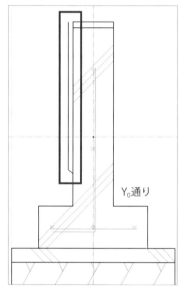
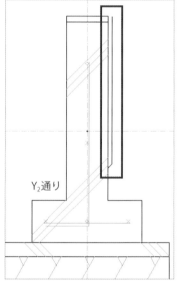

床下換気口の作図

p.117の完成図例で寸法を参照して、Y₀通り、Y₂通りの布基礎に床下換気口を表現する斜線を追加で作図します。

❶ 線属性を「線色1」「点線1」にし、図のようにY₀通り、Y₂通りの布基礎に床下換気口の少し傾けた斜線を作図する。

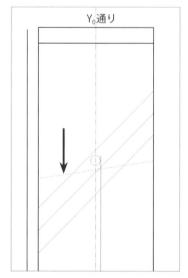
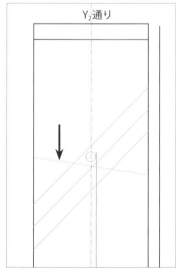

通気口の作図

p.117の完成図例で寸法を参照して、Y₁通りの布基礎に通気口を表現する水平線を追加で作図します。

❶ 図のようにY₁通りの布基礎に通気口の水平線を作図する。

❷ 必要に応じて上書き保存する。

 付録CD CH04-03.jww

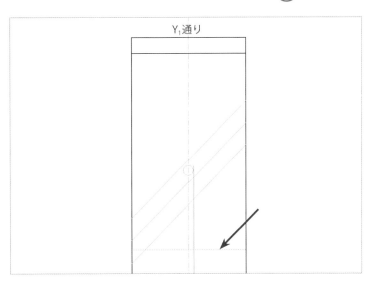

4·4·2 砕石、土間コンクリート、束石、地面の作図

砕石、土間コンクリート、束石、地面を作図します。

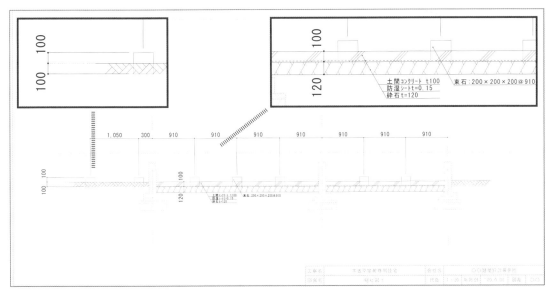

4・4・2項で作図する砕石、土間コンクリート、束石、地面の完成図例（赤色の線が作図する部分）

作図のポイント

● 0レイヤグループ「矩計図」、2レイヤ「砕石・土間コン・束石」に作図します。0レイヤ「基準線」と1レイヤ「基礎」を表示のみにします。

土間、砕石、地面を作図

まず、土間、砕石、地面の線を
作図します。

❶ 書込レイヤを0レイヤグルー
プ「矩計図」の2レイヤ「砕石・土
間コン・束石」に、0レイヤ「基準
線」と1レイヤ「基礎」を表示の
みに、線属性を「線色2」「実線」
にする。

❷「線（／）」コマンドで、コント
ロールバー「水平・垂直」にチェ
ックを付け、図のように土間の
高さを表す水平線を作図し、砕
石と地面の高さを表す水平線は、
「複線」コマンドで下に複線（複
線間隔は前ページの完成図例を
参照）して作図する。

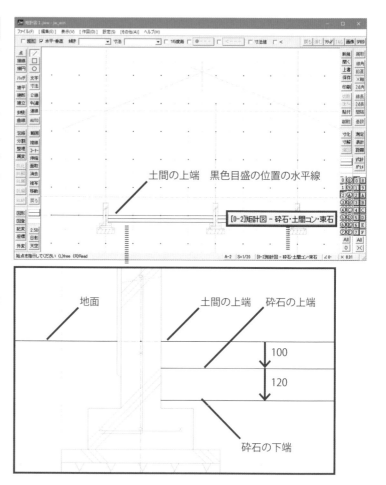

防湿シートの作図

続いて、防湿シートの線を作図
します。

❶ 線属性を「線色4」「点線2」に
する。

❷「複線」コマンドで、前項で
かいた砕石の線の上10mmに
複線し、防湿シートを表す水平
線を作図する。

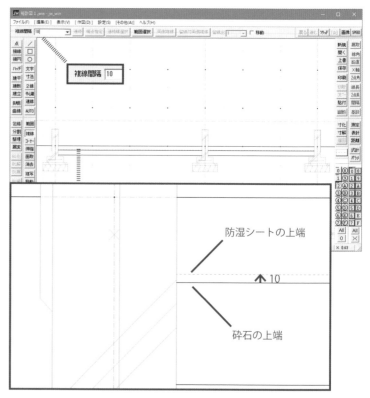

束石の姿線を作図

続いて、束石の姿線を作図します（寸法はp.123の完成図例を参照）。

❶ 線属性を「線色1」「実線」にする。

❷「矩形（□）」コマンドの「寸法」＝「200，200」（1辺200の正方形）で、まず図の交点に正方形の中心を合わせ、1つの束石の姿線を作図する。

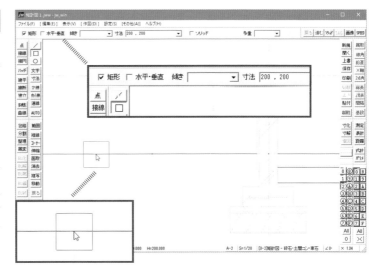

束石が地中に埋まっている部分（下半分）の姿線を点線に変更します。それによって完成した束石の姿線を、他の個所に複写します。

作図済みの線の一部を変更するには、「消去」コマンドで1本の線を指示位置で切断してから、該当の部分を「属性変更」コマンドで線属性を変更します。

❸ 線属性を変更後の「線色1」「点線1」にする。

❹ ツールバー「消去」を🖱し、上記**❷**で作図した束石の左辺を1回🖱して指示し、続けて、図の交点を計2回🖱（右）する。これで、交点で束石の左辺が切断され別々の線に分けられる。

❺ 同様にして、右辺も交点で切断する。

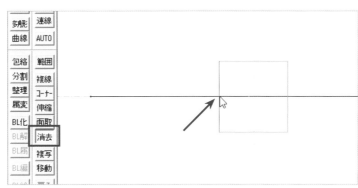

「消去」コマンドで線を🖱して指示すると線の部分消去モードになります。その後、指示した線上の2点を指示すると、その間の線部分消去になります。2点間ではなく、同一点を2回（右）すると、その点で線を切断になります。切断とは、1本の線を2本に分けることで、見た目はつながったままですが、切断点に小さな赤色の〇印が付きます。ここでの例では、束石の左辺と右辺を土間の線位置で上下に分けることで、束石の下半分の線を別の種類に変更することができるようになります。

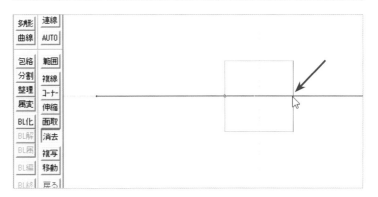

❻ ツールバー「属変」(「編集」メニューの「属性変更」コマンド)を🖱し、束石の左辺下部→下辺→右辺下部の順に🖱すると、設定した線属性に変更される。

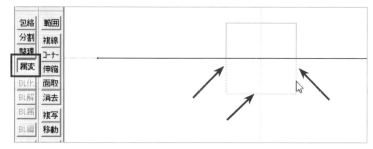

❼ 左端の束石が完成したので、「図形複写」コマンドを選択し、他の束石を複写して作図する。

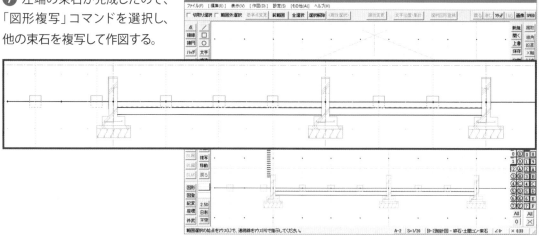

土間コンクリート模様の作図

ハッチングで土間コンクリートを表現する模様を作図します。p.118で行った布基礎へのハッチングと同様の操作になります。

❶ 表示のみレイヤの1レイヤの図形を利用するため、1レイヤのボタンを1回🖱して一時的に編集可能レイヤにする。

❷ ツールバー「ハッチ」を🖱し、コントロールバー「3線」を選択し、角度「45」、ピッチ「15」、線間隔「1」を入力する。

❸ 土間を構成するすべての線を順番に🖱して1周したら、最初の線を再度🖱する。続けて、右側も同様に範囲を指定する。

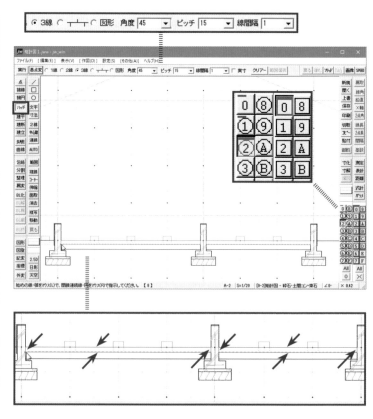

❹ コントロールバー「基点変」を🖱して、図（Y₀通り芯の布基礎右辺）の角を🖱（右）してハッチングの基点に設定する。

❺ コントロールバー「実行」を🖱して、ハッチングを実行する。

左側と右側の両方の土間コンクリートに同時にハッチングが施されます。

ハッチの基点を、布基礎のハッチの線端点に合わせる

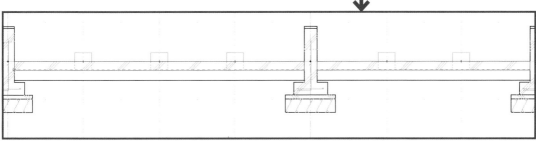

砕石模様の作図

図形を貼り付けることで砕石を表現する模様を作図します。布基礎底部と同じ図形データを使いますが、寸法が合わないので、貼り付け後に「パラメトリック変形」コマンド（作図済みの図形の寸法を伸縮）で調整します。

❶ ツールバー「図形」を🖱し、「詳細図入門図形」フォルダ→「矩計図」フォルダ→「模様」フォルダの「砕石模様」を🖱🖱する。

❷ 図形データ「砕石模様」の基準点を利用して、まず、図の位置に貼り付ける。

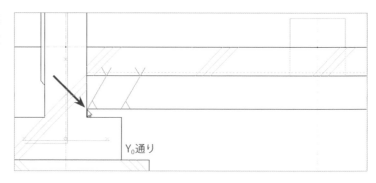

Y_0通り

❸ ツールバー「パラメ」(「その他」メニューの「パラメトリック変形」コマンド)を🖰し、貼り付けた砕石模様を図のように矩形範囲選択する。

❹ コントロールバー「基準点変更」を🖰する。

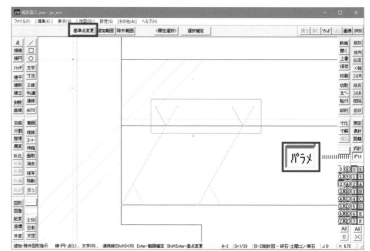

❺ 貼り付けた砕石模様の図の端点を🖰(右)して、パラメトリック変形の基準点とする。

パラメトリック変形の基準点とする

❻ コントロールバー「XY方向を」を1回🖰して、「任意方向」にする。

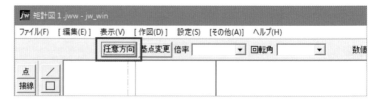

❼ パラメトリック変形の仮の図形が赤色で表示されるので、パラメトリック変形先として、図の交点を🖰(右)する。

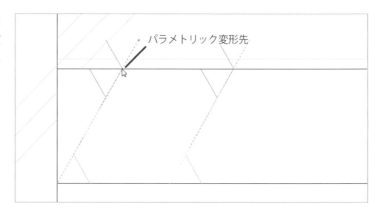

パラメトリック変形先

図のように砕石線の内側に納まります。

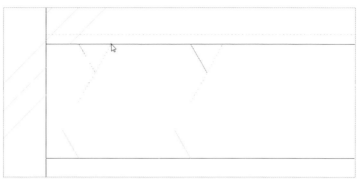

⑧ p.120と同様にして、⑦で作図した砕石模様を「図形複写」コマンドで複写し、右のスペースを埋める。

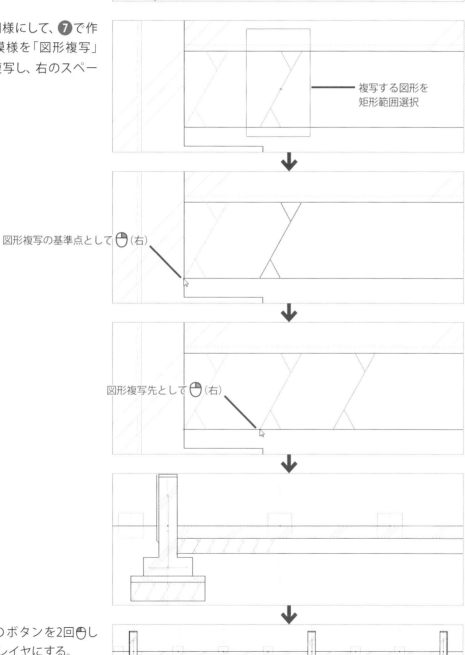

複写する図形を
矩形範囲選択

図形複写の基準点として🖱(右)

図形複写先として🖱(右)

⑨ 1レイヤのボタンを2回🖱して、表示のみレイヤにする。

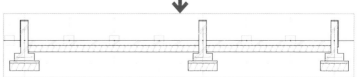

地面模様の作図

図形を貼り付けることで地面を表現する模様を作図します。布基礎まで線がはみ出すので、貼り付け後に「伸縮」コマンドで調整します。

❶ ツールバー「図形」を🖱し、「詳細図入門図形」フォルダ→「矩計図」フォルダ→「模様」フォルダの「地面模様」を🖱🖱する。

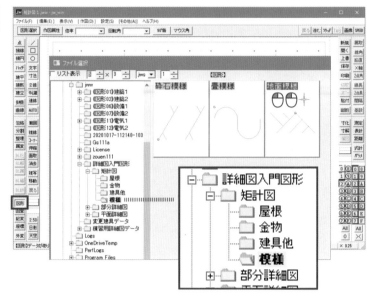

❷ 基準点を図の交点に合わせて貼り付ける。

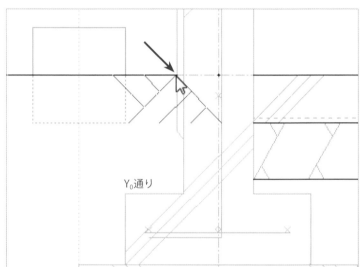

Y_0通り

左側に複写します。

❸ 「範囲選択」コマンドで図のように矩形範囲選択したら、基準点を図の線端点に設定する。

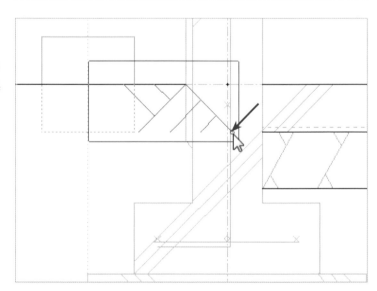

❹「図形複写」コマンドで、図の線端点に合わせて複写する。

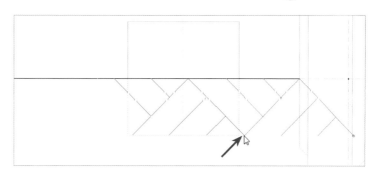

❺ 続けて、同様の複写を繰り返す。

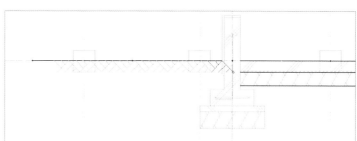

布基礎にはみ出している線を調整します。

❻ ツールバー「消去」を🖱し、図の斜線を順次🖱(右)して消去する。

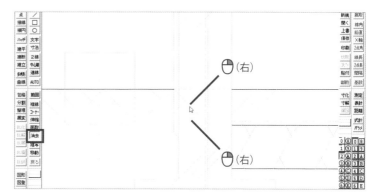

❼ ツールバー「伸縮」を🖱し、図の斜線を🖱する。

❽ 図の交点を🖱(右)して、縮める。

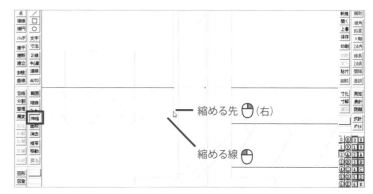

❾ 同様にして、右側（Y₂通り芯）の地面模様も作図する。

❿ 必要に応じて上書き保存する。

付録
CD　CH04-04.jww

131

4・5 土台まわりの作図

ここでは、前節で作図した基礎や束石をガイドにして、土台、大引、根太などの床を支える部材を作図します。

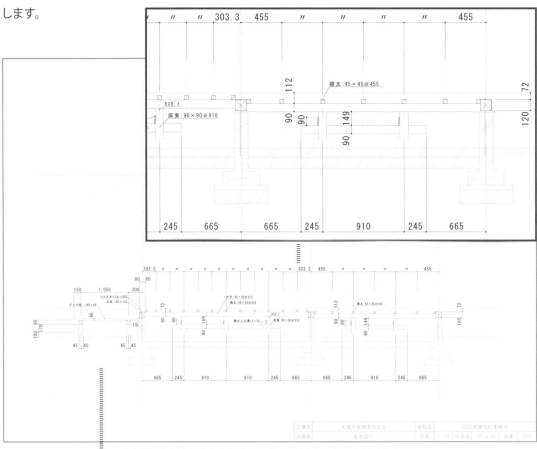

4・5節で作図する土台まわりの完成図例（赤色の線が作図する部分）

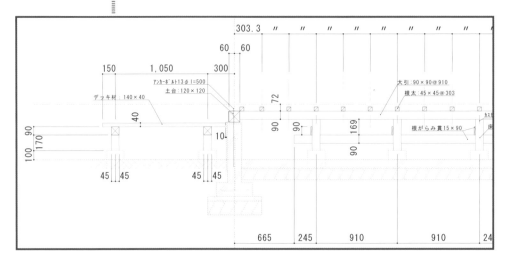

作図のポイント

● 0レイヤグループ「矩計図」、3レイヤ「土台まわり・外デッキ」に作図します。0〜2レイヤは表示のみにします。

土台の断面線を作図

まず、土台（120×120）の断面線を作図します。Y_0通りをかき、他は複写します。

❶ 書込レイヤを0レイヤグループ「矩計図」の3レイヤ「土台まわり・外デッキ」に、0〜2レイヤを表示のみに、線属性を「線色2」「実線」にする。

❷ 「矩形（□）」コマンドで、Y_0通りの布基礎の上端中央に、「土台（120×120）」を表現する正方形の中心を仮配置する。

❸ マウスを上方向に移動して、図の位置で正方形を決定する。

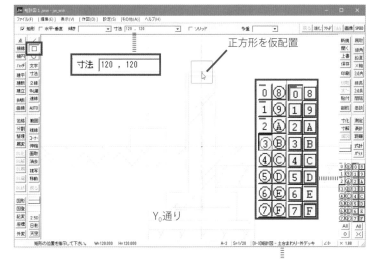

[0-3]矩計図 - 土台まわり・外デッキ

「矩形（□）」コマンドで寸法を入力した場合、矩形の中心点で仮配置してから、マウス移動で目的の位置を決定する

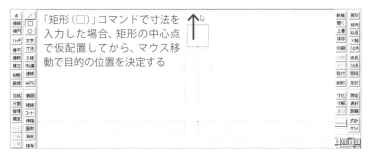

❹ 線属性を「線色1」「実線」にし、作図した正方形に、右図のように対角線をかく。

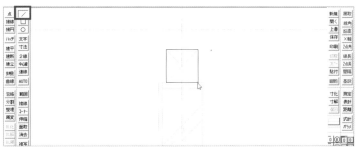

❺ 完成した土台を、下図のように複写する。

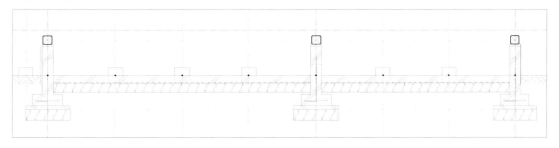

大引の姿線を作図

大引（90×90）の姿線を作図します。和室は畳の厚さがあるので少し下がることに注意してください（寸法はp.132の完成図例を参照）。

❶「線（／）」コマンドで、コントロールバー「水平・垂直」にチェックを付け、図のように2本の平行な水平線を順次作図する。

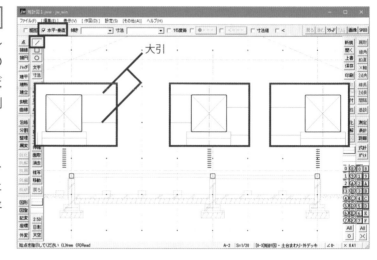

床束の姿線を作図

床束（90×90）の姿線を作図します。「2線」コマンドが便利です。

❶ ツールバー「2線」を🖱し、コントロールバー「2線の間隔」に「45 , 45」を入力する（2線の基準線から左右それぞれに45）。

❷ 図の基準線を2線の基準線（左右振分の中心線）として、図の基準線を🖱する。

❸ 2線の始点として束石上辺と基準線の交点を、2線の終点として大引下辺と基準線の交点を順次🖱（右）すると、図のように床束の平行線（2線）が作図される。

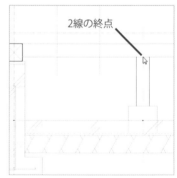

❹ 同様にして、他の床束も作図する。

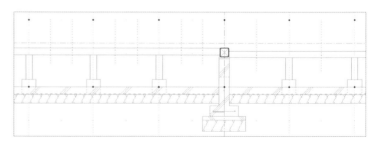

根がらみ貫を作図

根がらみ貫（15×90）を作図します。「複線」コマンドで、基準線や大引の線を複線するかきかたが簡便です（寸法はp.132の完成図例を参照）。

まず、東西方向に渡す根がらみ貫の姿線を作図します。

❶「複線」コマンドで、図のように根がらみ貫の姿線を作図します。

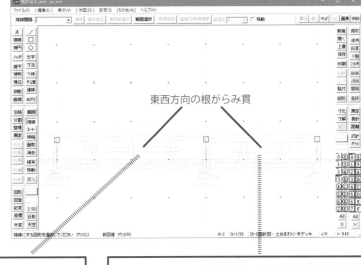

東西方向の根がらみ貫

続けて、南北方向に渡す根がらみ貫の断面線（15×90）を作図します。

❷ 線属性を「線色2」「実線」にする。

❸「矩形（□）」コマンドで、15×90の長方形をかき、図の位置に配置していく。

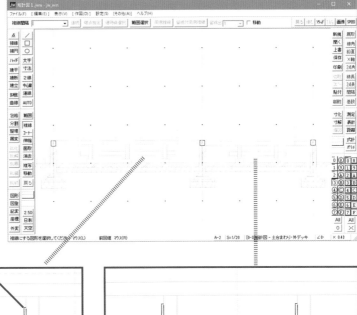

南北方向の根がらみ貫

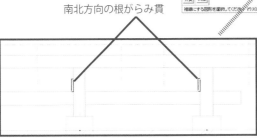

135

根がらみ貫の断面線に斜線を追加します。

❹ 線属性を「線色1」「実線」にする。

❺「線（／）」コマンドで、図のような斜線（対角線）を作図する。

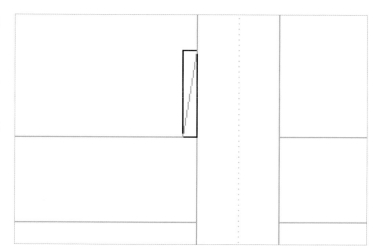

根太の断面線を作図

根太（45×45）を作図します（寸法はp.132の完成図例を参照）。

❶ 線属性を「線色2」「実線」にする。

❷「線（／）」「矩形（⊔）」「図形複写」コマンドで、図のように根太を作図し、中に斜線（対角線）（「線色1」「実線」）を作図する。

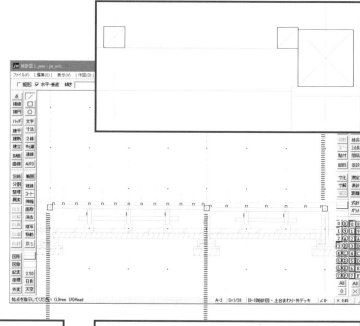

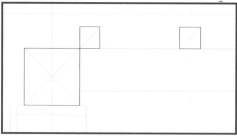

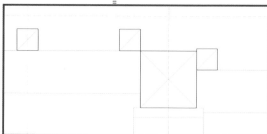

アンカーボルトの作図

図形データを貼り付けて、アンカーボルトを3カ所に作図します。

❶ ツールバー「図形」を🖲し、「詳細図入門図形」フォルダ→「矩計図」フォルダ→「金物」フォルダの「アンカーボルト」を🖲🖲する。

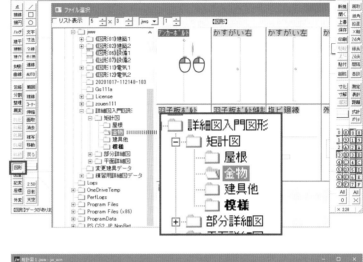

❷ Y_0通りの土台上辺の中点に基準点を合わせ、図のようにアンカーボルトを貼り付ける。

❸ 同様にして、他の土台にも、アンカーボルトを貼り付ける。

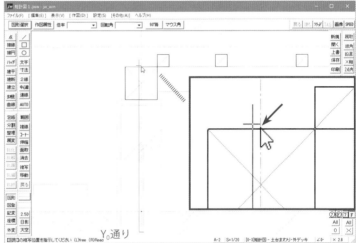

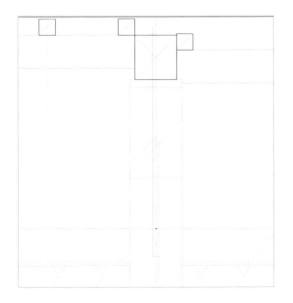

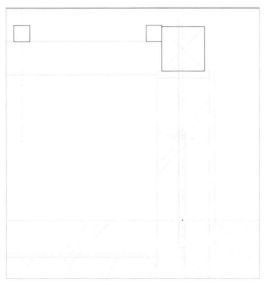

基礎水切の作図

引き続き図形データを貼り付けて、基礎水切を2カ所に作図します。Y$_0$通りに作図したら、Y$_2$通りは屋根棟線を基準線に左右反転複写します。

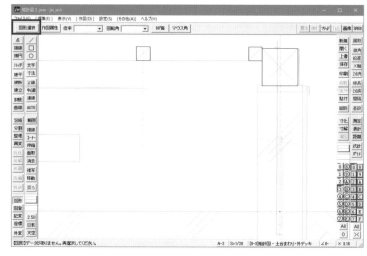

❶ コントロールバー「図形選択」を🖱し、「詳細図入門図形」フォルダ→「矩計図」フォルダ→「金物」フォルダの「基礎水切」を🖱🖱する。

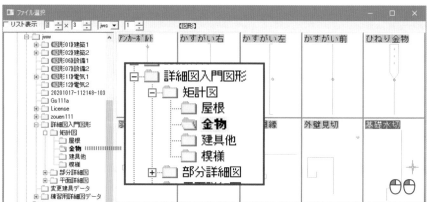

❷ Y$_0$通りの布基礎左上隅に基準点を合わせ、図のように基礎水切を貼り付ける。

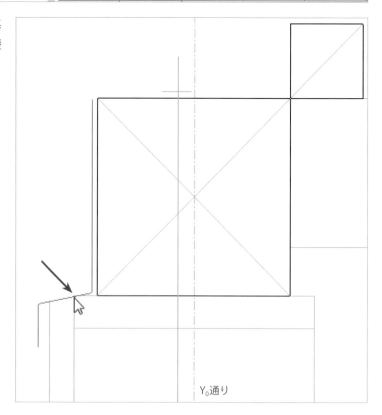

❸「図形複写」コマンドで、Y0通りの基礎水切を矩形範囲指定する。

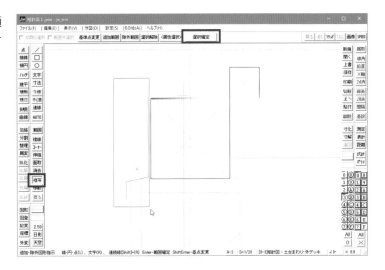

❹ コントロールバー「反転」を🖱し、図のように屋根棟線の基準線を🖱する。

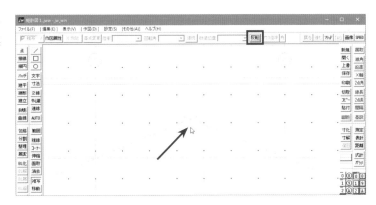

図のようにY2通りに正確に左右反転複写されます。

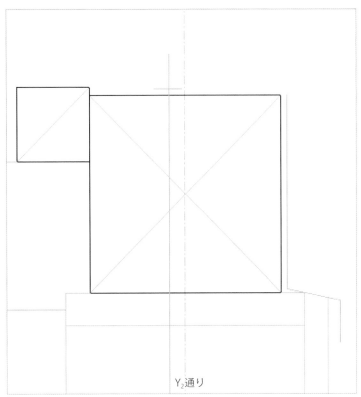

Y2通り

かすがいの作図

図形データ「かすがい前」を貼り付けて、かすがいを5カ所に作図します。

❶ ツールバー「図形」を🖱し、「詳細図入門図形」フォルダ→「矩計図」フォルダ→「金物」フォルダの「かすがい前」を🖱🖱する。

❷ 図のように大引と床束を連結する位置に「かすがい前」を貼り付ける。

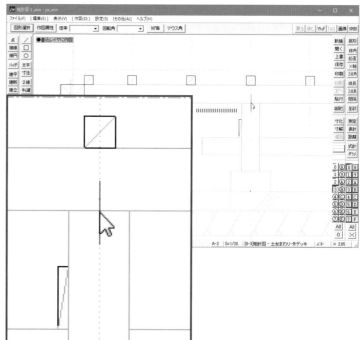

❸ 同様にして、他の4カ所にも「かすがい前」を貼り付ける。

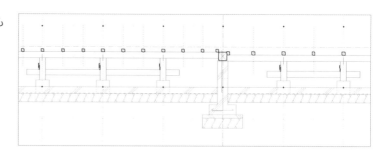

デッキの作図

デッキを作図します。デッキ材（140×40）の断面線（線色1）、デッキの大引（90×90）の断面線（線色1、2）、デッキの床束（90×90）の姿線（線色1）の順に作図します。

❶ 線属性を「線色1」「実線」にし、「線（／）」「複線」「コーナー処理」コマンドで、図のようにデッキ材（140×40）の断面線を作図する。

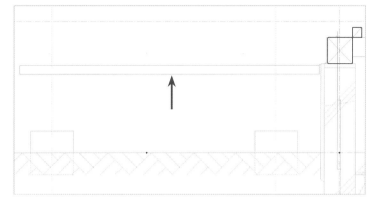

❷ 線属性を適宜切り替えながら、「線（／）」「矩形（□）」「図形複写」コマンドで、図のようにデッキの大引（90×90）の断面線を作図する。

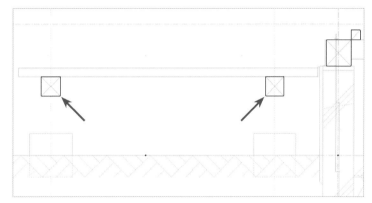

❸ 線属性を「線色1」にし、床束と同様の作図方法で（→p.134）、図のようにデッキの床束（90×90）の姿線を作図する。
❹ 必要に応じて上書き保存する。

付録CD CH04-05.jww

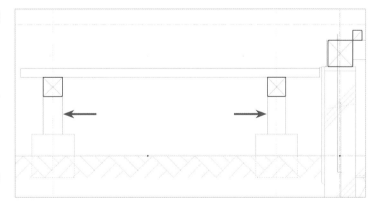

141

（ 現場事例写真で矩計図の理解を深めよう① 〔 **布基礎まわり** 〕 ）

木造の基礎は「布基礎」と「ベタ基礎」に大別されます。本書で扱っている矩計図は「布基礎」を例に練習しています。

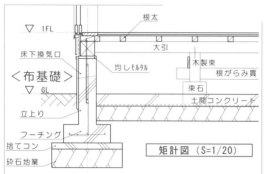

砕石地業、捨てコンの例

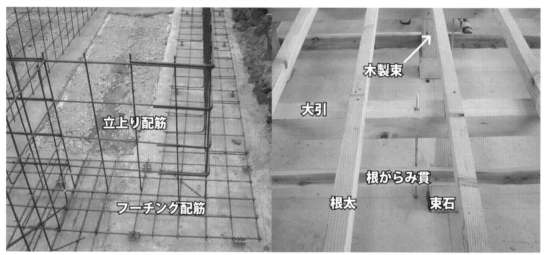

布基礎の配筋例

床下地の例

床下換気口の施工例

床下換気口の完成例

現場事例写真で矩計図の理解を深めよう② 〔 ベタ基礎まわり 〕

本書では前ページのような従来型の「布基礎」を例にした矩計図で作図していますが、最近では、右図のように地震により強い「ベタ基礎」を採用する機会が増えています。また、床束は、前ページのような木製（木製束）から鋼製（鋼製束）やプラスチック製（プラ束）に、床下換気口は基礎パッキンに代わりつつあります。基礎パッキンの場合、床下換気口は外からは見えなくなり、立面図にかく必要がなくなります。床は「根太」を省略して厚い床板を張る「ネダレス工法」が多く採用されています。

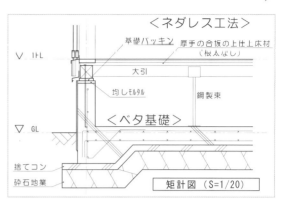

矩計図（S=1/20）

ベタ基礎の配筋例

鋼製束とプラ束の例

基礎パッキンによる床下換気の施工例

ネダレス工法の例
（根太は省略され、直接厚い床板が張られる）

小屋組、軒先、屋根まわりの作図

ここでは、基準線をガイドにして、小屋組、軒先、屋根まわりを作図します。書込レイヤを適宜切り替えるので、以下、3項目に分けて解説します。

4·6·1 軒桁、小屋組の作図

基準線をガイドにして、軒桁、小屋組を作図します。

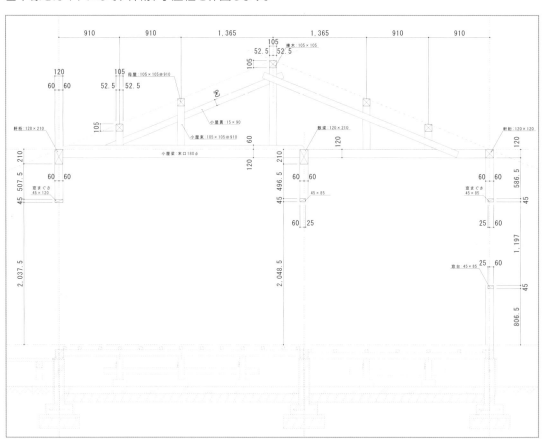

4·6·1項で作図する軒桁、小屋組の完成図例（赤色の線が作図する部分）

作図のポイント

● 0レイヤグループ「矩計図」、4レイヤ「軒桁・小屋組」に作図します。0〜3レイヤは表示
のみにします。

軒桁120×210の断面線を作図

Y_0通りの図の位置に、軒桁（120×210）の断面線を作図します。

❶ 書込レイヤを0レイヤグループ「矩計図」の4レイヤ「軒桁・小屋組」に、0〜3レイヤを表示のみに、線属性を「線色2」「実線」にする。

❷「矩形（□）」コマンドで、図のようにY_0通り芯と屋根基準線の交点に、120×210の長方形を仮配置する。

❸ マウスを下方に移動し、図の位置で長方形を確定する。

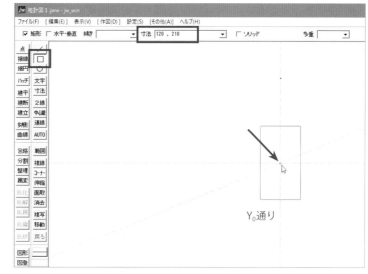

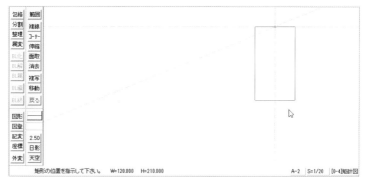

❹ 線属性を「線色1」にし、「線（／）」コマンドで、図のように長方形に2本の対角線を作図する。

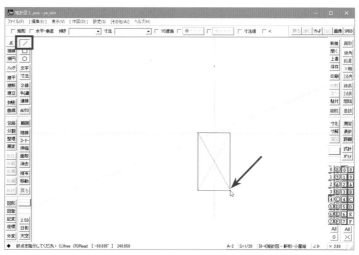

同寸法の敷梁の断面線を複写して作図

中央付近に付く敷梁（120×210）の断面線は、前項で作図した軒桁の断面線と同寸法なので、複写して作図します。

❶「図形複写」コマンドで、図の位置に複写する。

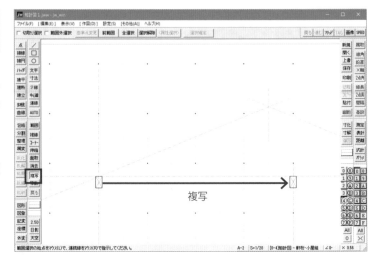

軒桁120×120の断面線を作図

Y₂通りの図の位置に、軒桁（120×120）の断面線を作図します。

❶ 線属性を「線色2」「実線」にする。

❷「矩形（□）」コマンドで、図のようにY₂通り芯と屋根基準線の交点に、120×120の軒桁を仮配置する。

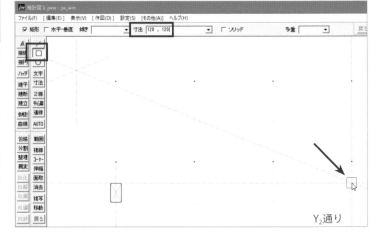

❸ マウスを下方に移動し、図の位置で軒桁を確定する。

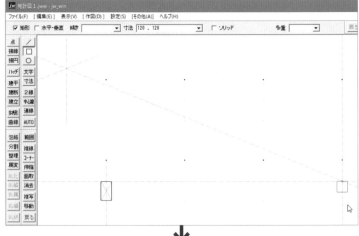

❹ 線属性を「線色1」にし、「線（／）」コマンドで、図のように軒桁に2本の対角線を作図する。

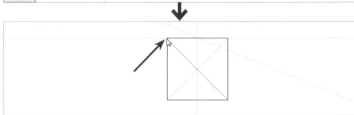

母屋の断面線を作図

これまでと同様に、「矩形（□）」コマンドと「線（／）」コマンドで、母屋（105×105）の断面線を作図します。

❶ 線属性を「線色2」「実線」にする。

❷「矩形（□）」コマンドで、図のように補助線と屋根勾配の基準線の交点に105×105の母屋を仮配置する。

❸ マウスを下方に移動し、図の位置で母屋を確定する。

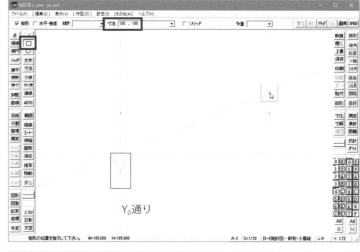

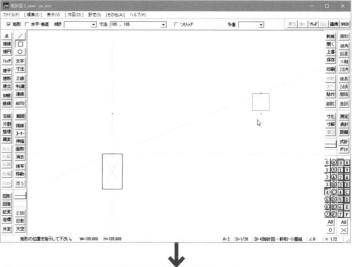

❹ 線属性を「線色1」にしてから、母屋に対角線を作図する。

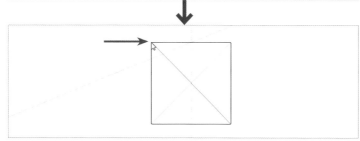

他の母屋と同寸法の棟木の断面線を複写して作図

前項で作図した母屋の断面線を複写して、他の母屋および同寸法の棟木を複写して作図します。

❶ 図の位置に、母屋105×105や棟木105×105の断面線を複写して作図する。

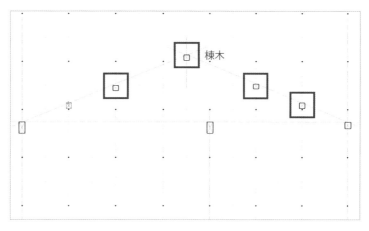

147

小屋梁と梁の姿線を作図

小屋梁（末口180φ）と梁（120×120）の姿線を作図します。

❶ 線属性を「線色1」「実線」にする。

❷ これまでと同様にいくつかのコマンドで、図のように小屋梁（末口180φ）および梁（120×120）の姿線を作図する（→p.144）。

図Aの小屋梁末口の切り落とし表現は、「面取」コマンドでコントロールバー「角面（面寸法）」を選択し、「寸法」を「30」とする。

図Bの小屋梁上辺の左端は、「線（／）」コマンドで屋根基準線の外部までかき延ばしておき、「伸縮」コマンドで屋根基準線まで縮めればよい。

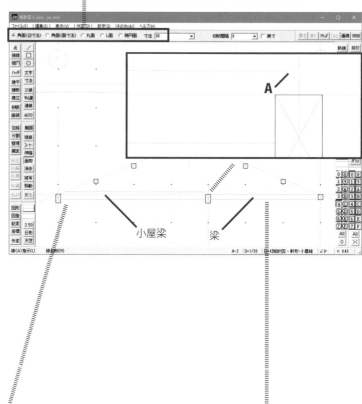

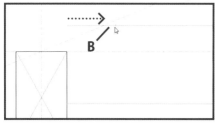

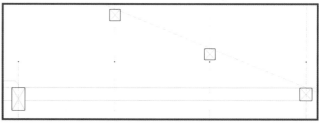

小屋束の作図

小屋束（105×105）の姿線を作図します。

❶ 「2線」コマンドで基準線を左右52.5mmに振り分け、図のように5カ所に小屋束（105×105）の姿線を作図する。

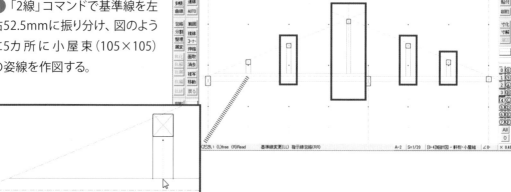

小屋貫の姿線を作図

小屋貫（15×90）の姿線を作図します。

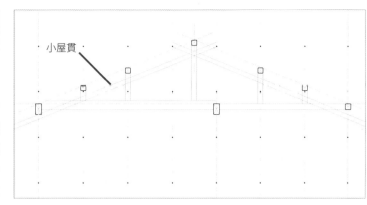

小屋貫

❶ 屋根の基準線を下に複線することで、小屋貫（15×90）の姿線を作図する。間隔90の平行線であれば、図のような位置にかけばよい。棟の左側を作図したら、右側はY₁通り基準線で左右反転複写（→p.139）する。

❷ 小屋貫の姿線は、左側が小屋束の向こう側、右側が小屋束の手前側に見せるので、図のように線の交差部を「消去」コマンドや「伸縮」コマンドで調整して、位置関係を正す。

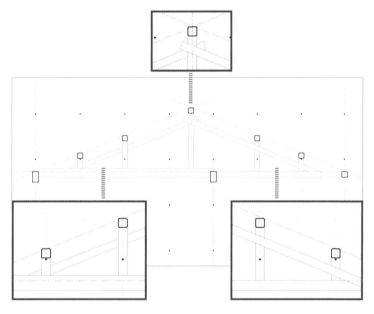

窓まぐさと窓台の作図

まず、Y₀通りに窓まぐさ（45×120）の断面線を作図します。あらかじめ窓まぐさ下端の線（FLから2037.5mm上）を「補助線色」「補助線種」でかくことで、正確に作図します。

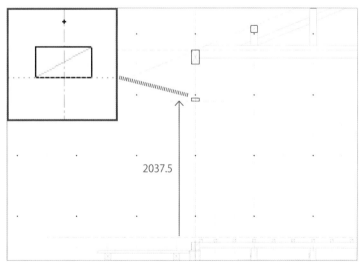

2037.5

❶ 線属性を「補助線色」「補助線種」にし、FLから2037.5mm上の位置に水平線を作図する。
❷ 線属性を適宜切り替えながら、拡大図の位置に45×120の矩形を作図し、中に対角線を1本加える。

窓まぐさ（45×85）と窓台（45×
85）の断面線をY₂通りに作図し
ます。それぞれ、窓まぐさ下端
の線をFLから2048.5mm上、窓
台上端の線をFLから851.5mm
上に、あらかじめ「補助線色」
「補助線種」でかいておくことで
正確に作図します。

❸ 線属性を「補助線色」「補助
線種」にし、FLから2048.5mm上
の位置、および851.5mm上の位
置に水平線を作図する。
❹ 線属性を適宜切り替えなが
ら、45×85の長方形を2カ所（窓
まぐさと窓台）に作図し、それぞ
れ対角線を1本加える。

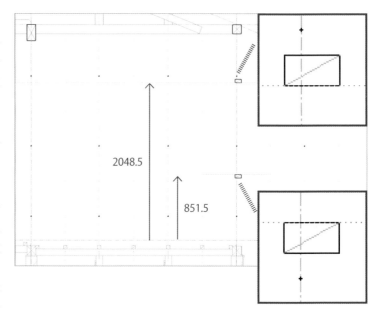

窓まぐさを複写して作図
窓まぐさ（45×85）を三本引戸
の鴨居の下地材として、同じ高
さに複写して作図します。

❶「図形複写」コマンドで、Y₂通
りの窓まぐさ（45×85）を図の
位置に複写する。

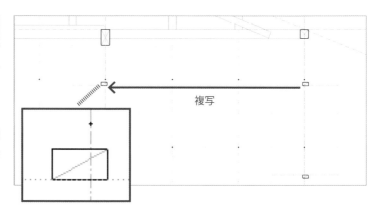

柱の姿線を作図
軒桁および敷梁の下に柱（120
×120）の姿線を作図します。

❶ 線属性を「線色1」「実線」にし、
「線（／）」コマンドで、Y₀通り、
Y₁通り、Y₂通りの軒桁または敷
梁の下に柱（120×120）の姿線
を作図する。
❷ 必要に応じて上書き保存す
る。

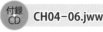 CH04-06.jww

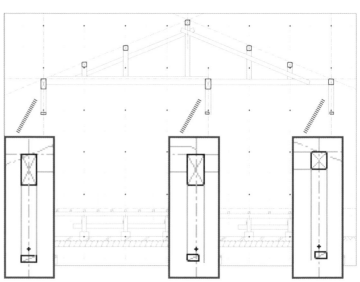

4·6·2 垂木、屋根の作図

続いて、垂木、屋根を作図します。

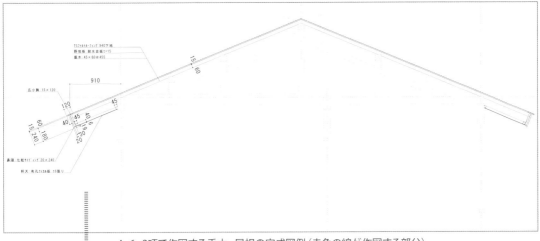

4·6·2項で作図する垂木、屋根の完成図例（赤色の線が作図する部分）

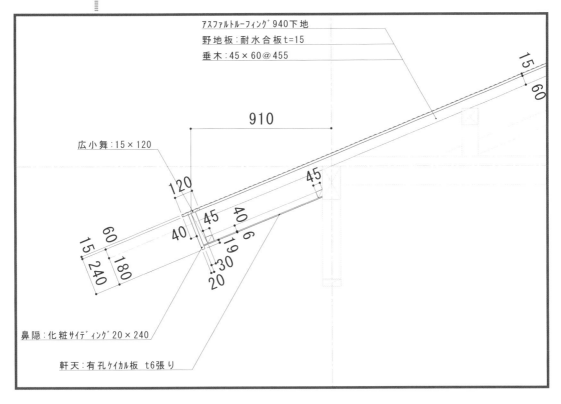

作図のポイント

● 0レイヤグループ「矩計図」、5レイヤ「垂木・屋根」に作図します。0〜4レイヤは表示のみにします。

野地板の断面線を作図

野地板（耐水合板t＝15）の断面線を作図します。

❶ 書込レイヤを0レイヤグループ「矩計図」の5レイヤ「垂木・屋根」に、0〜4レイヤを表示のみに、線属性を「線色2」「実線」にする。

❷「複線」コマンドで屋根の基準線を複線し、図のように野地板（耐水合板t＝15）の断面線を作図する（屋根基準線から上に60、厚みとしてさらに上に15）。

鼻隠の下地板の断面線を作図

鼻隠の下地板（30×215）の断面線の一部を作図します。鼻隠の下地板は野地板（屋根の基準線）に垂直に作図するため、割込コマンドの「線鉛直角度」を使います。

❶「線（／）」コマンドを選択する。
❷ さらに、割込コマンドである「線鉛直角度」（ツールバー「鉛直」）を選択し、図の野地板の下側の線を🖱する。これで、コントロールバー「傾き」に、これからかく線の角度が取得される。

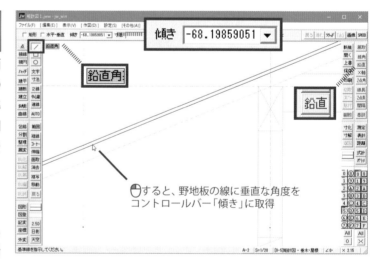

🖱すると、野地板の線に垂直な角度をコントロールバー「傾き」に取得

野地板の線に垂直な角度（Jw_cadでは「鉛直角」と呼んでいる）である「−68.198…」がコントロールバー「傾き」に自動入力されます。このような割込コマンドには数多くの種類があり、「設定」メニューに登録されています。割込コマンド実行中は、作図ウィンドウ左上に「鉛直角」というような表示が出ます。

❸ 野地板に垂直な線をかく状態になっているので、図の交点を始点として下方に適当な寸法の線をかき下ろす。

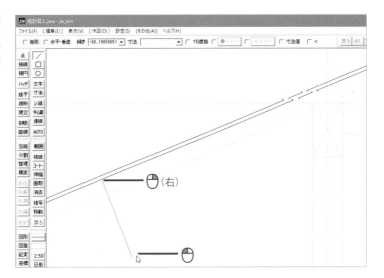

❹「複線」コマンドで、❸で作図した線を間隔30で右に複線する。

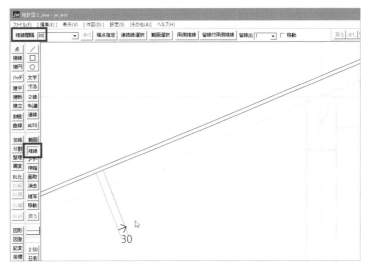

❺ ❸で作図した線を間隔20で左に複線する。

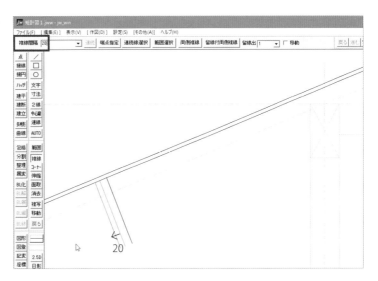

153

❺ 野地板の下側の線を間隔240で下に複線する。

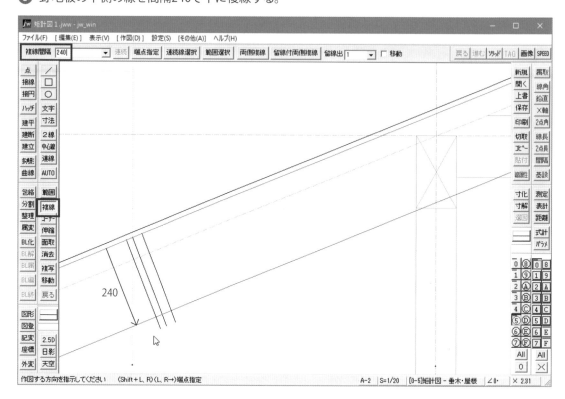

❼ 以上のような要領で、線属性を適宜切り替えながら、垂木など、軒先まわりの線を図のように作図する。末端が矩形状態になっている部分は「コーナー処理」コマンドや「伸縮」コマンドを使用して整える。

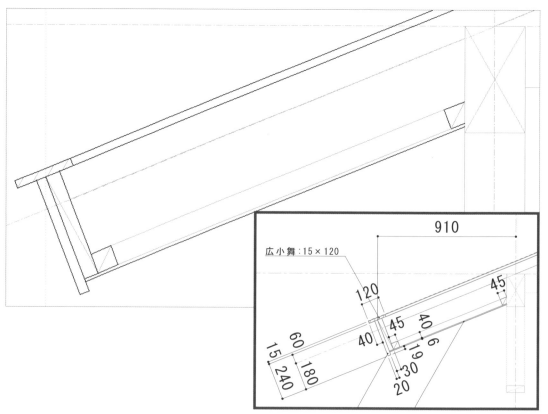

アスファルトルーフィング の断面線を作図

野地板より3mm離した位置にアスファルトルーフィングの断面線を作図します。

❶ 線属性を「線色1」「点線2」にし、「複線」コマンドで、野地板より3mm上に離した位置にアスファルトルーフィングの断面線を作図する。

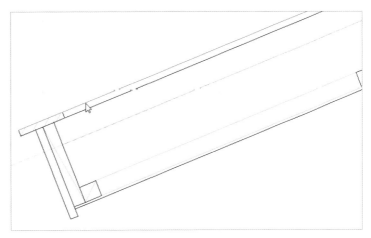

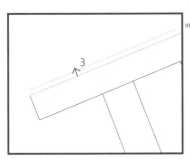

ここまで作図した垂木、 屋根を右側に反転複写

❶ ここまで作図した垂木、屋根の図全体（左半分）を、屋根棟線を基準線に左右反転複写する。

❷ 必要に応じて上書き保存する。

付録 CD **CH04-07.jww**

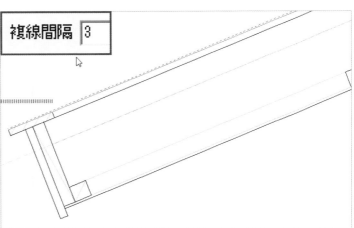

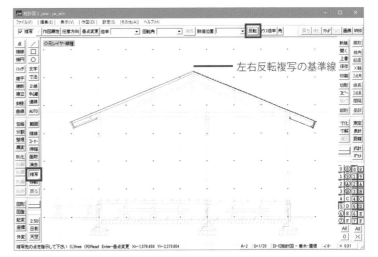

左右反転複写の基準線

4·6·3 屋根仕上、金物の作図

続いて、屋根仕上、金物などを作図します。

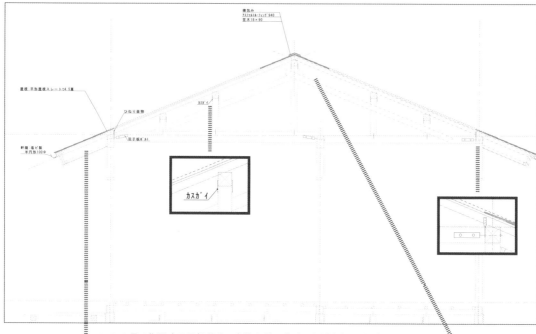

4·6·3項で作図する屋根仕上、金物などの完成図例（赤色の線が作図する部分）

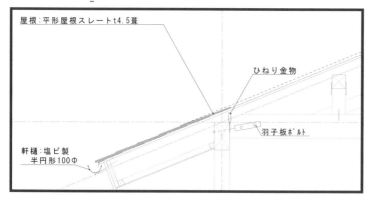

作図のポイント

● 0レイヤグループ「矩計図」、6レイヤ「屋根仕上・金物」に作図します。0〜5レイヤは表示
のみにします。

軒樋、水切り（唐草）の作図

図形データ「軒樋半円形100φ水切り共」を貼り付けて、軒樋および水切り（唐草）を作図します。

❶ 書込レイヤを0レイヤグループ「矩計図」の6レイヤ「屋根仕上・金物」に、0〜5レイヤを表示のみにする。

❷ ツールバー「図形」を🖱し、「詳細図入門図形」フォルダ→「矩計図」フォルダ→「金物」フォルダの「軒樋半円形100φ水切共」を🖱🖱する。

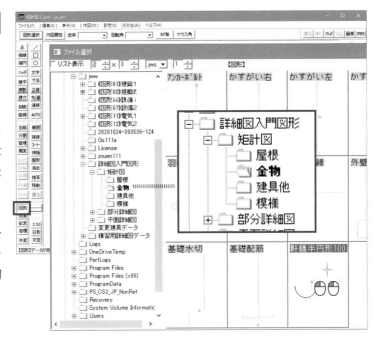

❸ 図の位置に貼り付ける。

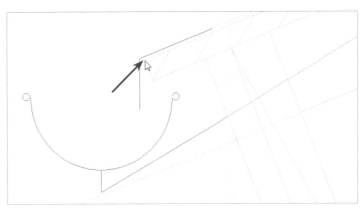

スレート屋根の軒先部を作図

引き続き図形データ「スレート屋根軒先」を貼り付けて、スレート屋根の軒先部を作図します。

❶ コントロールバー「図形選択」を🖱し、「詳細図入門図形」フォルダ→「矩計図」フォルダ→「屋根」フォルダの「スレート屋根軒先」を🖱🖱する。

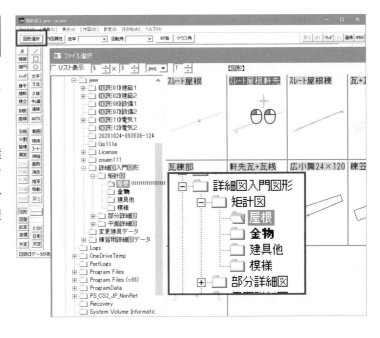

❷ 図の位置に貼り付ける。

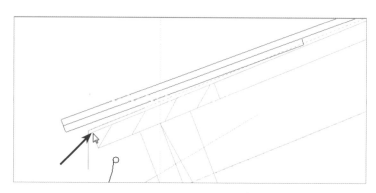

スレート屋根の作図

引き続き図形データ「スレート屋根」を貼り付けて、スレート屋根を作図します。

❶ コントロールバー「図形選択」を🖱し、「詳細図入門図形」フォルダ →「矩計図」フォルダ →「屋根」フォルダの「スレート屋根」を🖱🖱する。

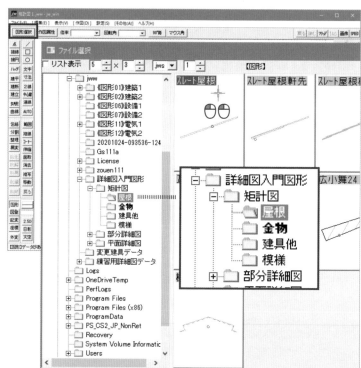

❷ 図の位置に貼り付ける。

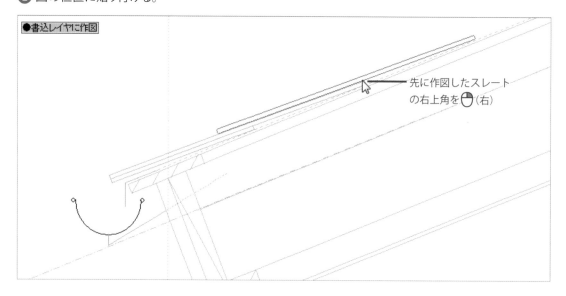

●書込レイヤに作図

先に作図したスレートの右上角を🖱(右)

❸ 図形データ「スレート屋根」を繰り返し貼り付け、図のように水下から重ねていく。ここでは3枚重ね、スレート屋根材を計4枚とする（スレート屋根の軒先部を除く）。

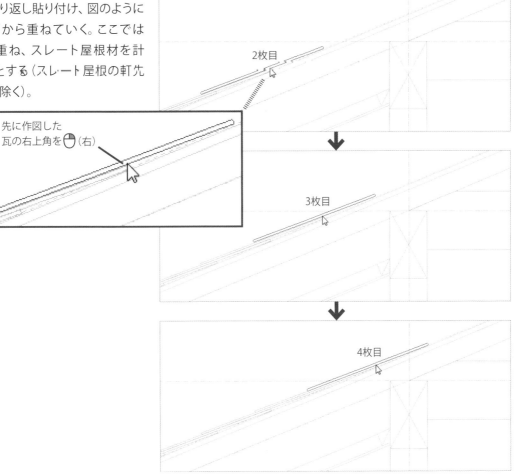

先に作図した
瓦の右上角を🖱️(右)

2枚目

3枚目

4枚目

スレート屋根棟の作図

引き続き図形データ「スレート屋根棟」を貼り付けて、スレート屋根棟を作図します。

❶ コントロールバー「図形選択」を🖱️し、「詳細図入門図形」フォルダ→「矩計図」フォルダ→「屋根」フォルダの「スレート屋根棟」を🖱️🖱️する。

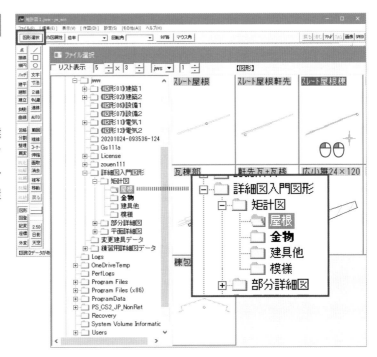

❷ 図の位置に貼り付ける。

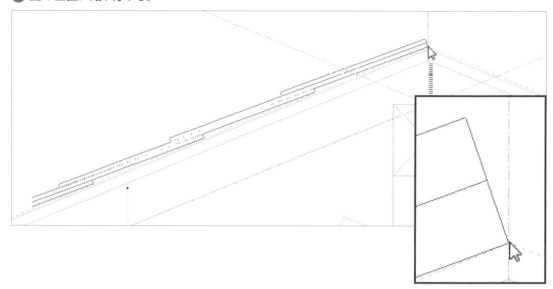

屋根途中省略線の作図

これまで貼り付けてきたスレート屋根は途中を作図していないので、その部分は途中省略線で表現します。

❶ 線属性を「線色4」「点線2」にし、「線（／）」コマンドで図のように作図する。

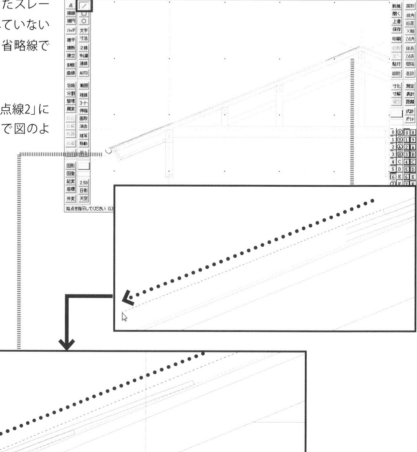

棟笠木の作図

引き続き図形データ「棟笠木」を貼り付けて、棟笠木を作図します。

❶ ツールバー「図形」を🖱し、「詳細図入門図形」フォルダ→「矩計図」フォルダ→「屋根」フォルダの「棟笠木」を🖱🖱する。

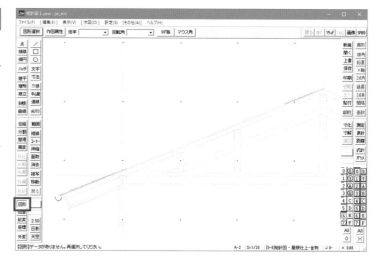

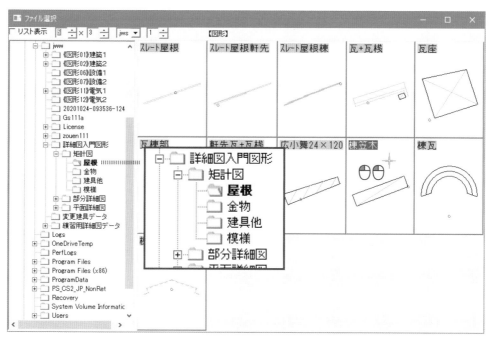

❷ 図の位置に貼り付ける。

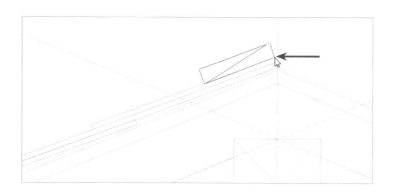

ここまで作図した屋根仕上、金物などを反転複写

❶ ここまで作図した屋根仕上、金物などの図全体（左半分）を、屋根棟線を基準線に左右反転複写する（→p.139）。

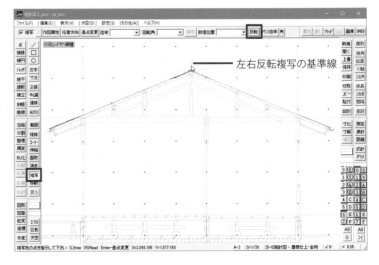

左右反転複写の基準線

棟包みの作図

図形データ「棟包み」を貼り付けて、棟包みを作図します。

❶ ツールバー「図形」を🖱し、「詳細図入門図形」フォルダ→「矩計図」フォルダ→「屋根」フォルダの「棟包み」を🖱🖱する。

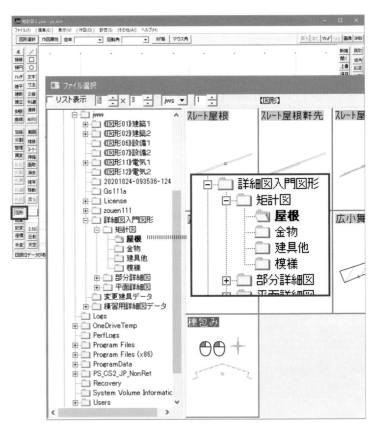

❷ 図の位置に貼り付ける。

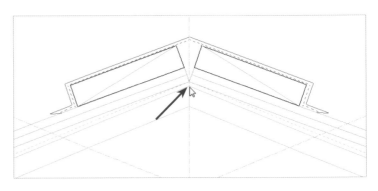

羽子板ボルトの作図

引き続き図形データ「羽子板ボルト傾斜」を貼り付けて、Y$_0$通りの羽子板ボルト（傾斜）を作図します。

❶ コントロールバー「図形選択」を⊕し、「詳細図入門図形」フォルダ→「矩計図」フォルダ→「金物」フォルダの「羽子板ボルト傾斜」を⊕⊕する。

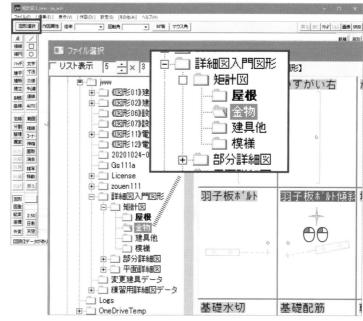

❷ 図の位置に貼り付ける。

引き続き図形データ「羽子板ボルト」を貼り付けて、Y$_2$通りの羽子板ボルト（水平）を作図します。

❸ コントロールバー「図形選択」を⊕し、「詳細図入門図形」フォルダ→「矩計図」フォルダ→「金物」フォルダの「羽子板ボルト」を⊕⊕する。

163

❹ 図の位置に貼り付ける。

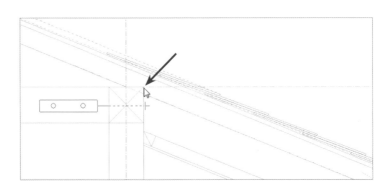

敷梁の羽子板ボルトは、Y_0通りに作図した羽子板ボルトを反転複写して作図します。

❺「図形複写」コマンドで、Y_0通りに作図した図形データ「羽子板ボルト傾斜」を、図のように矩形範囲指定する。

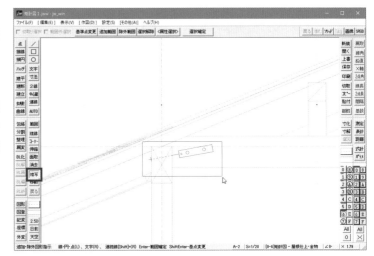

❻ 左右反転複写の基準線として、図の基準線を🖱し、敷梁に図形データ「羽子板ボルト傾斜」を作図する。

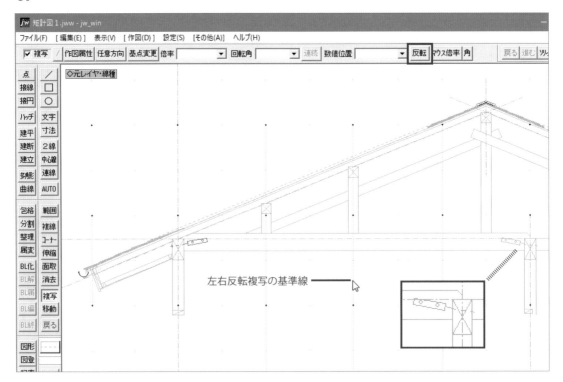

左右反転複写の基準線

ひねり金物の作図

図形データを貼り付けて、Y_0通りに「ひねり金物」を作図します。

❶ ツールバー「図形」を🖱️し、「詳細図入門図形」フォルダ→「矩計図」フォルダ→「金物」フォルダの「ひねり金物」を🖱️🖱️する。

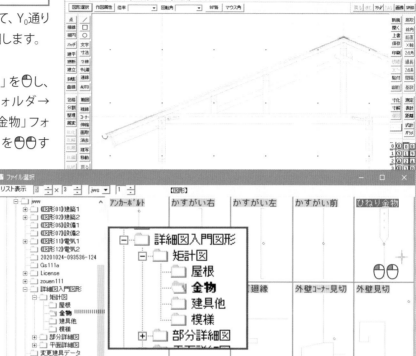

❷ 図の位置に貼り付ける。

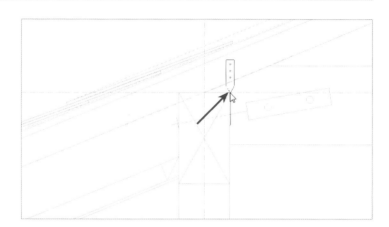

Y_2通りのひねり金物は、Y_0通りに作図したひねり金物を反転複写して作図します。

❸「図形複写」コマンドで、Y_0通りに作図した図形データ「ひねり金物」を、図のように矩形範囲指定する。

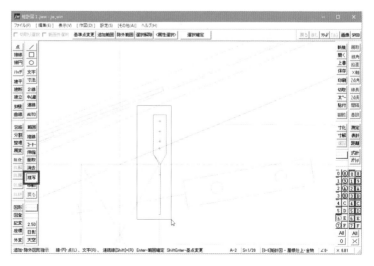

❹ 左右反転複写の基準線として、図の基準線を🖱し、Y₂通りに図形データ「ひねり金物」を作図する。

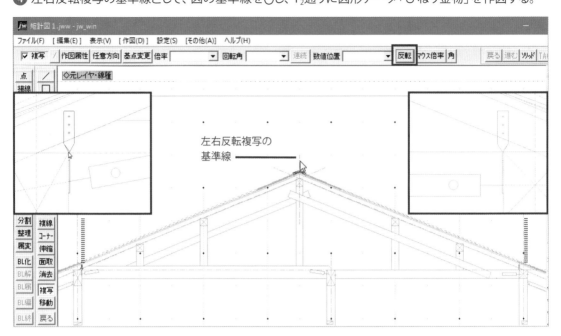

左右反転複写の
基準線 ━━━━━

かすがいの作図

図形データを貼り付けて、小屋組の構造材をまたぐ「かすがい」（かすがい左、かすがい右、かすがい前）を作図します。

❶ ツールバー「図形」を🖱し、まず、「詳細図入門図形」フォルダ→「矩計図」フォルダ→「金物」フォルダの「かすがい左」を🖱🖱する。

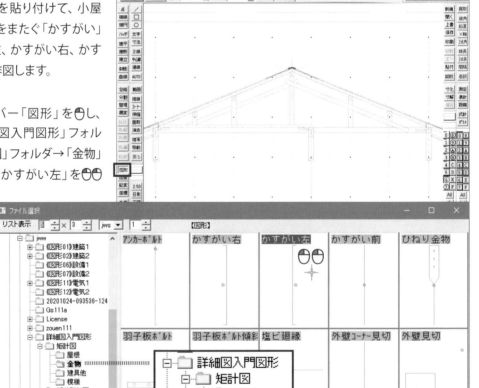

❷ 図の位置に貼り付ける。

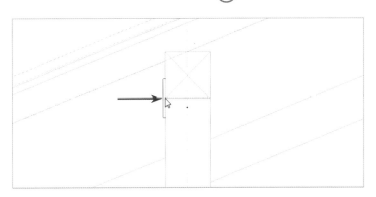

❸ 同様にして、「かすがい右」を
図の位置に貼り付ける。

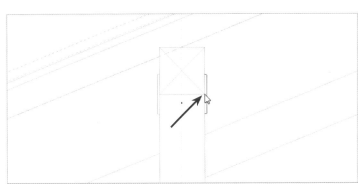

❹ 同様にして、「かすがい前」を
図の位置に貼り付ける。

❺ 同様にして、他の通りの同じ
個所に、かすがいを貼り付ける。

❻ 必要に応じて上書き保存す
る。

付録
CD **CH04-08.jww**

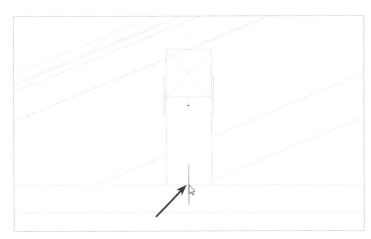

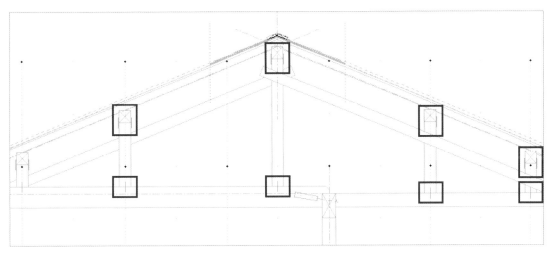

4·7 開口部（建具）、仕上げの作図

ここでは、図形データを利用して外部建具（額縁付）と内部建具を作図し、外部仕上げ、内部仕上げの順に作図します。書込レイヤを適宜切り替えるので、以下、3項目に分けて解説します。

4·7·1 開口部（外部建具、内部建具）の作図

建具の高さの基準線を作図してから、開口部（外部建具、内部建具）を作図します。

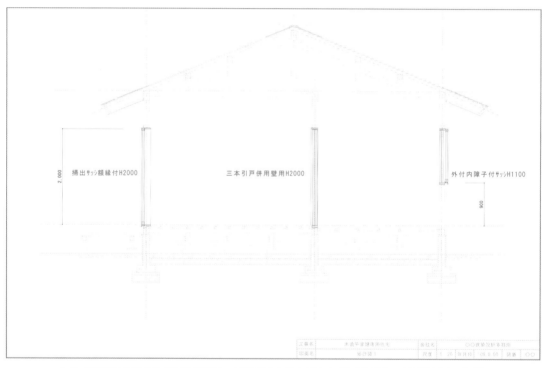

4·7·1項で作図する開口部（外部建具、内部建具）と仕上げの完成図例（赤色の線が作図する部分）

作図のポイント

● 0レイヤグループ「矩計図」、7レイヤ「建具」に作図します。0〜6レイヤは表示のみにします。

建具の高さの基準線を作図

線属性を「補助線色」「補助線種」で、建具の高さの基準線（FL＋2000）を作図します。

❶ 書込レイヤを0レイヤグループ「矩計図」の7レイヤ「建具」に、0〜6レイヤを表示のみに、線属性を「補助線色」「補助線種」にする。

❷ 「複線」コマンドで、図のようにFL線を上に間隔2000で複線し、建具の高さの基準線を作図する。

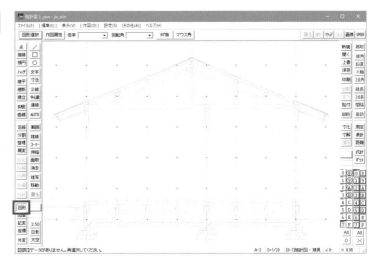

［0-7］矩計図 - 建具

建具の作図

図形データを貼り付けて、3つの建具を作図します。

❶ ツールバー「図形」を🖱し、まず、「詳細図入門図形」フォルダ→「矩計図」フォルダ→「建具他」フォルダから順次読み込む。

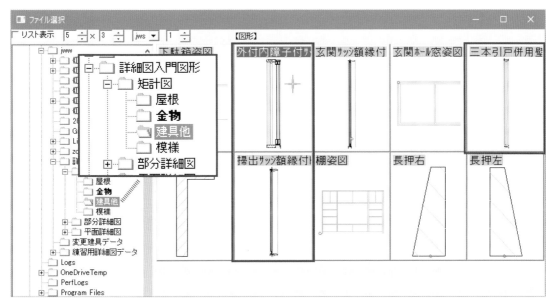

169

❷ 前項で作図した建具の高さの基準線に合わせ、3種類の建具を図の位置（→p.168）に貼り付ける。

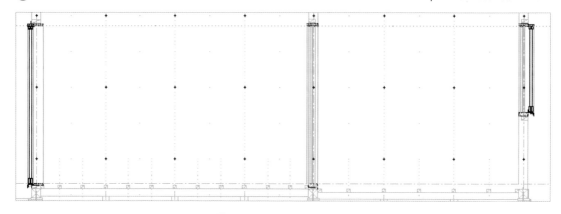

❸ 必要に応じて上書き保存する。 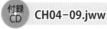 **CH04-09.jww**

4·7·2 壁、天井、床仕上の作図

壁、天井、床仕上を作図します。実際に作図するとかなり細かい作業になるので、練習用詳細図データを開いて作図状態を確認しながら作図してください。

CH04-10.jww

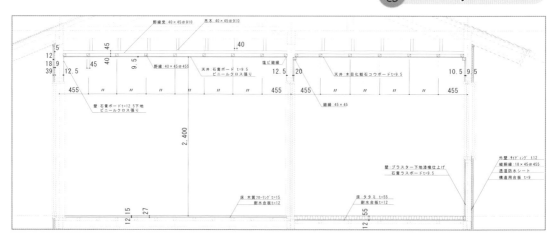

4・7・2項で作図する壁、天井、床仕上の完成図例（赤色の線が作図する部分）

作図のポイント

● 0レイヤグループ「矩計図」、8レイヤ「壁・天井・床仕上」に作図します。0～7レイヤは表示のみにします。

外壁見切の作図

図形データを貼り付けて、外壁見切を作図します。

❶ 書込レイヤを0レイヤグループ「矩計図」の8レイヤ「壁・天井・床仕上」に、0～7レイヤを表示のみにする。

❷ ツールバー「図形」を🖱し、「詳細図入門図形」フォルダ→「矩計図」フォルダ→「金物」フォルダの「外壁見切」を🖱🖱する。

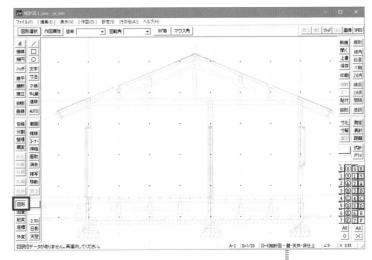

[0-8]矩計図 - 壁・天井・床仕上

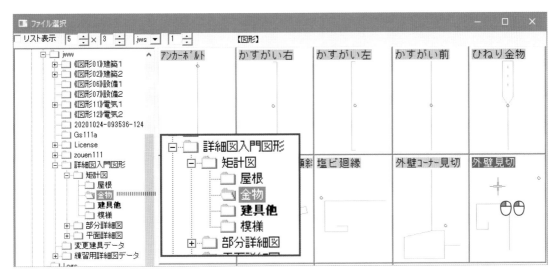

❸ 図の位置に貼り付ける。

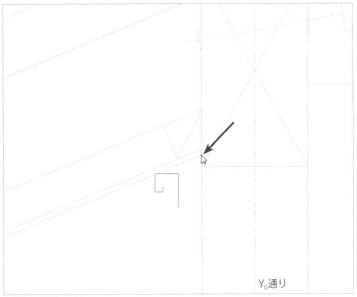

Y₀通り

171

外壁線の作図

完成図例の寸法を参照して、外壁線を作図します。全体の作図結果は次ページ上段の図で確認してください。

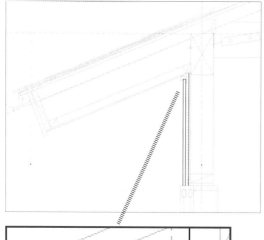

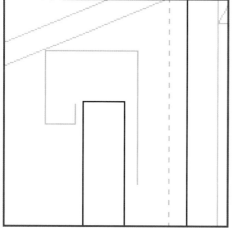

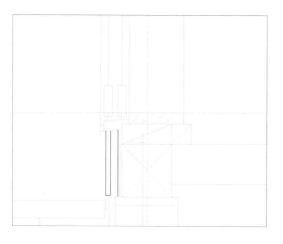
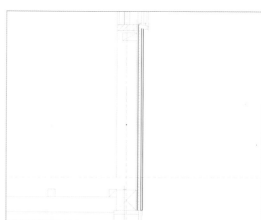

天井仕上線の作図

FL線の上2400mmの位置に天井仕上線を作図します。

❶ 線属性を「線色2」「実線」にし、「複線」コマンドで、FLの上2400mmの位置に天井仕上線を作図する。

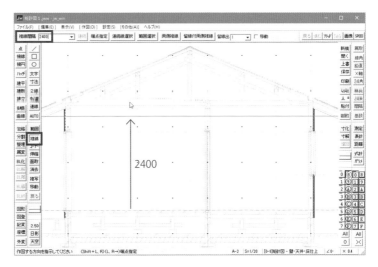

石膏ボード（t＝9.5）の厚み線を作図

天井仕上線の上に石膏ボードt＝9.5の厚み線を作図します。図面上は天井仕上線と厚み線がくっつき判別が難しくなりますが（線色は違う）、「複線」コマンドの間隔設定で正しく作図します。

❶ 線属性を「線色1」「実線」にし、「複線」コマンドで、天井仕上線の上9.5mmの位置に石膏ボード t＝9.5の厚み線を作図する。

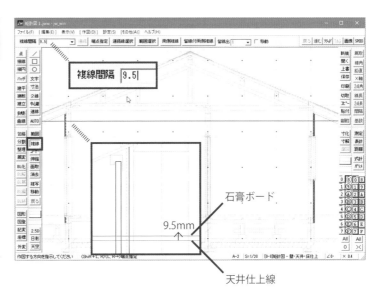

天井仕上線と石膏ボード厚み線が東西部屋間の壁上でつながっているので、正します。

❷「消去」コマンドのコントロールバー「節間消し」で、中央の壁上でつながっている天井仕上線と石膏ボード厚み線を部分消去します。

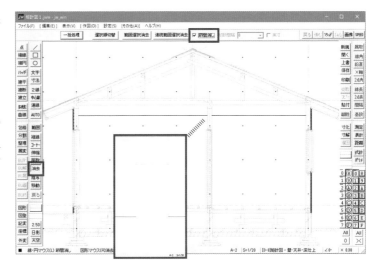

石膏ボード（t＝12.5）の仕上線を作図

LDKの内壁に石膏ボード（t＝12.5）の仕上線を作図します。作図後は、天井仕上線との交差部を調整します。

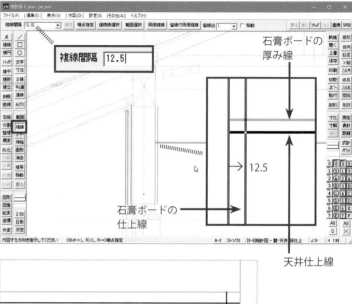

石膏ボードの厚み線

石膏ボードの仕上線

天井仕上線

❶ 線属性を「線色2」「実線」にし、「複線」コマンドで、LDKの内壁から12.5mm右の位置に石膏ボード（t＝12.5）の仕上線を作図する。

❷ 同様にして、反対側の内壁にも石膏ボード（t＝12.5）の仕上線を作図する。

❸「伸縮」コマンドで、天井仕上線を石膏ボード（t＝12.5）の仕上線の室内側まで縮める。

和室の内壁を作図

和室の内壁として、石膏ラスボード（t＝9.5）の厚み線と、プラスター下地漆喰仕上げ（t＝10.5）の厚み線を作図します。

❶ 線属性を適宜切り替えながら、「複線」コマンドで、石膏ラスボード（t＝9.5）の厚み線と、プラスター下地漆喰仕上げ（t＝10.5）の厚み線を作図する。

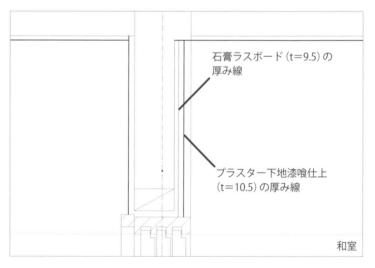

石膏ラスボード（t＝9.5）の厚み線

プラスター下地漆喰仕上（t＝10.5）の厚み線

和室

❷ 同様にして、反対側の内壁にも作図する（左下図は上部、右下図は下部）。

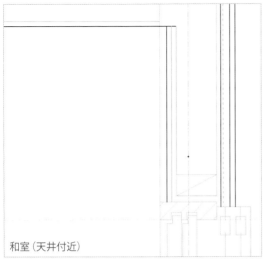

和室（天井付近）

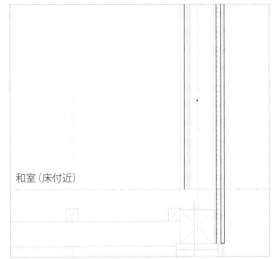

和室（床付近）

野縁の断面線を作図

野縁（40×45）の断面線を作図
します。

❶ 線属性を適宜切り替えなが
ら、「矩形（□）」コマンドと「線
（／）」で、図の位置に野縁（40
×45）の断面線を作図する。

❷ 同様にして、他のすべての野
縁を作図する。

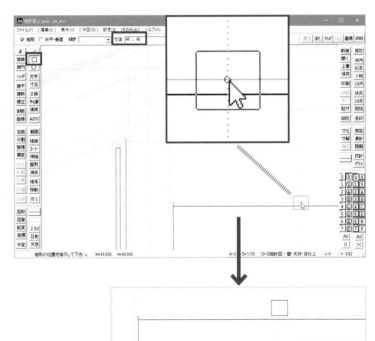

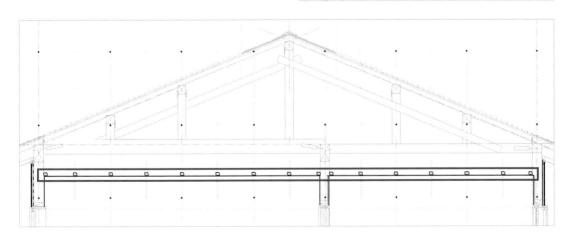

4
章

矩
計
図
の
作
図

塩ビ廻縁の作図

図形データ「塩ビ廻縁」を貼り付けて、LDK天井に塩ビ廻縁を作図します。

❶ ツールバー「図形」を🖱し、「詳細図入門図形」フォルダ→「矩計図」フォルダ→「金物」フォルダの「塩ビ廻縁」を🖱🖱する。

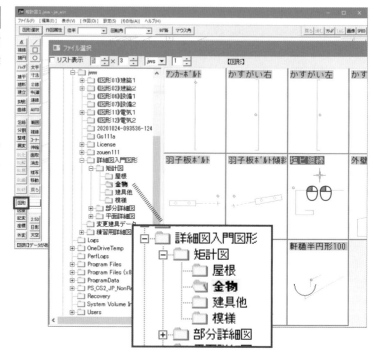

❷ LDK西側天井に貼り付ける。

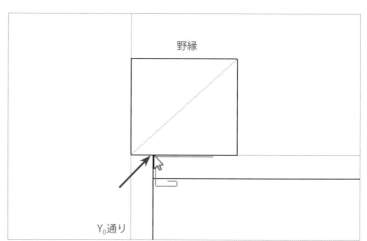

❸「伸縮」コマンドで、塩ビ廻縁を突き抜けている天井仕上線を室内側に縮めて正す。

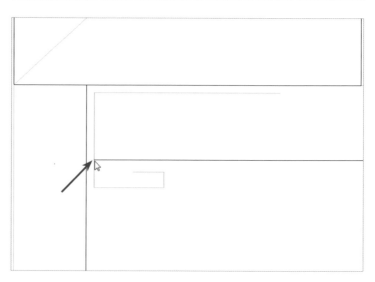

反対側の塩ビ廻縁は左右反転
複写で作図します。

❹「図形複写」コマンドで、❸
で作図した塩ビ廻縁を矩形範囲
指定する。

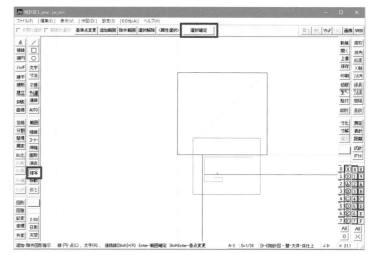

❺ 左右反転複写の基準線とし
て図の基準線を🖱し、塩ビ廻縁
を右側にも作図する。

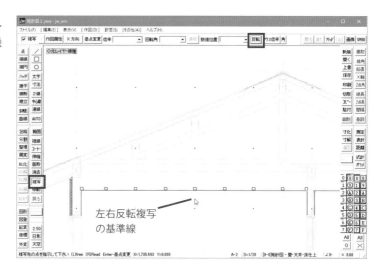

左右反転複写
の基準線

❻ ❸と同様に、「伸縮」コマン
ドで、塩ビ廻縁を突き抜けてい
る天井仕上線を室内側に縮めて
正す。

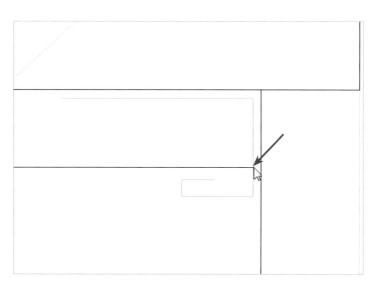

和室天井の廻縁の断面線を作図

和室の天井に廻縁（45×45）の断面線を作図します。

❶ 線属性を適宜切り替えながら、「矩形（□）」コマンドで、和室西側天井に、45×45の正方形を仮配置する。

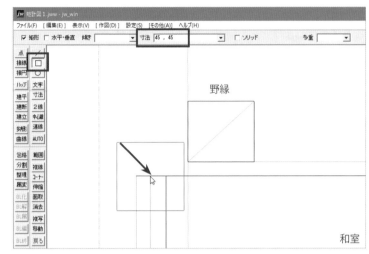

❷ 図の位置で正方形を確定する。

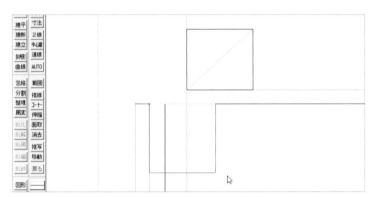

❸ 図の設定で、正方形にハッチング（→p.118）を施す。「伸縮」コマンドで、プラスター下地漆喰仕上げの線を縮める。

❹ ❸で作図したハッチング付き正方形を和室の右側に複写する。

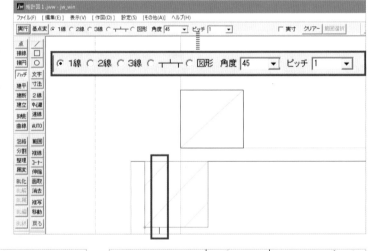

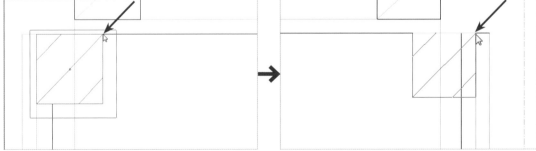

野縁受と吊木の姿線を作図

野縁受（40×45）と吊木（40×45）の姿線を作図します。

❶ 線属性を「線色1」「実線」にし、「線（／）」コマンドなどで、野縁受（40×45）と吊木（40×45）の姿線を作図する。

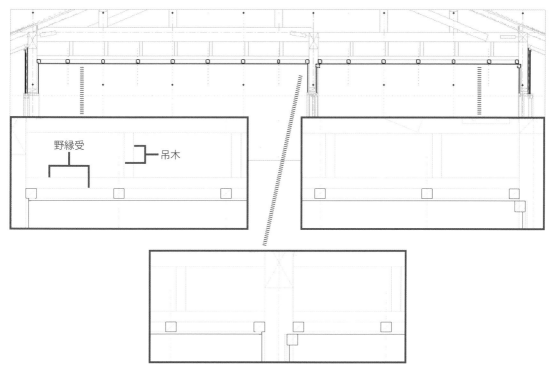

野縁受
吊木

LDK床の耐水合板とフローリングの断面線を作図

LDKの床に、耐水合板（t＝12）と木質フローリング（t＝15）の断面線を作図します。

❶ 線属性を適宜切り替えながら、「複線」コマンドや「線（／）」コマンドで、LDKの床に、耐水合板（t＝12）と木質フローリング（t＝15）の断面線を作図する。

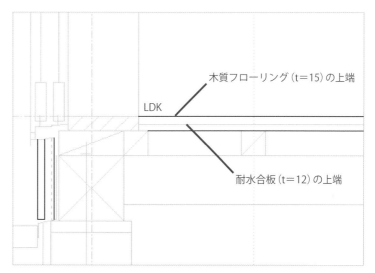

木質フローリング（t＝15）の上端
LDK
耐水合板（t＝12）の上端

現場事例写真で矩計図の理解を深めよう③〔**軒先まわり**〕

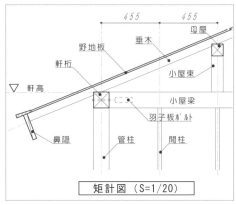

矩計図（S=1/20）

写真は工事途中で仕上げが不明なため、上図の矩計図でも仕上は明記していない

切妻屋根＋軒天が水平の例

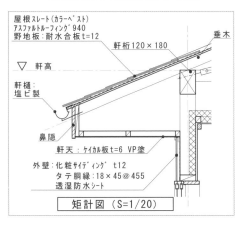

屋根スレート（カラーベスト）
アスファルトルーフィング940
野地板：耐水合板t=12
軒桁120×180
垂木

▽ 軒高

軒樋：塩ビ製

鼻隠

軒天：ケイカル板t=6 VP塗

外壁：化粧サイディング t12
タテ胴縁：18×45@455
透湿防水シート

矩計図（S=1/20）

鼻隠

屋根：スレート（カラーベスト）

外壁：化粧サイディングt12

軒天：ケイカル板t=6 VP塗

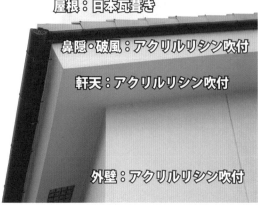

屋根：日本瓦葺き

鼻隠・破風：アクリルリシン吹付

軒天：アクリルリシン吹付

外壁：アクリルリシン吹付

切妻屋根＋軒天が勾配の例

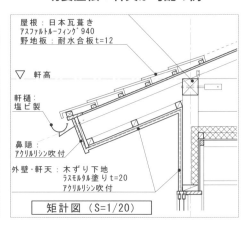

屋根：日本瓦葺き
アスファルトルーフィング940
野地板：耐水合板t=12

▽ 軒高

軒樋：塩ビ製

鼻隠：アクリルリシン吹付

外壁・軒天：木ずり下地
ラスモルタル塗りt=20
アクリルリシン吹付

矩計図（S=1/20）

現場事例写真で矩計図の理解を深めよう④〔**その他の事例**〕

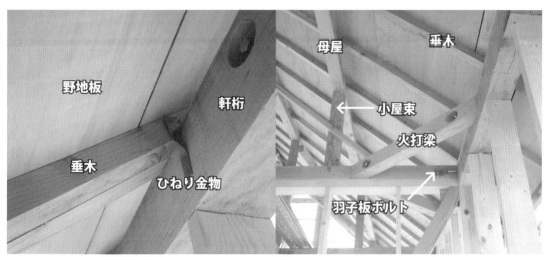

ひねり金物などの例

小屋まわりの例

天井下地の例

軒先まわりの例

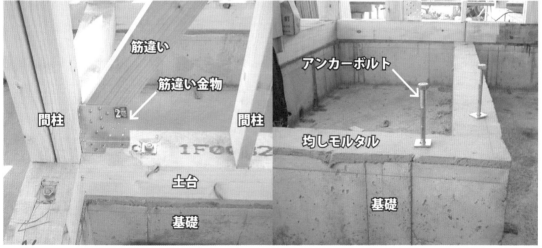

筋違い金物などの例

基礎まわりなどの例

181

和室床の耐水合板と畳の断面線を作図

和室の床に、耐水合板（t＝12）と畳（t＝55）の断面線を作図します。

❶ 線属性を「線色2」「実線」にし、「複線」コマンドや「線（／）」コマンドで、和室の床に、耐水合板（t＝12）と畳（t＝55）の断面線を作図する。

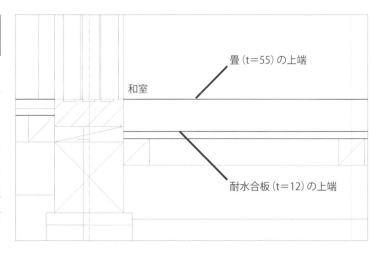

畳（t＝55）の上端

和室

耐水合板（t＝12）の上端

畳寄せの作図

和室床の東端には「畳寄せ」を作図します。畳の縁の垂直線を「線色2」「実線」でかき、囲まれた部分には、図のように1線ハッチングを施します。

❶ 線属性を「線色2」「実線」にし、「線（／）」コマンドと「ハッチング」コマンドで、図のように畳寄せ部分を作図する。

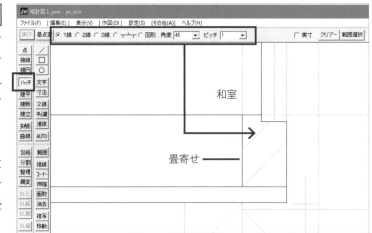

和室

畳寄せ

畳の断面模様を作図

図形データ「畳模様」を貼り付けて、畳の断面模様を作図します。

❶ ツールバー「図形」を🖱し、「詳細図入門図形」フォルダ→「矩計図」フォルダ→「模様」フォルダの「畳模様」を🖱🖱する。

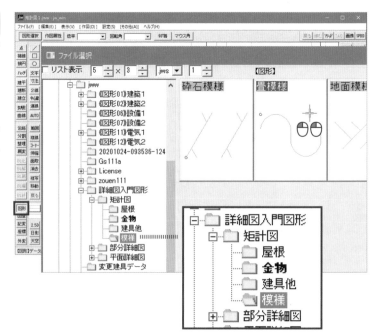

❷ 図の位置に貼り付ける。

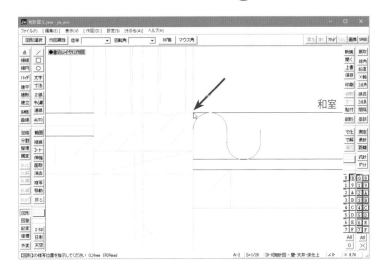

❸ 右のスペースは、❷で作図した模様を繰り返し複写して作図する。

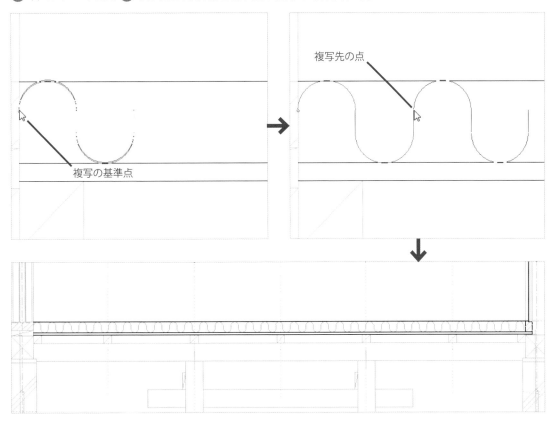

複写先の点

複写の基準点

❹ 必要に応じて上書き保存する。

付録
CD **CH04-10.jww**

4·7·3 室内の姿線を作図

室内の姿線を作図します。

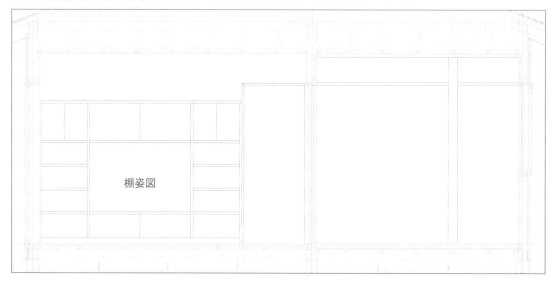

4・7・3項で作図する室内の姿線の完成図例（赤色の線が作図する部分）

作図のポイント

● 0レイヤグループ「矩計図」、9レイヤ「室内姿線」に作図します。0〜8レイヤは表示のみにします。

棚の姿図を作図

図形データ「棚姿図」を貼り付けて、LDKに設置する棚の姿図を作図します。

❶ 書込レイヤを0レイヤグループ「矩計図」の9レイヤ「室内姿線」に、0〜8レイヤを表示のみにする。

❷ ツールバー「図形」を❶し、まず、「詳細図入門図形」フォルダ→「矩計図」フォルダ→「建具他」フォルダの「棚姿図」を❶❶する。

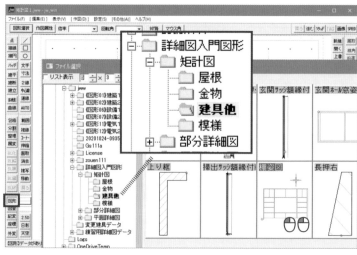

❸ 図の位置に貼り付ける。

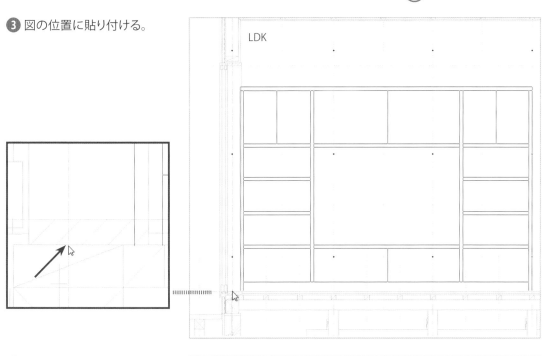

❹ 貼り付けた棚姿図の左端の線が建具枠に被ってしまうので、「消去」コマンドや「伸縮」コマンドで隠れるべき線を消去して正す。

この部分の隠れるべき線を消去 ──

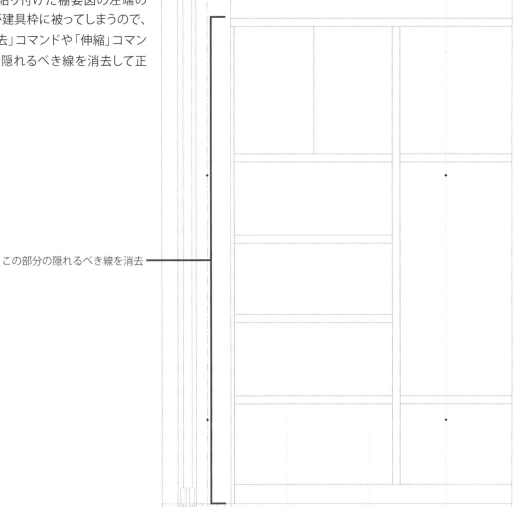

LDKの建具枠の姿線を作図

LDKの建具枠の姿線を、前項で作図した棚姿図の右側に作図します。最初の垂直線は、図面上部にコピーしてある平面詳細図（→p.113）から位置を揃えて線をかき下ろすことで、正確に作図します。

❶ 線属性を「線色1」「実線」にし、「線（／）」コマンドで、コントロールバー「水平・垂直」にチェックを付け、上部にコピーしてある平面詳細図を表示させ、図の位置に作図してある建具枠を始点として、矩計図LDKの床まで垂直線を2本順次かき下ろす。

> 画面移動は移動方向の矢印（カーソル）キーを押すのが簡便です。また、マウスの両ボタンをクリックすると、その位置が作図ウィンドウの中心になります。画面拡大・縮小はp.56を参照してください。

❷ 「線（／）」コマンドで、図の基準線の位置に水平線を作図し、LDK建具枠の水平線とする。この線は建具の高さ基準線（FL＋2000）（→p.168）と一致する。

❸ 「コーナー処理」コマンドで、❶でかき下ろした2本の垂直線と❷で作図した水平線の交点をコーナーにする。

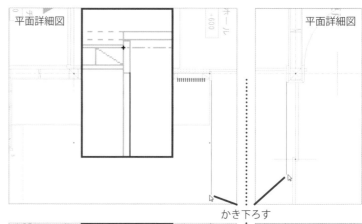

平面詳細図　　平面詳細図

かき下ろす

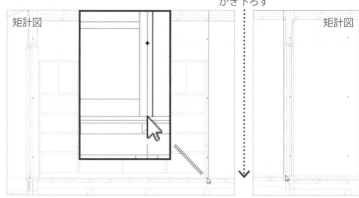

矩計図　　矩計図

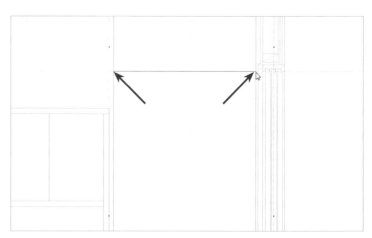

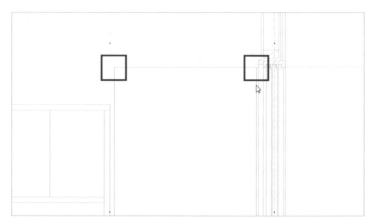

❹「複線」コマンドで、図の水平線を上に25で複線する。

❺「コーナー処理」コマンドで、❹で複線した水平線と図の垂直線でコーナーをつくる。

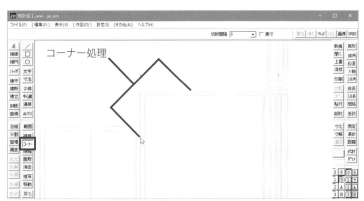

❻ 上側の水平線の右端が離れているので、「伸縮」コマンドでかき伸ばす。

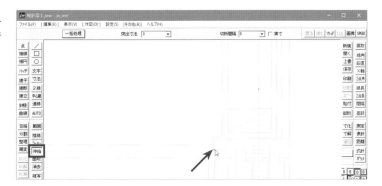

❼ 図のように左上隅および右上隅に、それぞれ斜線を1本かき加える（右側は図のように適当でよい）。

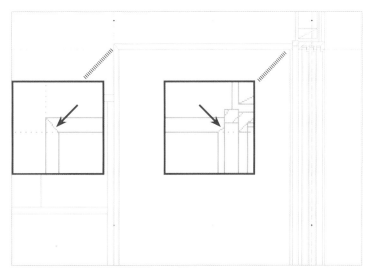

和室化粧柱の姿線を作図

和室の化粧柱の姿線を、平面詳
細図から2本かき下ろし、作図し
ます。

❶「線（／）」コマンドで、コント
ロールバー「水平・垂直」にチェ
ックを付け、図のように平面詳
細図の和室化粧柱の断面線位
置から、矩計図の和室まで垂直
線を2本かき下ろす。

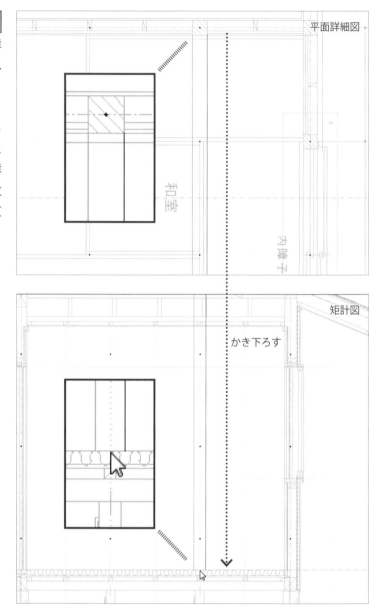

和室天井の廻縁の姿線を
作図

和室天井に廻縁（45×45）の姿
線を作図します。

❶「線（／）」コマンドで、コント
ロールバー「水平・垂直」にチェ
ックを付け、図のように和室天
井の廻縁（45×45）の姿線とす
る水平線を作図する（廻縁下端
の角を始点・終点とする）。

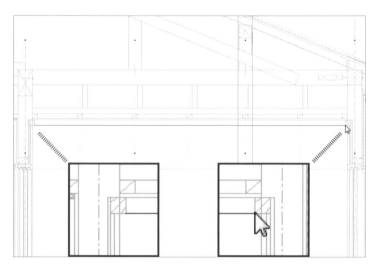

化粧柱の姿線を縮める

和室化粧柱の2本の姿線を、和室天井の廻縁の姿線まで縮めて正します。

❶「伸縮」コマンドで、図のように和室化粧柱の2本の姿線を、和室天井の廻縁の姿線まで下に縮めて正す。

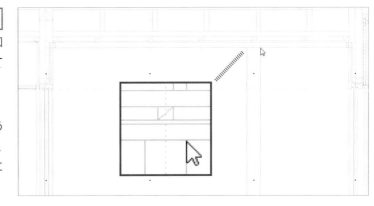

付け鴨居の姿線を作図

付け鴨居の2本の姿線を作図します。

❶「線（／）」コマンドで、コントロールバー「水平・垂直」にチェックを付け、図のように和室建具上端に付け鴨居の姿線とする2本の水平線を作図する。

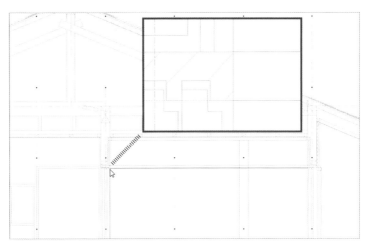

❷「伸縮」コマンドで、図のように付け鴨居の2本の姿線が化粧柱を突き抜けている部分を正す。

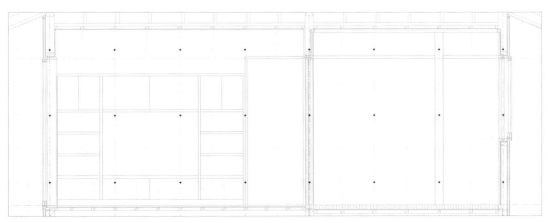

❸ 必要に応じて上書き保存する。

 付録 CD CH04-11.jww

189

4·8 寸法、屋根勾配記号、基準記号、説明文の作図

寸法、屋根勾配記号、基準記号、説明文などの作図のポイントを紹介します。実際に作図する場合は完成図例を参照してください。ここでは練習用詳細図データを開いて確認のみ行います。

4·8·1 寸法、屋根勾配記号、基準記号などの作図

各基準線をガイドにして、寸法、屋根勾配記号、基準記号などを作図します。

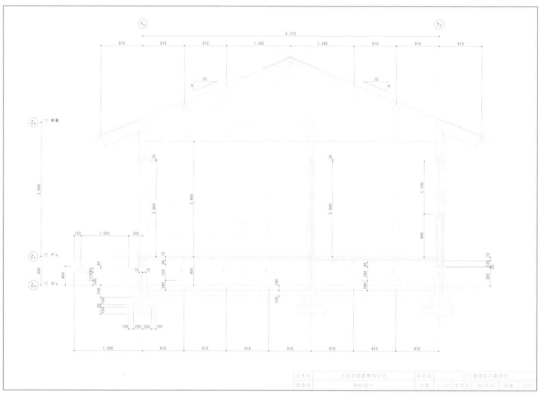

4·8·1項で作図する寸法、屋根勾配記号、基準記号などの完成図例（赤色の線が作図する部分）

作図のポイント

● 0レイヤグループ「矩計図」、Aレイヤ「寸法」に作図します。0〜9レイヤは表示のみにします。

❶ 前ページの図のように作図する。

❷ 必要に応じて上書き保存する。

CD CH04-12.jww

4·8·2 説明文、特記事項、室名などの作図

説明文、特記事項、室名などを作図します。

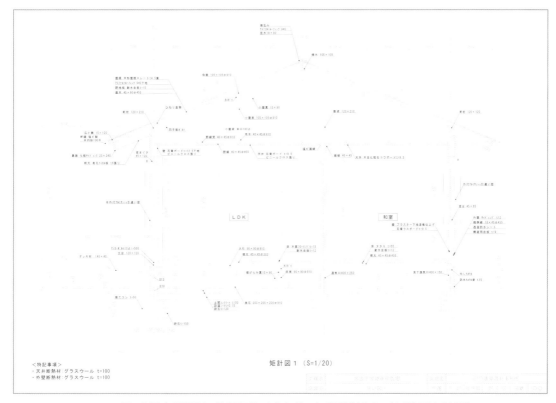

4·8·2項で作図する説明文、特記事項、室名などの完成図例（赤色の線が作図する部分）

作図のポイント

● 0レイヤグループ「矩計図」、Bレイヤ「説明」に作図します。0〜9、Aレイヤは表示のみにします。

❶ 上図のように作図する。

❷ 必要に応じて上書き保存する。

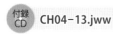
付録 CD CH04-13.jww

❸ ここまでの作図でいったん区切りを付け、Bレイヤ以外のすべてのレイヤを編集可能にする。

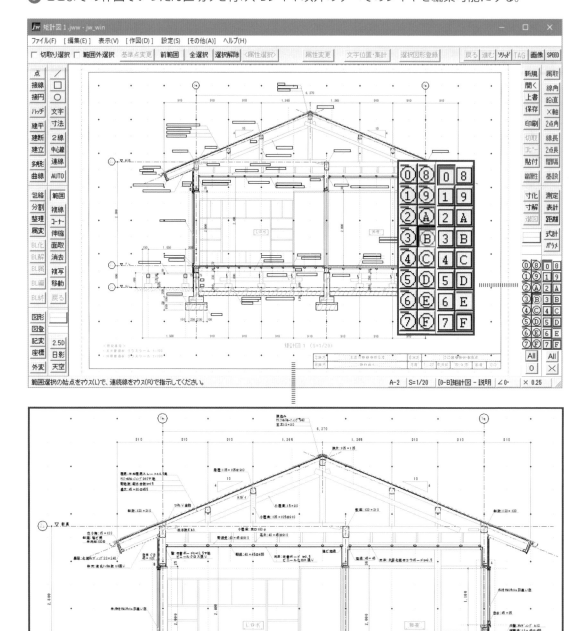

❹ 必要に応じて上書き保存する。

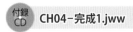 **CH04−完成1.jww**

4·9 仕上材などの仕様変更、細部の追加作図

ここでは、これまでに作図した矩計図の屋根仕上げ材を「平形屋根スレート」から「瓦」にしたり、和室内壁に「長押」を新たに取り付ける仕様に変更したり、細部の追加作図を行います。

作図を開始する前に、図面を準備します。

❶ 前節で作図を終えた「矩計図1（.jww）」または「CH04-完成1（.jww）」を開き、ここでは例として、ハードディスクの「C：」ドライブの「jww」フォルダに「矩計図2（.jww）」で保存し直す。

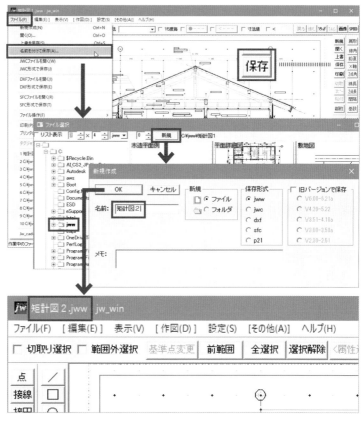

❷「文字」コマンドで、図面名を2カ所を「矩計図2」にする。

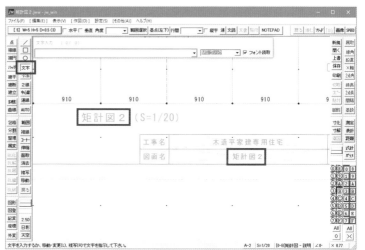

4·9·1 屋根の下地材までの図を消去

屋根の下地材までを消去

まず、屋根の下地材までの図を、順次、消去していきます。

❶ 書込レイヤを0レイヤグループ「矩計図」の5レイヤ「垂木・屋根」に、6レイヤ「屋根仕上・金物」を編集可能に、その他のレイヤをすべて表示のみにする。

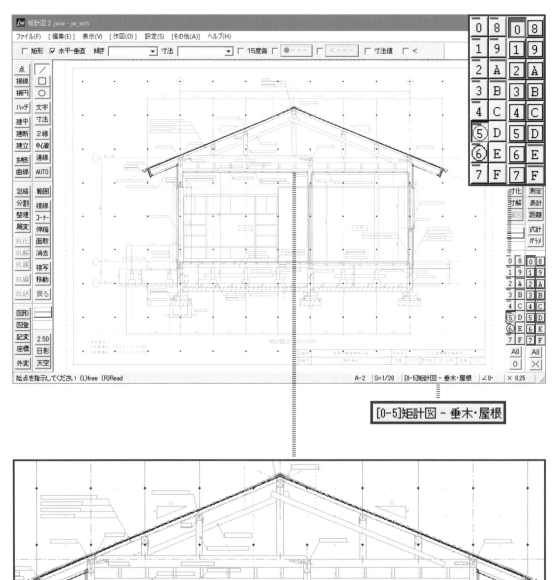

[0-5]矩計図 − 垂木・屋根

❷「消去」コマンドで、図のように野地板までの屋根材をすべて消去する。

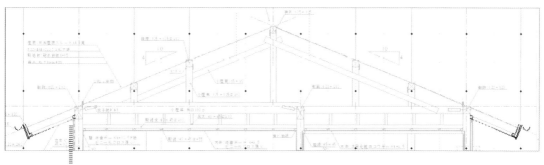

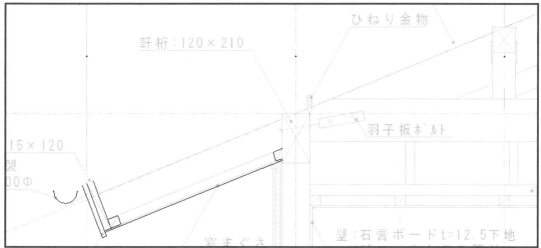

❸ ここで、6レイヤ「屋根仕上・金物」も表示のみにする。

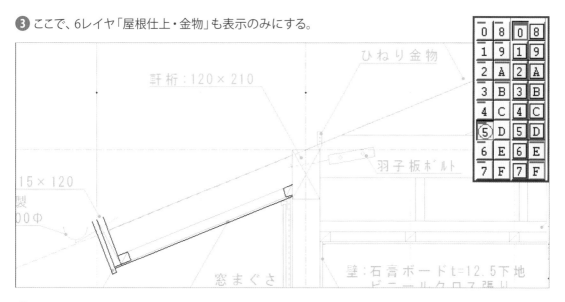

❹ 必要に応じて上書き保存する。

付録 CD CH04-20.jww

195

4·9·2 広小舞、野地板、アスファルトルーフィングの作図

ここでは、広小舞、野地板、アスファルトルーフィングを新たに作図します。

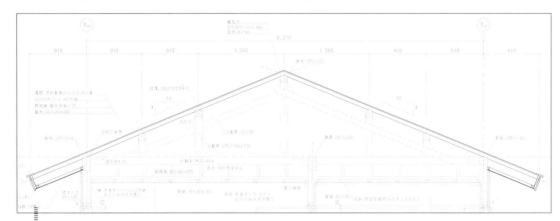

4·9·2項で作図する広小舞、野地板、アスファルトルーフィングの完成図例 (赤色の線が作図する部分)

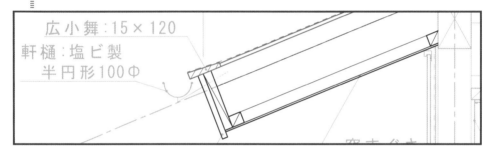

広小舞の作図

図形データ「広小舞24×120」を貼り付けて、屋根の軒先に広小舞を作図します。

❶ ツールバー「図形」を🖱し、「詳細図入門図形」フォルダ→「矩計図」フォルダ→「屋根」フォルダの「広小舞24×120」を🖱🖱する。

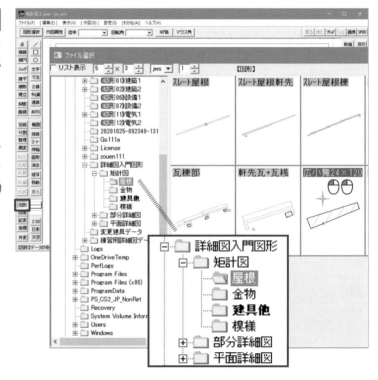

❷ 図のように貼り付ける。

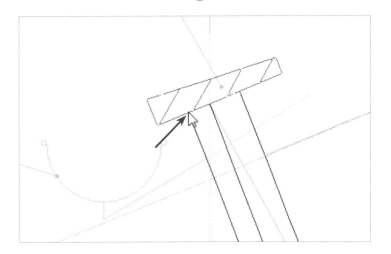

野地板の作図

野地板 (t＝12) を作図します。

❶ 線属性を「線色2」「実線」にし、「複線」コマンドで屋根の基準線を複線にし、野地板を表現する斜線を作図する。1本かいて、2本目はそれを複線にする。さらに、図のように「伸縮」コマンドを使って線を縮める。

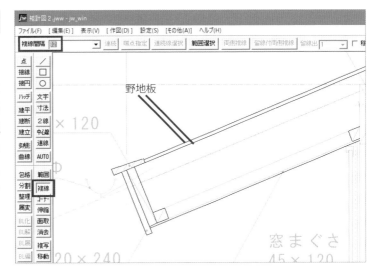

アスファルトルーフィングの作図

アスファルトルーフィングを作図します。

❶ 線属性を「線色1」「点線2」にし、「複線」コマンドで、図のようにアスファルトルーフィングを表現する線を作図する（複線間隔は3mm）。途中で少し湾曲させて下の材に沿わせる必要があるが、その部分は、2本の線を別々にかいてコーナー処理すればよい。

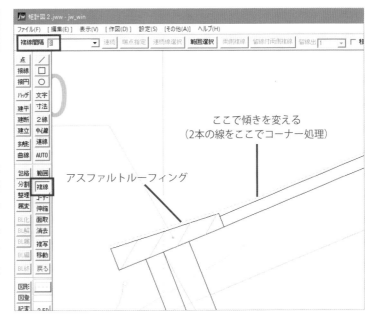

広小舞、野地板、アスファルトルーフィングを屋根東側に反転複写

❶ ここまでにかいた広小舞、野地板、アスファルトルーフィングを、屋根東側の軒先に左右反転複写して作図する（手順はこれまでと同様なので解説省略）。

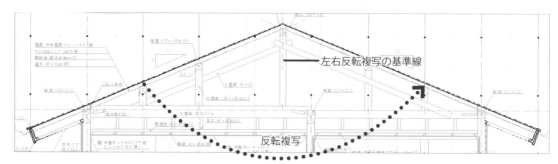

———左右反転複写の基準線

反転複写

❷ 必要に応じて上書き保存する。

付録CD CH04-21.jww

4·9·3 瓦の作図

ここで、瓦を新たに作図します。

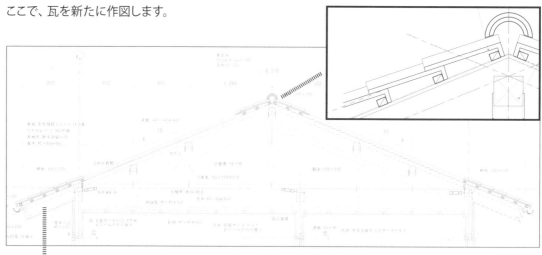

4·9·3項で作図する瓦の完成図例（赤色の線が作図する部分）

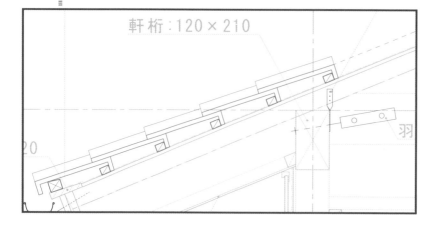

軒桁:120×210

作図のポイント

- 0レイヤグループ「矩計図」、6レイヤ「屋根仕上・金物」に作図します。その他のレイヤをすべて表示のみにします。

瓦座の作図

図形データ「瓦座」を貼り付けて、瓦座を作図します。

❶ 書込レイヤを0レイヤグループ「矩計図」の6レイヤ「屋根仕上・金物」に、その他のレイヤをすべて表示のみにする。

❷ ツールバー「図形」を🖰し、まず、「詳細図入門図形」フォルダ→「矩計図」フォルダ→「屋根」フォルダの「瓦座」を🖰🖰する。

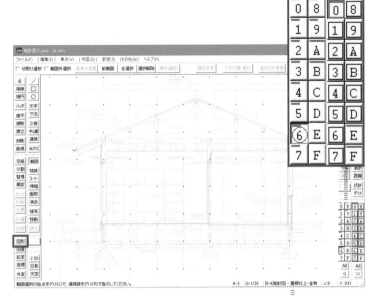

[0-6]矩計図 - 屋根仕上・金物

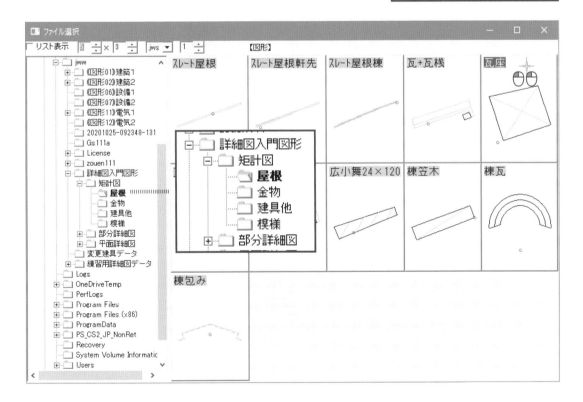

❸ 図のように貼り付ける。

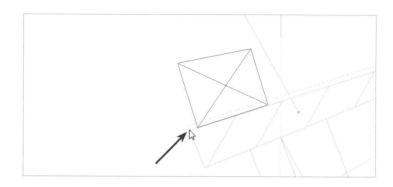

軒先瓦と瓦桟の作図

図形データ「軒先瓦＋瓦桟」を貼り付けて、軒先瓦と瓦桟を作図します。

❶ コントロールバー「図形選択」を🖱し、「詳細図入門図形」フォルダ→「矩計図」フォルダ→「屋根」フォルダの「軒先瓦＋瓦桟」を🖱🖱する。

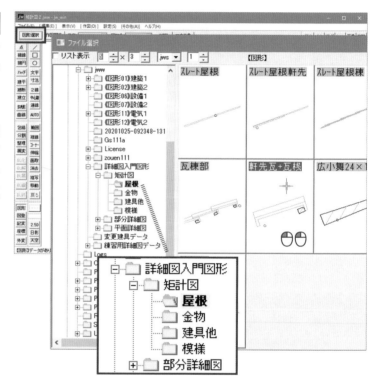

❷ 図のように貼り付ける。

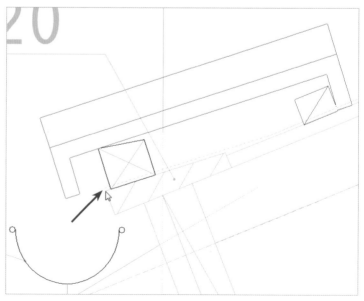

瓦と瓦桟の作図

図形データ「瓦＋瓦桟」を貼り付けて、瓦と瓦桟を作図します。

❶ コントロールバー「図形選択」を🖱し、「詳細図入門図形」フォルダ→「矩計図」フォルダ→「屋根」フォルダの「瓦＋瓦桟」を🖱🖱する。

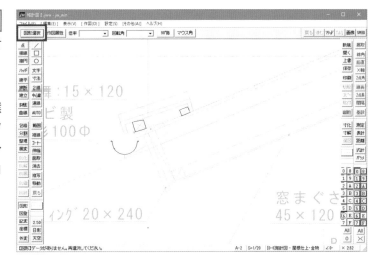

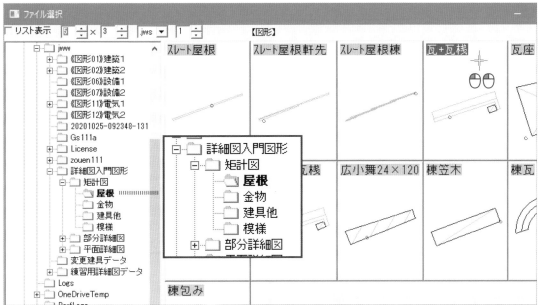

❷ 図のように貼り付け、繰り返して他も作図する。

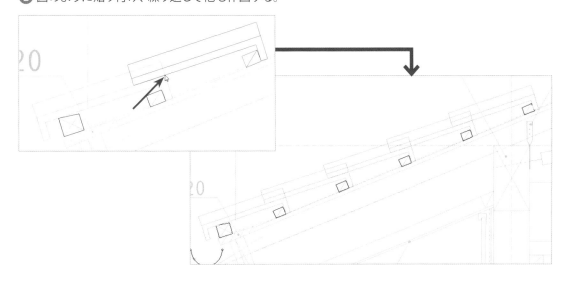

不要な線の整理

ここまで作図してきた瓦の重なり部分の本来は見えない線を消去して、正します。

❶「消去」コマンドや「伸縮」コマンドで、本来は見えない重なり部分の線を消去し、正す。

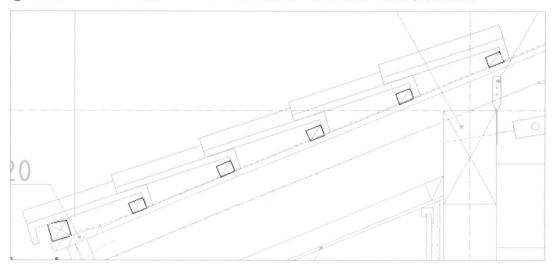

瓦の棟の部分を作図

図形データ「瓦棟部」を貼り付けて、瓦の棟の部分を作図します。

❶ ツールバー「図形選択」を🖱し、「詳細図入門図形」フォルダ→「矩計図」フォルダ→「屋根」フォルダの「瓦棟部」を🖱🖱する。

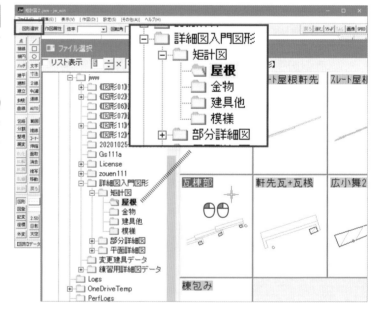

❷ 図のように貼り付ける。

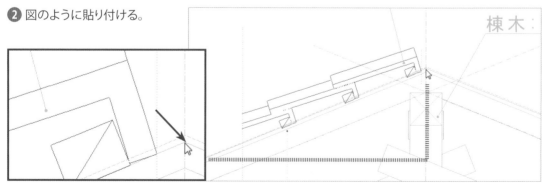

瓦の途中省略線の作図

ここまで作図してきた瓦は、途中を作図していないので、その部分は途中省略線で表現します（→p.160）。

❶ 線属性を「線色1」「点線2」にし、「線（／）」コマンドで、図のように作図する。

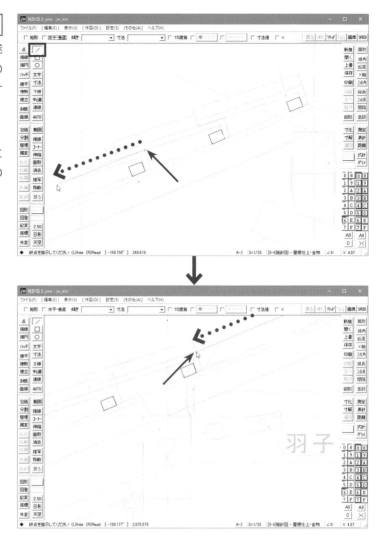

❷「図形複写」コマンドで、**❶**で作図した瓦途中省略線を屋根東側に左右反転複写する。

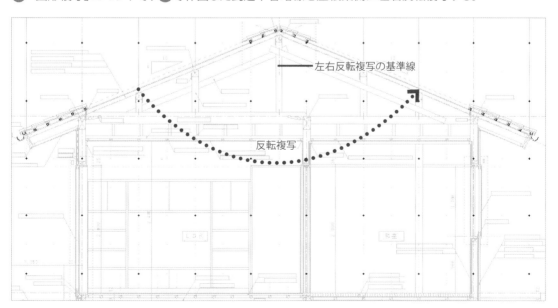

左右反転複写の基準線

反転複写

棟瓦の作図

図形データ「棟瓦」を貼り付けて、棟瓦を作図します。

❶ ツールバー「図形」を🖱️し、まず、「詳細図入門図形」フォルダ→「矩計図」フォルダ→「屋根」フォルダの「棟瓦」を🖱️🖱️する。

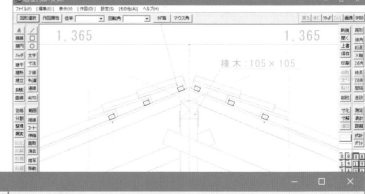

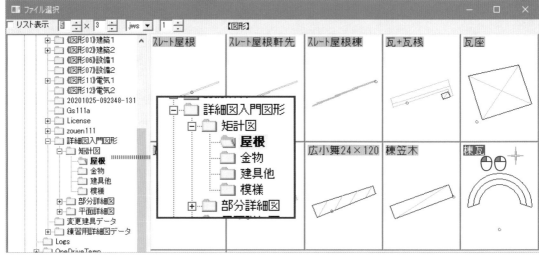

❷ 図のように貼り付ける。

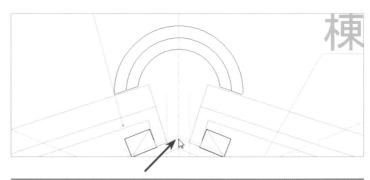

❸ 必要に応じて上書き保存する。

付録CD **CH04-22.jww**

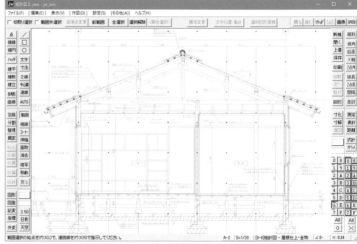

4·9·4 長押の作図

ここでは、長押を新たに作図します。

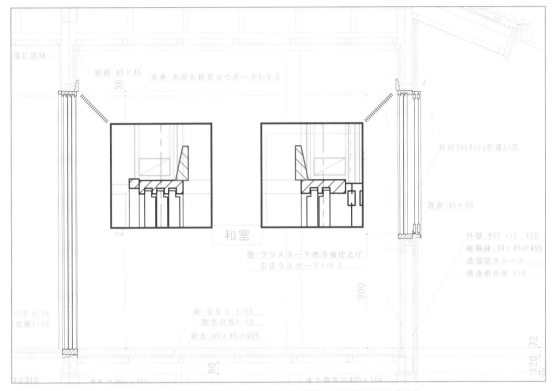

4・9・4項で作図する長押の完成図例（赤色の線が作図する部分）

作図のポイント

● 0レイヤグループ「矩計図」、7レイヤ「建具」に作図します。その他のレイヤをすべて表示のみにします。

長押左の作図

図形データ「長押右」を貼り付けて、長押右を作図します。

❶ 書込レイヤを0レイヤグループ「矩計図」の7レイヤ「建具」に、その他のレイヤをすべて表示のみにする。

❷ ツールバー「図形選択」を🖱し、「詳細図入門図形」フォルダ→「矩計図」フォルダ→「建具他」フォルダの「長押右」を🖱🖱する。

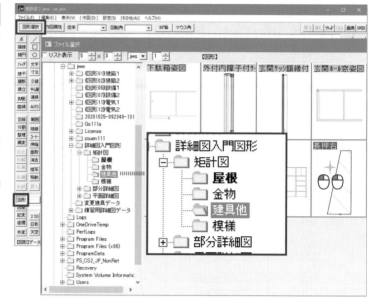

❸ 図のように貼り付ける。

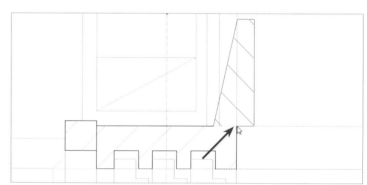

❹ 同様にして、「長押左」を読み込んで、図のように貼り付ける。

❺ 必要に応じて上書き保存する。

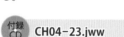
付録CD CH04-23.jww

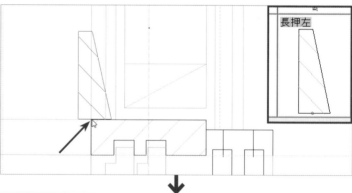

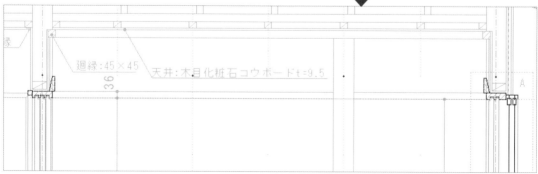

4·9·5 和室の壁仕上線を長押までで止める

ここでは、和室の壁仕上線を、長押までで止めて、正します。

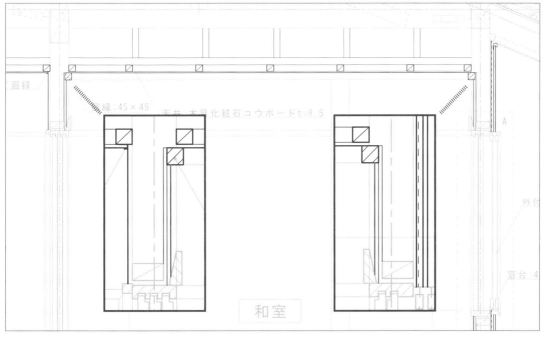

4・9・5項で作図する壁仕上線の完成図例（赤色の線が作図する部分）

作図のポイント

● 0レイヤグループ「矩計図」、8レイヤ「壁・天井・床仕上」に作図します。その他のレイヤをすべて表示のみにします。

① 書込レイヤを0レイヤグループ「矩計図」の8レイヤ「壁・天井・床仕上」に、その他のレイヤをすべて表示のみにする。

② 「伸縮」コマンドで、図のように縮める。

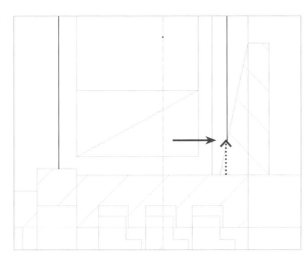

❸ 必要に応じて上書き保存する。

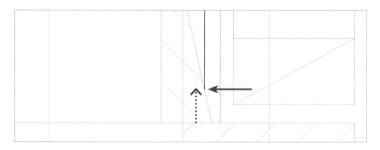

CD CH04-24.jww

4·9·6 和室の柱姿線を長押に合わせて一部消去

ここでは、和室の柱姿線を、長押に合わせて一部を消去します。

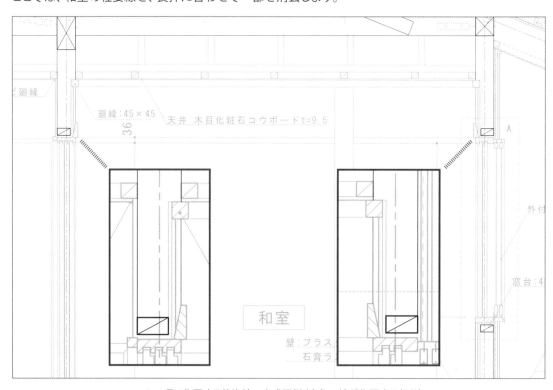

廻縁：45×45　天井：木目化粧石コウボードt=9.5

36

和室

外付

窓台：4

壁：プラス

石膏ラ

4·9·6項で作図する柱姿線の完成図例（赤色の線が作図する部分）

作図のポイント

● 0レイヤグループ「矩計図」、4レイヤ「軒桁・小屋組」に作図します。その他のレイヤをすべて表示のみにします。

0	8	0	8
1	9	1	9
2	A	2	A
3	B	3	B
④	C	4	C
5	D	5	D
6	E	6	E
7	F	7	F

❶ 書込レイヤを0レイヤグループ「矩計図」の4レイヤ「軒桁・小屋組」に、その他のレイヤをすべて表示のみにする。

❷「伸縮」コマンドで、図のように縮める。

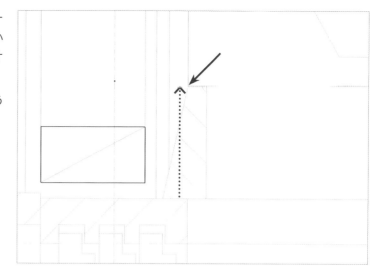

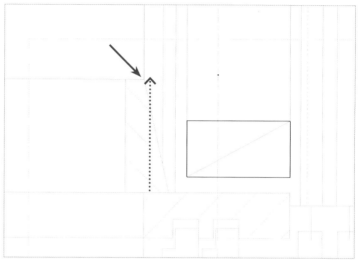

❸ 必要に応じて上書き保存する。

 付録 CD **CH04-25.jww**

209

4·9·7 和室の長押取付に伴い姿線を変更

ここでは、和室の長押取付に伴う姿線を変更します。

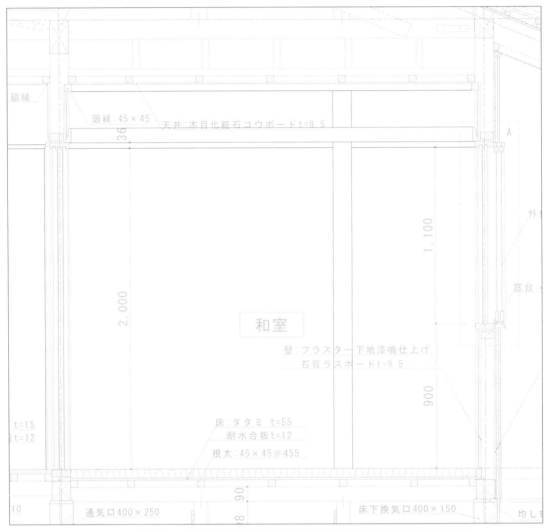

4·9·7項で作図や加工（交差部の消去）する姿線の完成図例（赤色の線が作図する部分）

作図のポイント

● 0レイヤグループ「矩計図」、9レイヤ「室内姿線」に作図します。その他のレイヤをすべて表示のみにします。

❶ 書込レイヤを0レイヤグルー
プ「矩計図」の9レイヤ「室内姿
線」に、その他のレイヤをすべて
表示のみにする。

❷「線（／）」コマンドで、図の
ように長押の上辺をつなぐ水平
線を作図する。

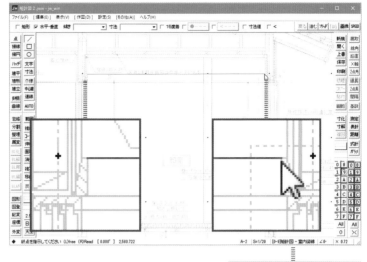

[0-9]矩計図 - 室内姿線

❸「コーナー処理」コマンドで、
図の2本の水平線を順次🖱して
連結し、手前に見える表現にす
る。

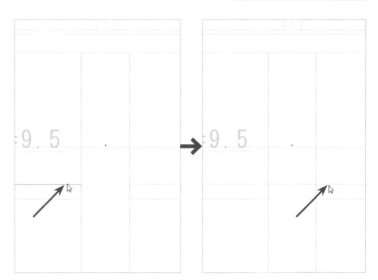

❹「消去」コマンドでコントロ
ールバー「節間消し」にチェック
を付け、図の位置で手前を横切
っている2本の垂直線を順次🖱し
て、消去する。

> 「消去」コマンドの「節間消し」
> は、指示位置にもっとも近い両
> 側の交点間の線を自動判別し
> て消去する機能です。

❺ 必要に応じて上書き保存す
る。

付録
CD **CH04-26.jww**

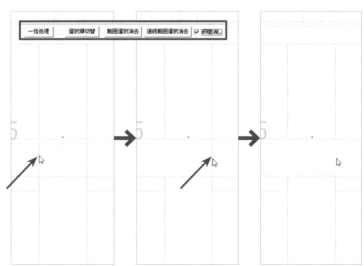

211

4·9·8 説明文の追加と一部変更

ここでは、説明文を追加したり、一部変更したりします。データが細かいので、実際は確認だけします。

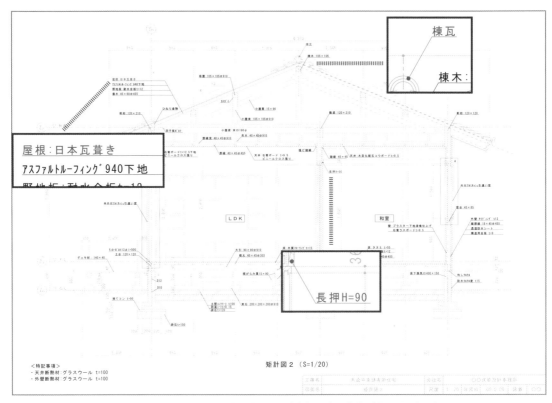

4·9·8項で作図する説明文の完成図例（赤色の線や文字が作図する部分）

作図のポイント

● 0レイヤグループ「矩計図」、Bレイヤ「説明」に作図します。その他のレイヤをすべて表示のみにします。

❶ 図のように変更や追加をする。

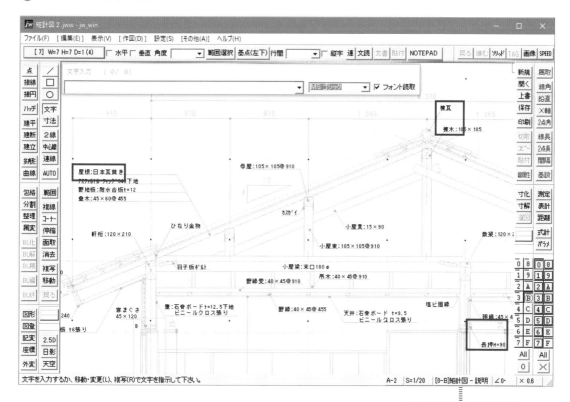

❷ 必要に応じて上書き保存する。

付録
CD **CH04-27.jww**

❸ Bレイヤ以外のすべてのレイヤを編集可能にする。

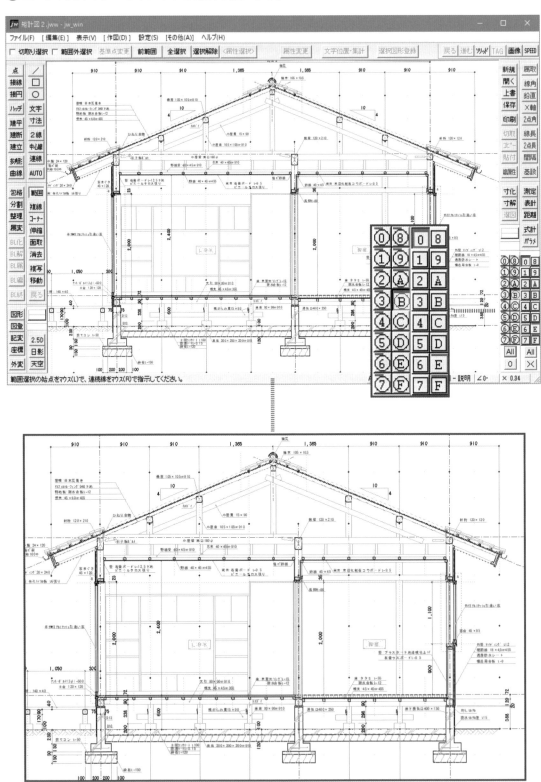

❹ 必要に応じて上書き保存する。

 付録CD CH04−完成2.jww

4·10 切断位置を玄関まわりに変更して作図

ここでは、最初に作図した「矩計図1」(A-A断面詳細図) を利用し、切断位置を平面詳細図に示した B-Bに変更し、ポーチ、玄関、ホール部分を縦に切断した「矩計図3」(B-B断面詳細図) を作図します。

作図を開始する前に、図面を準備します。

❶ 「CH04-完成1 (.jww)」を開き、ここでは例として、ハードディスクの「C:」ドライブの「jww」フォルダに、図面ファイル名を「矩計図3 (.jww)」として保存し直す。

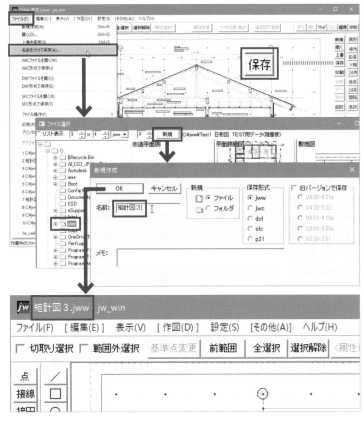

❷ 「文字」コマンドで、2カ所にある図面名を「矩計図3」にする。

4・10・1 矩計図の右半分を削除し、図面を中心に移動

❶ 線属性を「補助線色」「補助線種」にし、「複線」コマンドで、屋根の棟の中心線から右へ100の複線を作図する。

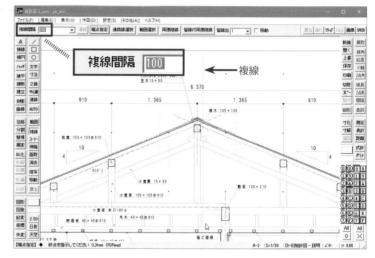

❷「範囲選択」コマンドを選択し、コントロールバー「切取り選択」にチェックを付ける。

図のように❶でかいた複線より右を選択する。

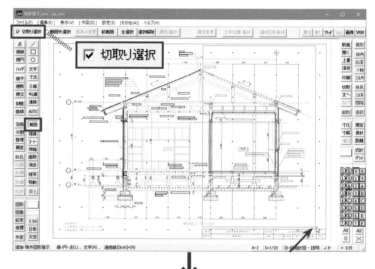

❸「消去」コマンドを❶して、右半分を削除する。

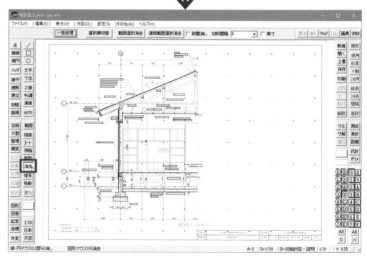

❹「消去」コマンドで、各所の線や文字を消す。

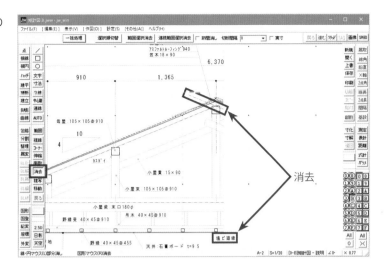

❺「伸縮」コマンドで、各所の補助線を伸ばす。

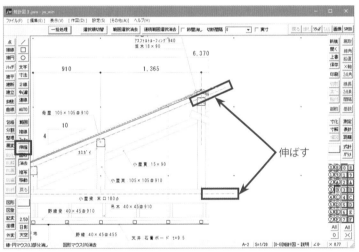

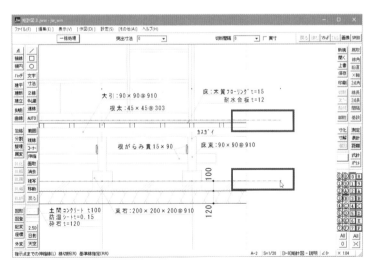

❻「E」レイヤグループを編集可能に変更し、「F」レイヤグループを表示のみに変更する。

付録CD CH04-30.jww

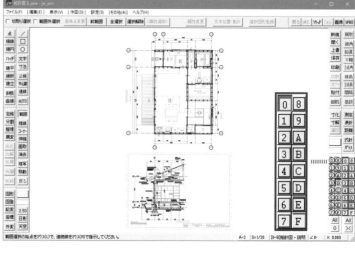

❼「図形移動」コマンドで、図のように平面詳細図と矩計図を選択する。

❽ コントロールバー「基準点変更」を🖱して黒点グリッドを🖱（右）し、コントロールバー「X方向」を🖱して2つ右の黒点グリッドに移動して🖱（右）する。

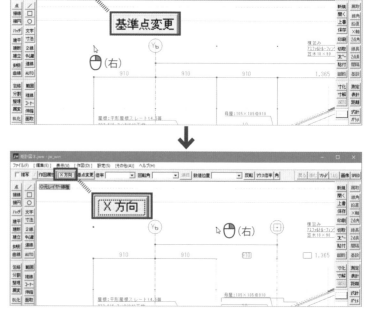

❾「範囲選択」コマンドなど別
のコマンドを🖱️して確定する。

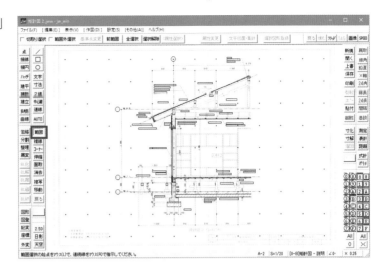

❿「E」レイヤグループを表示の
みにする。

 付録CD　CH04-31.jww

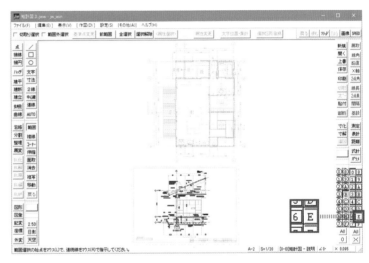

4·10·2　不要な線を消去して、床まわりを変更する

❶「9」レイヤを書込レイヤに、
他のレイヤをすべて表示のみに
し、「範囲選択」コマンドで、図
のように内部の家具を選択し、
「消去」コマンドで消去する。

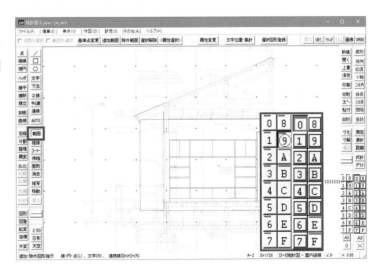

❷「7」レイヤを書込レイヤにし、「範囲選択」コマンドで内部の建具を選択し、「消去」コマンドで消去する。

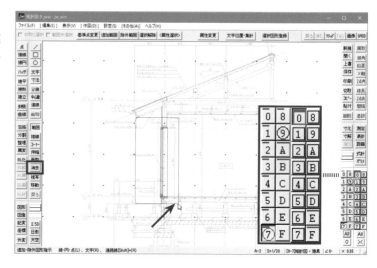

❸「3」レイヤを書込レイヤに、「2」「A」「B」レイヤを編集可能レイヤにし、図のように不要な線や文字を消去する（2つの図の紫色の部分が不要な個所）。

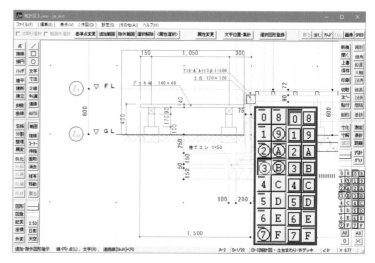

付録CD **CH04-32.jww**

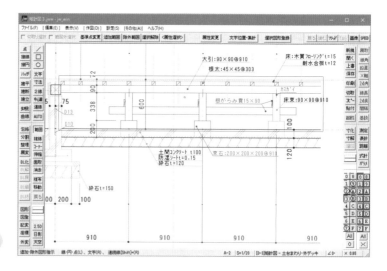

4·10·3 玄関まわりの床を作図

❶「1」レイヤを書込レイヤにし、布基礎が編集できるようにする。
線属性を「補助線色・補助線種」にし、「線（／）」コマンドで、コントロールバー「水平・垂直」にチェックを付ける。

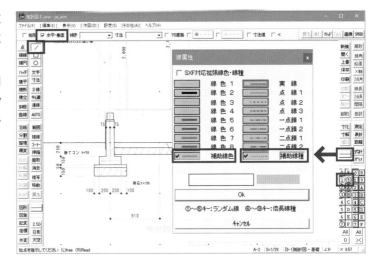

❷ 図のように平面詳細図の上り框の中心のグリッドを🖱（右）し、矩計図まで線を伸ばす。

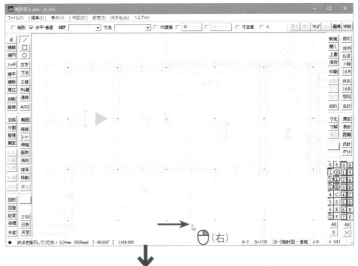

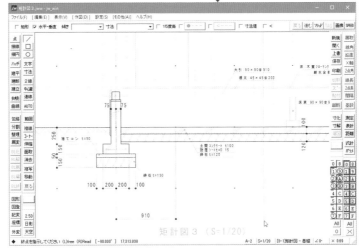

❸「複線」コマンドで、コントロールバー「複線間隔」に「682.5」を入力し、❷の補助線の右に補助線を作図する。

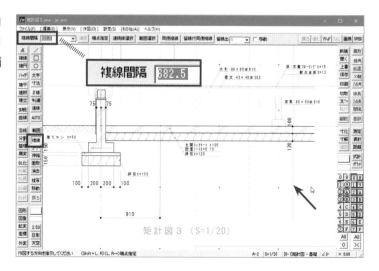

❹「図形複写」コマンドで、布基礎と土台を選択し、上り框の中心に複写する。

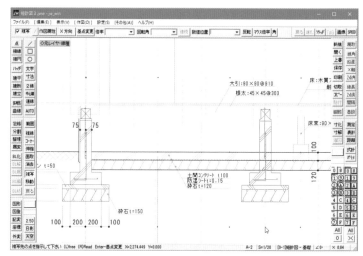

❺「図形移動」コマンドで、床束と束石を❸で作図した線まで移動する。

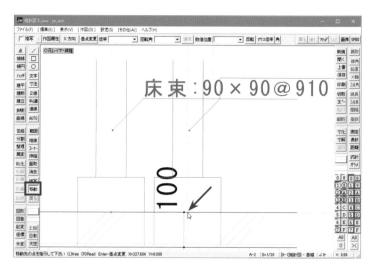

❻「8」レイヤを編集可能にする。
「消去」コマンドで、図のように
不要な線と文字を消去する。

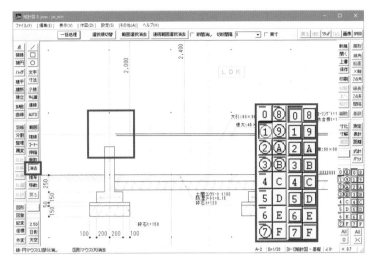

❼「図形移動」コマンドで、玄
関部分の土間コンクリートなど
を上に370移動する。

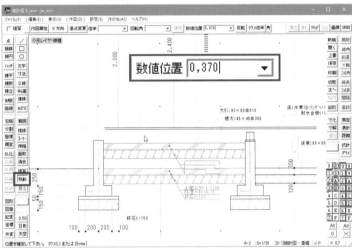

❽「パラメトリック変形」コマン
ドで、布基礎の天端を玄関土間
の高さに合わせる。

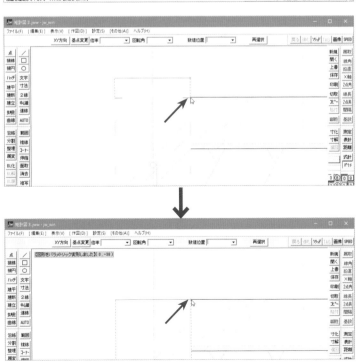

❾「8」レイヤを書込レイヤにし、コントロールバー「図形選択」を🖱し、「建具他」フォルダから「上り框」を🖱🖱する。

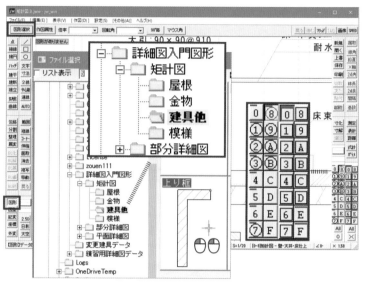

❿「上り框」の配置位置として、図のように縦の補助線と床の交点を🖱（右）する。

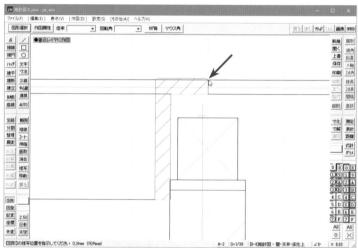

⓫「伸縮」コマンドで、飛び出した床線3本を上り框の手前まで短くする。

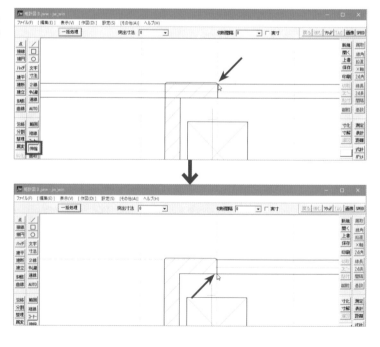

⑫「3」レイヤを書込レイヤに、線属性を「線色1・実線」にし、「複線」コマンドで、コントロールバー「複線間隔」に「45」を入力し、図のように根太の線を作図する。

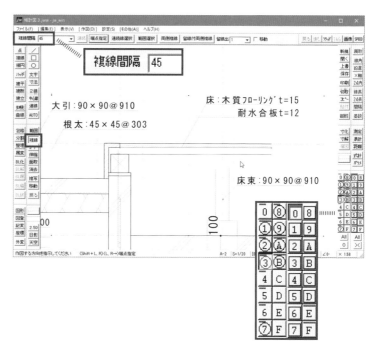

⑬ 線属性を「線色2・実線」にし、「□」コマンドで、コントロールバー「寸法」に「90,90」を入力し、図のように大引断面の線を作図する。

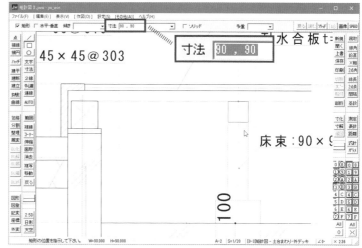

⑭ 線属性を「線色1・実線」にし、「線（／）」コマンドで、図のように大引断面に対角線を作図する。

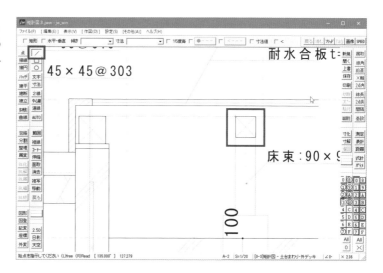

225

⓯ 上り框と土台の取り合い部分は、図のように45mm角の根太掛けなどを追加で作図する。

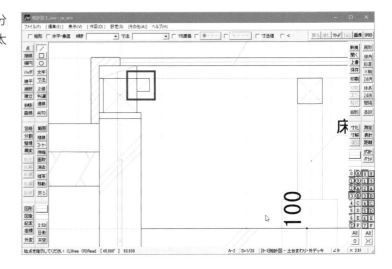

⓰ 「2」レイヤを書込レイヤにし、「複線」コマンドと「伸縮」コマンドを使って、図のように外階段を作図する。

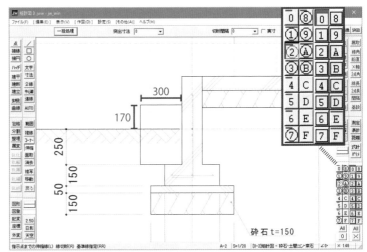

⓱ 「複線」コマンドで、コントロールバー「複線間隔」に「30」を入力して図のように複線を作図し、「コーナー処理」コマンドで床の仕上線を厚み30で作図する（手順は次ページの図を参照）。

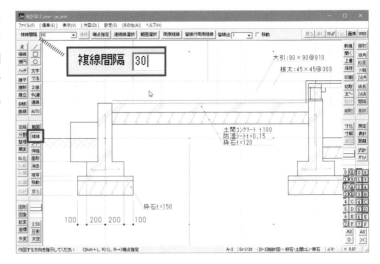

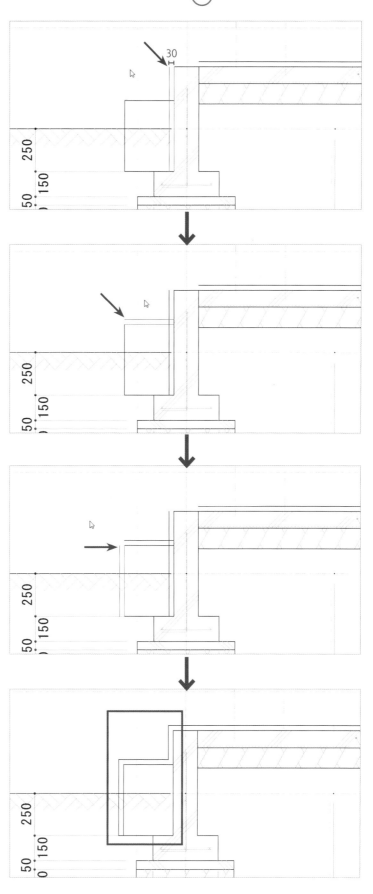

227

⓲ 「消去」コマンドで、階段の
内部を消去する。

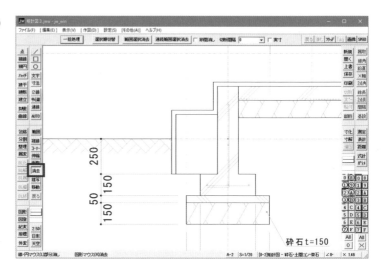

⓳ 「ハッチ」コマンドで、種類
「3線」、角度「45」、ピッチ「20」、
線間隔「1」に設定して、図のよ
うにハッチを作図する。

付録
CD　**CH04-33.jww**

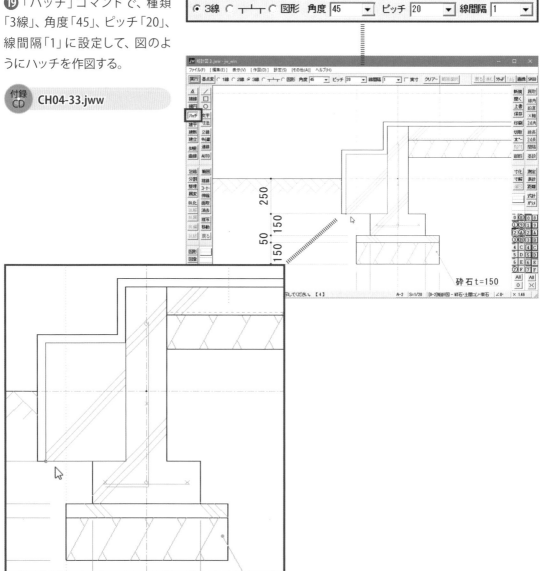

4·10·4 玄関まわりの梁を変更

❶「4」レイヤを書込レイヤに、「6」レイヤを編集可能レイヤにし、「パラメトリック変形」コマンドで、軒桁の高さを210から120に変更するため、上に90小さくする。

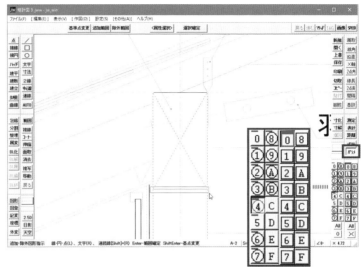

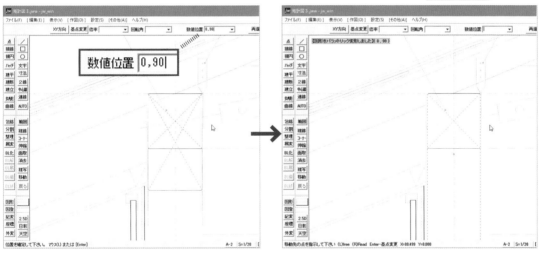

❷「消去」コマンドで、「羽子板ボルト」をいったん消去する。

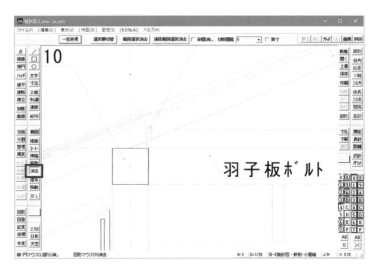

❸「パラメトリック変形」コマンドで、小屋梁の成を180から120へ変更する。図のように範囲選択するが、斜線は選択から外す。

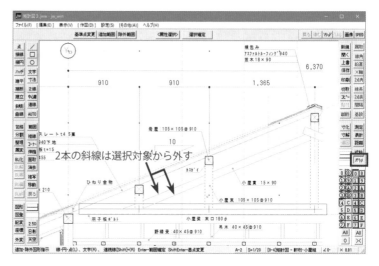

❹ コントロールバー「Y方向」「基点変更」を🖱し、図のように梁の上端（軒桁と通り芯の交点）を🖱（右）し、梁を低くする。

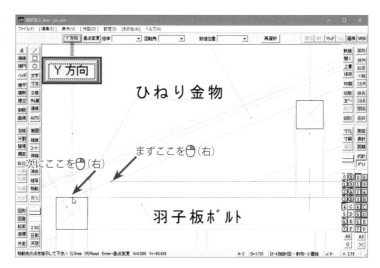

❺「伸縮」コマンドなどで、図のように線を伸ばす。

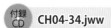 **CH04-34.jww**

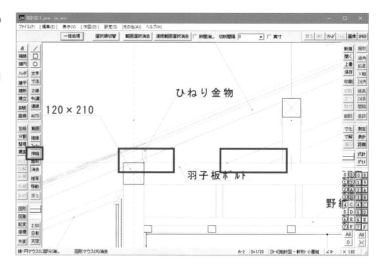

4·10·5 玄関まわりの開口部などを変更

玄関戸が取り付く部分に梁、壁を追加します。

❶「範囲選択」コマンドで範囲選択し、「消去」コマンドで不要な線を消去する。

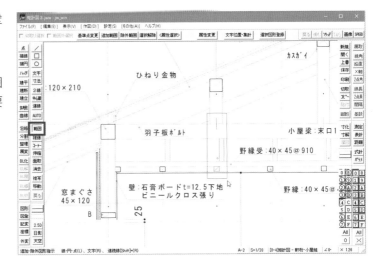

❷「図形複写」コマンドで、図のように選択する。

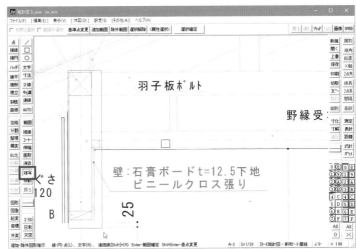

❸ コントロールバー「X方向」「基点変更」を🖱し、軒桁上端と通り芯の交点を🖱(右)し、玄関戸が取り付く右に910の位置で🖱(右)する。

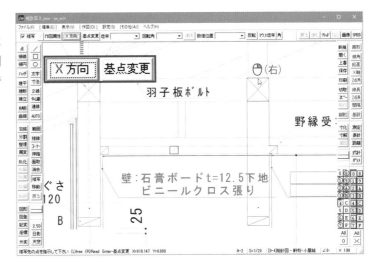

❹ 線や文字が重なるので、「消去」コマンドで不要な線や文字を消去したり、「図形移動」コマンドで図のように位置を移動したりする。また、軒桁は高さが変わるので、「120×120」にする。

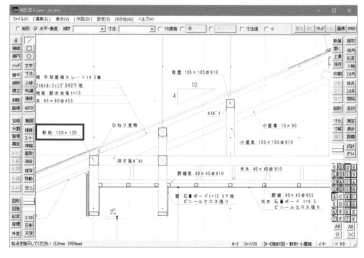

❺ 「7」レイヤを書込レイヤにし、ツールバー「図形選択」を🖱し、「詳細図入門図形」フォルダ→「矩計図」フォルダ→「建具他」フォルダから「玄関サッシ額縁付」を🖱🖱する。

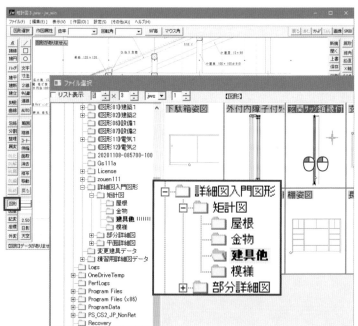

❻ 「玄関サッシ額縁付」の配置位置として、図のようにFLと壁の通り芯の交点を🖱（右）したら、「範囲」など適当なコマンドを🖱して完了する。

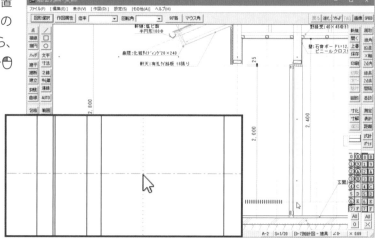

❼「8」レイヤを書込レイヤに
し、コントロールバー「図形選
択」を🖰し、「金物」フォルダから
「外壁コーナー見切」を🖰🖰す
る。

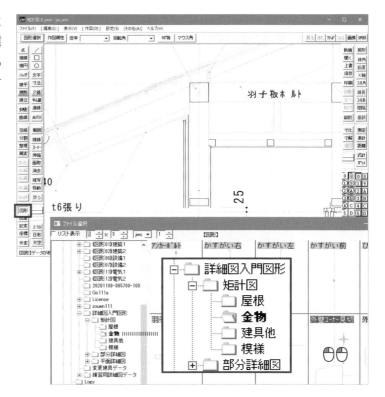

❽「外壁コーナー見切」の配置
位置として、図のようにコーナー
を🖰（右）する。

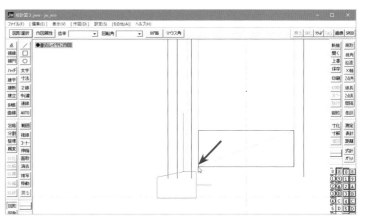

❾「図形移動」コマンドで、天
井高2400と玄関間口2000の寸
法線を移動する。
移動の範囲を確定するときは寸
法値も含めるため🖰（右）とす
る。移動の基準点も適宜変更す
る。

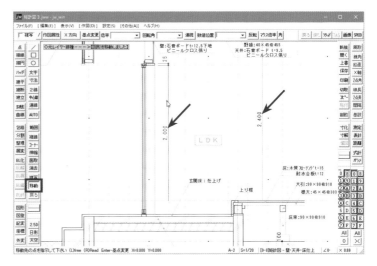

233

玄関ポーチは建物の外部にあるので、外壁仕上げの線を複写して利用します。また、天井仕上げの線を変更します。

❿ 「消去」コマンドで、壁と天井仕上げの線を消去する。

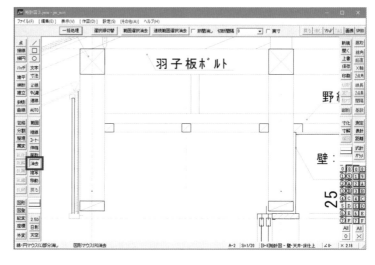

⓫ 「図形複写」コマンドで、外壁仕上げの線をポーチの壁に複写および反転複写する。

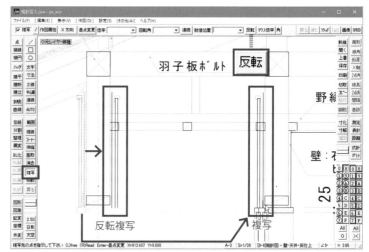

⓬ 「伸縮」「パラメトリック変形」コマンドなどで長さを整える。

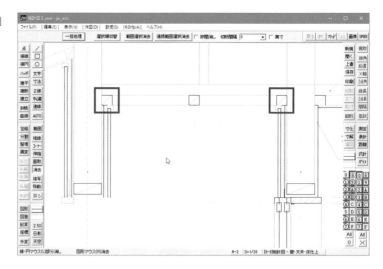

❸ ポーチの天井（ケイカル板厚さ6mm）を作図するため、「複線」コマンドで天井線を作図する。

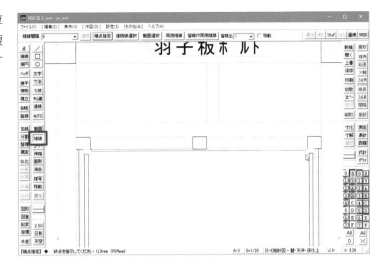

❹ 図のように「外壁コーナー見切」の線を整理する。

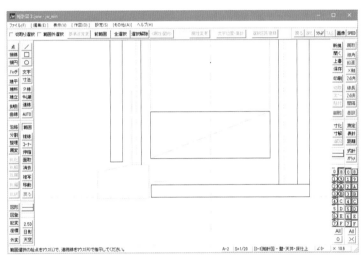

❺ コントロールバー「図形選択」を⊙し、「金物」フォルダから「羽子板ボルト」を⊙⊙する。

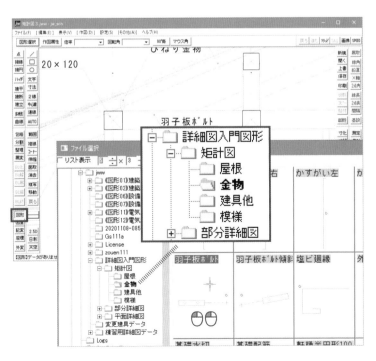

⑯ コントロールバー「90°毎」を2回 🖱 して180度回転させ、「羽子板ボルト」の配置位置として、図のように軒桁の左下コーナーを 🖱（右）する。
同様にして、右の梁にも羽子板ボルトを配置する。

付録CD CH04-35.jww

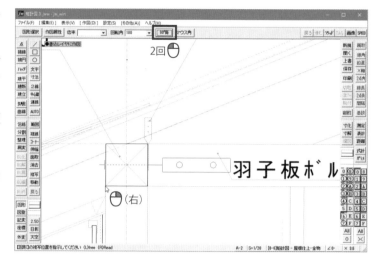

4·10·6 その他の部分を追加、変更

❶ 「9」レイヤを書込レイヤにし、コントロールバー「図形選択」を 🖱 し、「建具他」フォルダから「下駄箱姿図」を 🖱🖱 する。

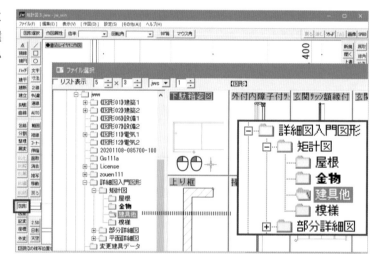

❷ 「下駄箱姿図」の配置位置として、図のように上り框と、床の交点を 🖱（右）する。

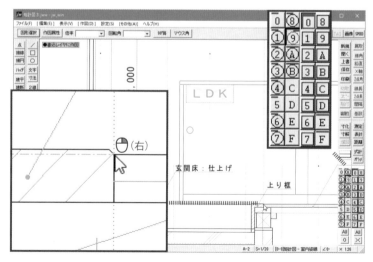

❸ コントロールバー「図形選択」を🖱し、「建具他」フォルダから「玄関ホール窓姿図」を🖱🖱する。

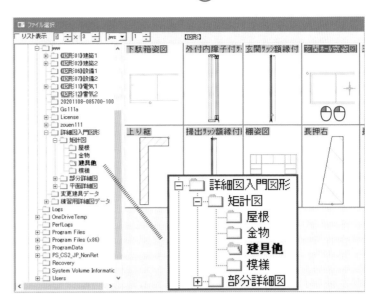

❹ 「玄関ホール窓姿図」の配置位置として、図のようにFL+2000の線と、玄関壁から右へ910の縦線の交点を🖱（右）する。

❺ 「B」レイヤを書込レイヤにし、記入済みの室名「LDK」を利用して、「ポーチ」「玄関」「ホール」の室名を追加で記入する。

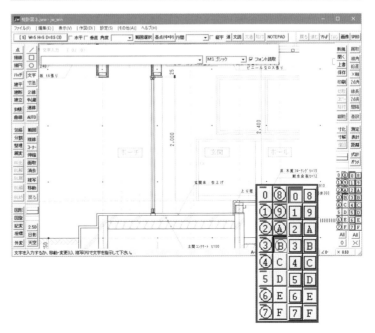

❻ ポーチの天井仕上げの説明
を追加で記入する。

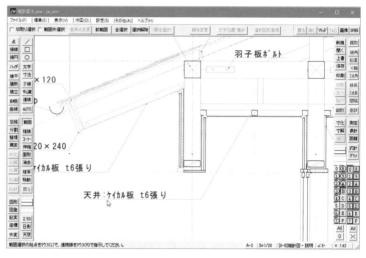

❼ 「A」レイヤを書込レイヤに、
他のレイヤをすべて表示のみに
する。

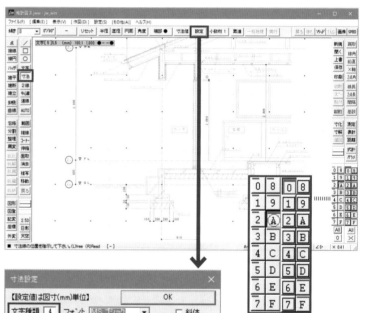

❽ 「寸法」コマンドのコントロ
ールバー「設定」を❶し、「寸法
設定」ダイアログで「文字種類」
を「4」にする。

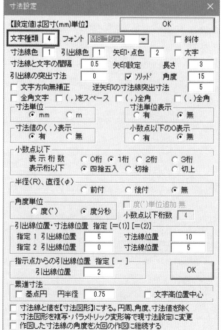

❾ 上段・中段の2つの図のように、説明不足の寸法を追加で記入する。

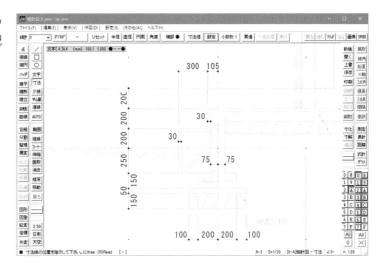

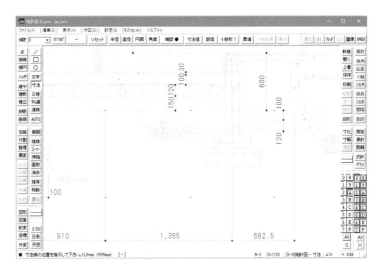

❿ 「8」レイヤを書込レイヤに、線属性を「線色1・実線」にする。

⓫ 図のように「／」コマンドで壁の姿線を作図する。

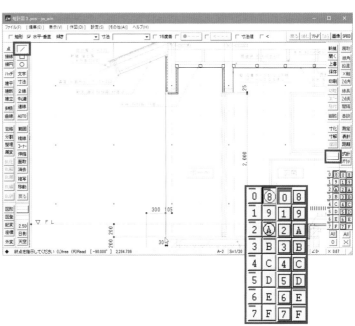

❶ すべてのレイヤを編集可能に、「F」レイヤグループを編集可能にし、図面は完成となる。

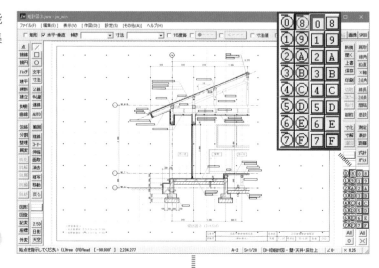

付録CD　CH04-完成3.jww

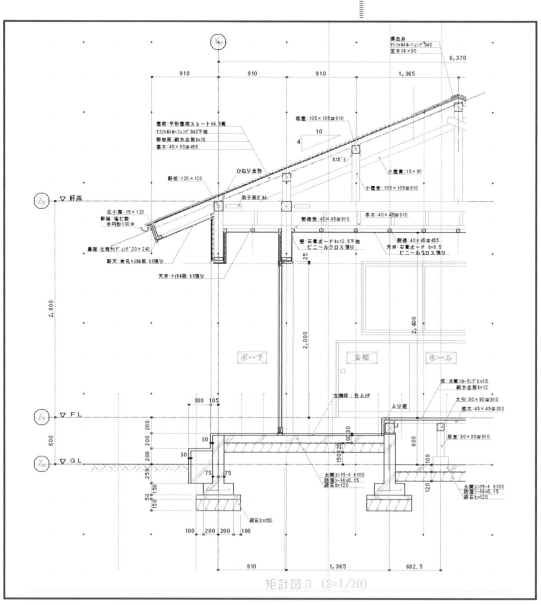

矩計図3（S=1/20）

部分詳細図の作図

ここでは、3章で作図した「平面詳細図」を基にして「平面部分詳細図」を、4章で作図した「矩計図」を基にして「断面部分詳細図」を、それぞれ作図し、これらを縮尺1/2で「部分詳細図」として作図します。さらに応用編として平面詳細図と縮尺の異なる平面部分詳細図を1つにまとめる方法を解説します。

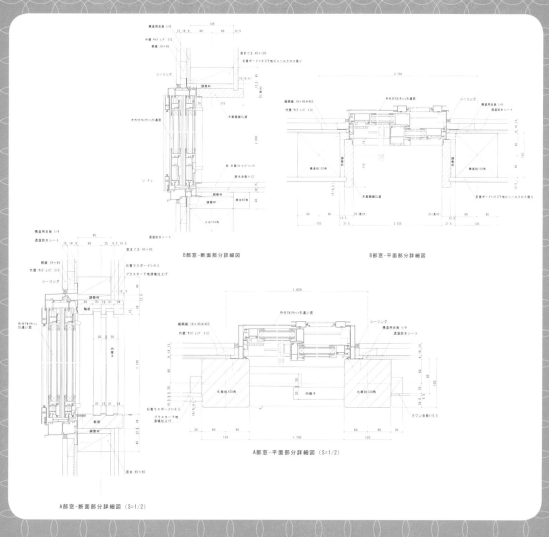

5·1 部分詳細図の作図にあたって

まず初めに、作図前の確認を行います。以下の「作図のポイント」を必ず確認してから、作図を始めるようにしてください。なお、5章では、Jw_cadの作図コマンドの解説を省略しています。また、主な部材はあらかじめ図形データとして収録しています。

作図のポイント

- 「部分詳細図」は「ディテール」ともいい、「平面詳細図」や「矩計図（断面詳細図）」をさらに詳細にかく図面のことで、それぞれ「平面部分詳細図」「断面部分詳細図」と呼び、特に表したい部分をクローズアップして作図します。

- 縮尺は、一般的に1/10〜1/2程度を用い、細かい寸法や使われている材料名称なども明記します。本書では1/2で作図します。

- 木材の断面線は、「極太線の実線」でかきます。本書では、線色を「線色4」、線種を「実線（線幅4に設定済み）」に設定します。

- その他の断面線は、「極太線の実線」でかきます。本書では、線色を「線色4」、線種を「実線（線幅3に設定済み）」に設定します。

- 中心線、基準線などは、「細線の一点鎖線」でかきます。本書では、線色を「線色8」、線種を「一点鎖1（線幅1に設定済み）」に設定します。

- 寸法線・寸法補助線・引出し線・ハッチングなどは、「細線の実線」でかきます。本書では、線色を「線色1」、線種を「実線（線幅1に設定済み）」に設定します。

- 本書で作図する部分詳細図は外部サッシまわりなので、サッシメーカーが作成したCADデータも活用します（下図を参照）。
  ［三協アルミ　マディオJ　単体サッシ　外付　断熱枠＋断熱障子　窓タイプ　mj01c001/mj01c002］
  ［三協アルミ　マディオJ　単体サッシ　半外付　アングル付　断熱枠＋断熱障子　テラスタイプ　mj01a005］

サッシ施工例　三協アルミ・マディオ J シリーズ

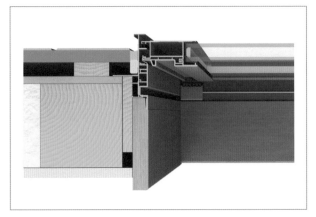

サッシ平面納まり例　三協アルミ・マディオ J シリーズ

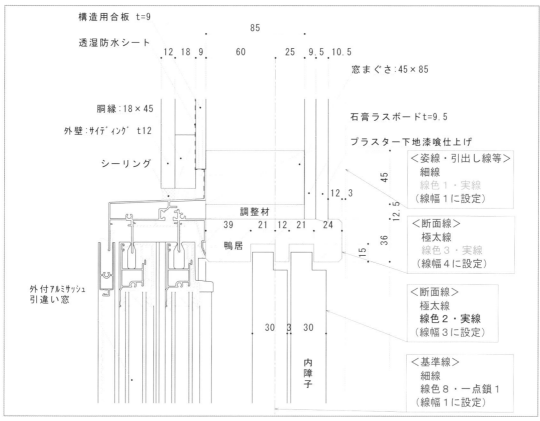

構造用合板 t=9

透湿防水シート

85

12, 18, 9   60   25, 9.5, 10.5

窓まぐさ：45×85

胴縁：18×45

外壁：サイディング t12

石膏ラスボードt=9.5

シーリング

プラスター下地漆喰仕上げ

45

12.5

＜姿線・引出し線等＞
細線
線色1・実線
（線幅1に設定）

調整材

12, 3

＜断面線＞
極太線
線色3・実線
（線幅4に設定）

39 21, 12, 21 24

36

15

＜断面線＞
極太線
線色2・実線
（線幅3に設定）

鴨居

外付アルミサッシュ
引違い窓

30, 3, 30

内障子

＜基準線＞
細線
線色8・一点鎖1
（線幅1に設定）

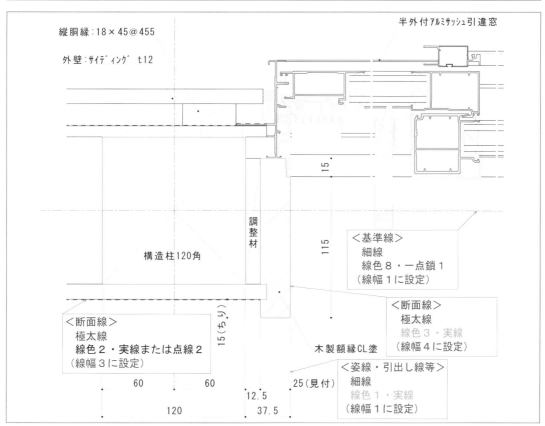

縦胴縁：18×45@455

半外付アルミサッシ引違窓

外壁：サイディング t12

15

調整材

構造柱120角

115

＜基準線＞
細線
線色8・一点鎖1
（線幅1に設定）

15（ちり）

＜断面線＞
極太線
線色3・実線
（線幅4に設定）

＜断面線＞
極太線
線色2・実線または点線2
（線幅3に設定）

木製額縁CL塗

60   60

25（見付）

＜姿線・引出し線等＞
細線
線色1・実線
（線幅1に設定）

12.5

120   37.5

本書での部分詳細図における線の使い分け

243

5·2 和室窓まわり（A部窓）の部分詳細図を作図

ここでは、作図済みの「平面詳細図」および「矩計図」における和室窓まわり（A部窓→次ページ下段の図）の部分詳細図「平面部分詳細図」「断面部分詳細図」を順次作図します。

5·2·1 和室窓まわりの部分詳細図を作図する準備

本書では、あらかじめ基本設定など済ませた練習用詳細図データ（付録CDに収録。3章でハードディスクにコピー→p.7）を使用して、和室窓まわりの部分詳細図「平面部分詳細図」「断面部分詳細図」を作図します。したがって、ここで具体的な基本設定をする必要はありません。あらかじめ設定済みの内容を確認します。

部分詳細図を作図する図面
ファイルの準備

まず、部分詳細図を作図していく図面ファイルを準備します。

❶「開く」コマンドで、3章であらかじめCドライブの「jww」フォルダにコピーした「練習用詳細図データ」フォルダの「CH05」フォルダから「CH05A-00（.jww）」ファイルを開く。

 付録CD　**CH05A-00.jww**

❷「名前を付けて保存」コマンドを選択する。

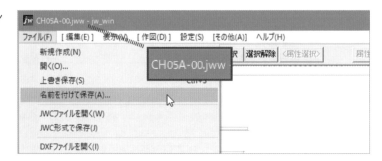

❸ 適当な場所に、別の図面ファイル名で保存（コピー）する。
ここでは例として、「C：」ドライブの「jww」フォルダに「和室窓部分詳細図（.jww）」で保存する。

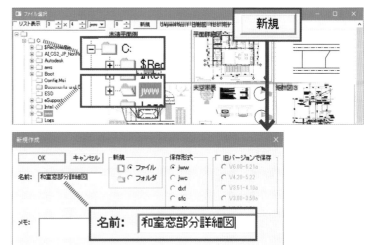

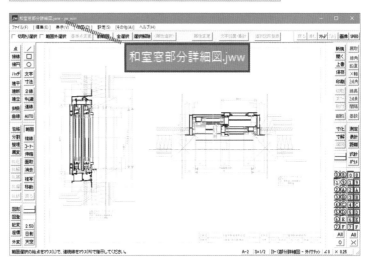

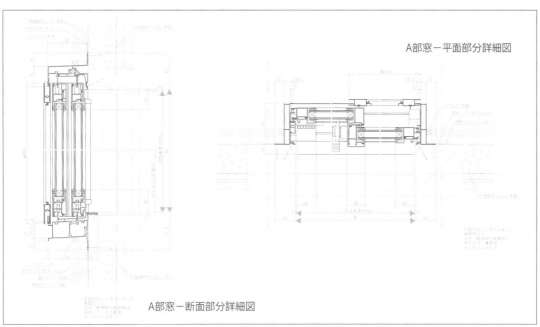

A部窓－平面部分詳細図

A部窓－断面部分詳細図

図は三協アルミ提供のCADデータ「mj01c001.jwc」（たて断面詳細）、「mj01k002.jwc」（横断面詳細）を使用

レイヤ、縮尺、用紙サイズの確認

ここでは、前項で保存した「和室窓部分詳細図.jww」に設定済みのレイヤ、用紙サイズ、縮尺を確認します。基本的な手順はp.53〜54と同じです。詳細はそちらを参照してください。

「和室窓部分詳細図.jww」には、下表のレイヤグループ・レイヤを設定済みです。この設定で作図を開始します。以下、その設定を確認します。

図面名	縮尺	レイヤグループ	レイヤグループ名	レイヤ	レイヤ名
部分詳細図	1/2	0	部分詳細図	0	基準線
				1	外付サッシ
				2	柱・敷居・鴨居
				3	仕上
				4	シーリング
				5	寸法・説明
				E	躯体仕上例
				F	サッシ寸法
図面枠・表題	1/1	F	図面枠・表題	0	図面枠
				1	図名・尺度

❶ 書込レイヤグループ0と書込レイヤ1のボタンを順次🖐（右）して、それぞれの一覧ウィンドウを開き、内容を確認する。

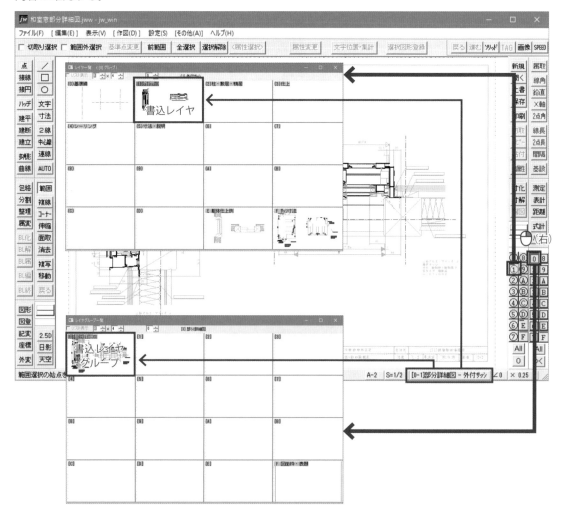

❷ ステータスバーの縮尺ボタン「S=1/2」を🖰して開く「縮尺・読取　設定」ダイアログで、使用する2つのレイヤグループの縮尺（→前ページのレイヤ分け表）を確認する。

❸ ステータスバーの用紙サイズボタンの表示で、使用する用紙サイズ「A-2」を確認する。

和室窓部分詳細図の作図に使用するレイヤグループは、上記のうち、0レイヤグループ「1/2」とFレイヤグループ「1/1」だけである

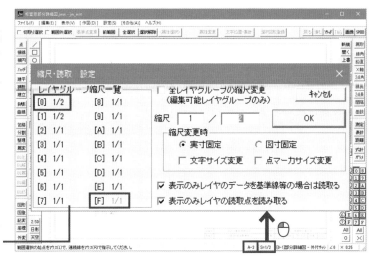

図面の基本設定を確認

「和室窓部分詳細図.jww」に設定済みの基本設定を確認します。内容は「矩計図1.jww」の場合と同じなので、p.55およびp.108を参照してください。

作図ウィンドウの目盛の非表示を確認

「和室窓部分詳細図.jww」では目盛を使わないので非表示にします。

❶ ステータスバーの軸角ボタンを🖰して開く「軸角・目盛・オフセット　設定」ダイアログで、図の「OFF」にチェックを付ける。

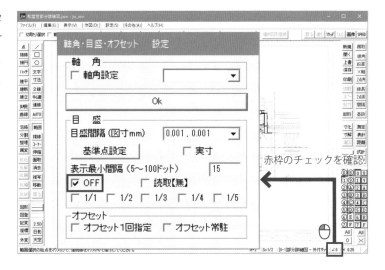

赤枠のチェックを確認

5·2·2 柱、内障子、敷居、鴨居、窓台、窓まぐさの作図

ここでは、和室窓まわりの柱、内障子、敷居、鴨居、窓台、窓まぐさを作図します。平面部分詳細図、断面部分詳細図の順に各部材を作図します。

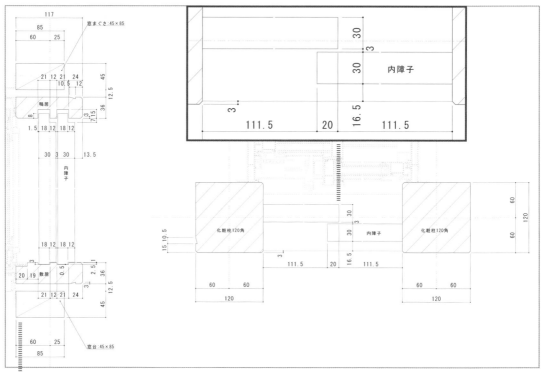

5・2・2項で作図する和室窓まわりの柱、内障子、敷居、鴨居、窓台、窓まぐさの完成図例（赤色の線が作図する部分）

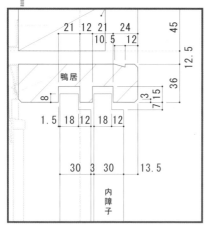

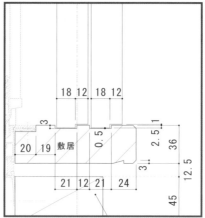

作図のポイント

● 0レイヤグループ「部分詳細図」、2レイヤ「柱・敷居・鴨居」に作図します。Fレイヤグループは表示のみ、0レイヤと1レイヤは表示のみ、EレイヤとFレイヤは非表示にします。

平面部分詳細図の各部材を作図

まず、平面部分詳細図から作図します。

❶ 書込レイヤを0レイヤグループ「部分詳細図」の2レイヤ「柱・敷居・鴨居」に、Fレイヤグループを表示のみに、0レイヤと1レイヤを表示のみに、EレイヤとFレイヤを非表示にする。

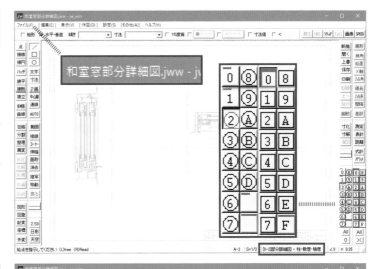

化粧柱の作図

図形データ「化粧柱120角1」を貼り付けて、左の化粧柱を作図します。

❶ ツールバー「図形」を🖱し、「詳細図入門図形」フォルダ→「部分詳細図」フォルダ→「平面部分詳細図」フォルダの「化粧柱120角1」を🖱🖱する。

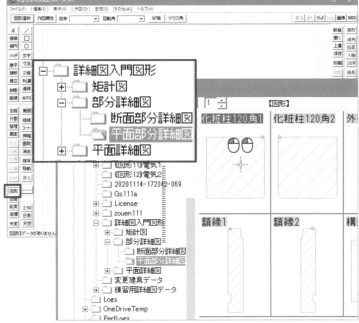

❷ 図の位置に貼り付ける。

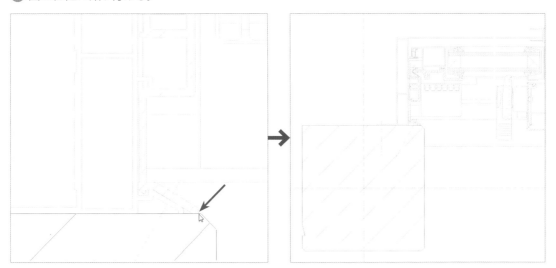

同様にして、図形データ「化粧柱120角2」を貼り付けて、下の化粧柱を作図します。

❸ 図の位置に貼り付ける。

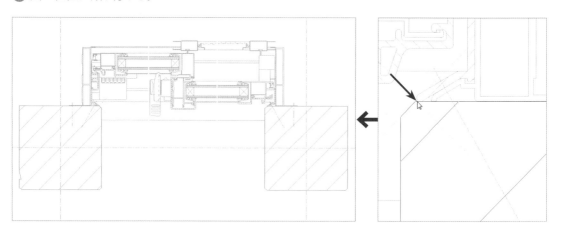

内障子の作図

内障子を作図します。

❶ 線属性を「線色2」「実線」にし、p.248の完成図例を参照して、図のように内障子を作図する。

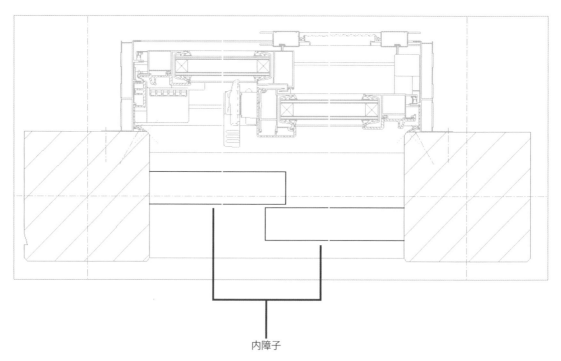

内障子

断面部分詳細図の各部材を作図

次に、断面部分詳細図の各部材を作図します。

内障子鴨居の作図

図形データ「内障子鴨居」を貼り付けて、内障子鴨居を作図します。

❶ ツールバー「図形」を🖱し、「詳細図入門図形」フォルダ→「部分詳細図」フォルダ→「断面部分詳細図」フォルダの「内障子鴨居」を🖱🖱する。

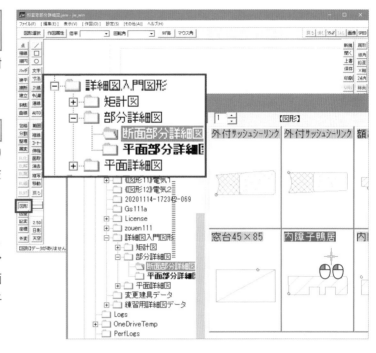

❷ 図の位置に貼り付ける。

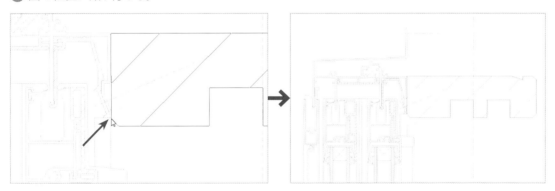

内障子敷居の作図

引き続き図形データ「内障子敷居」を貼り付けて、内障子敷居を作図します。

❶ コントロールバー「図形選択」を🖱し、「詳細図入門図形」フォルダ→「部分詳細図」フォルダ→「断面部分詳細図」フォルダの「内障子敷居」を🖱🖱する。

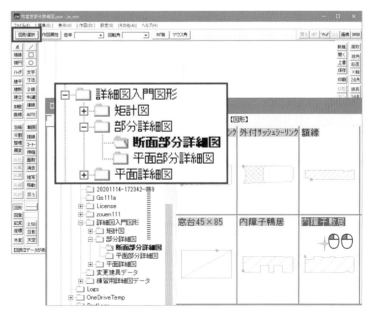

251

② 図の位置に貼り付ける。

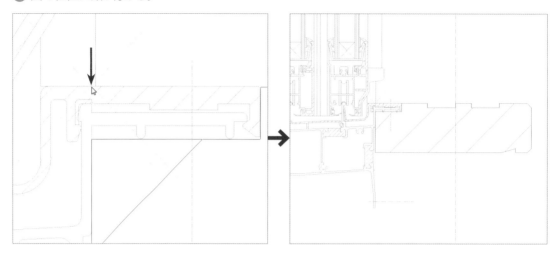

補助線を作図し、窓まぐさと窓台を作図

鴨居・敷居の上下から12.5mmの位置に補助線を作図しておき、それをガイドにして窓まぐさを作図します。続けて、窓台も作図します。

① 線属性を「補助線色」「補助線種」にし、図のように鴨居の上および敷居の下から12.5mmの位置に補助線を作図しておく。

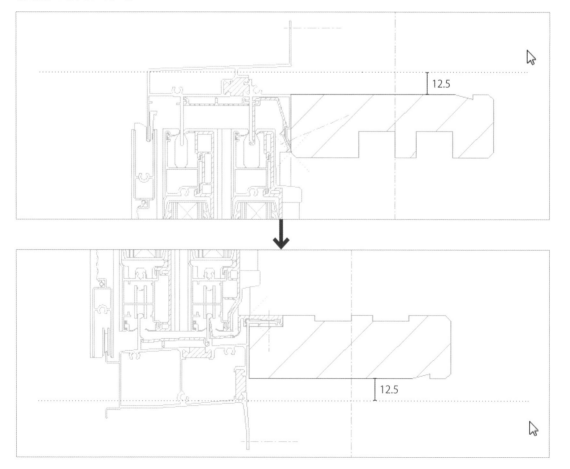

補助線をガイドにして、図形デー
タ「窓まぐさ45×85」を貼り付
けて、窓まぐさを作図します。

❷ ツールバー「図形」を🖱し、
「詳細図入門図形」フォルダ→
「部分詳細図」フォルダ→「断面
部分詳細図」フォルダの「窓まぐ
さ45×85」を🖱🖱する。

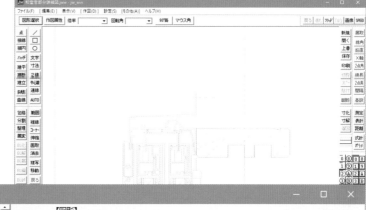

❸ 図の位置に貼り付ける。

同様にして、図形データ「窓台
45×85」を貼り付けて、窓台を
作図します。

❹ 図の位置に貼り付ける。

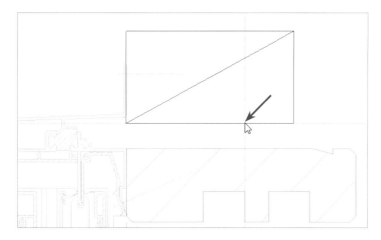
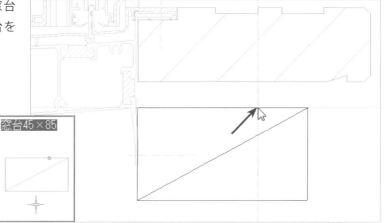

内障子の作図

内障子を作図します。

① 線属性を「線色2」「実線」にし、p.248の完成図例を参照して、図のように内障子を作図する。

② 必要に応じて上書き保存する。

付録 CD CH05A-01.jww

5章で作図した練習用詳細図データは、「練習用詳細図データ」フォルダ→「CH05」フォルダに収録してあります。

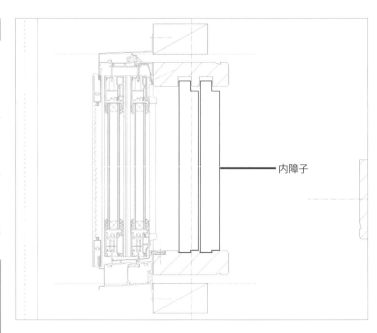

内障子

5·2·3 外壁と内壁の仕上げを作図

ここでは外壁と内壁の仕上げを作図します。平面部分詳細図、断面部分詳細図の順に作図します。

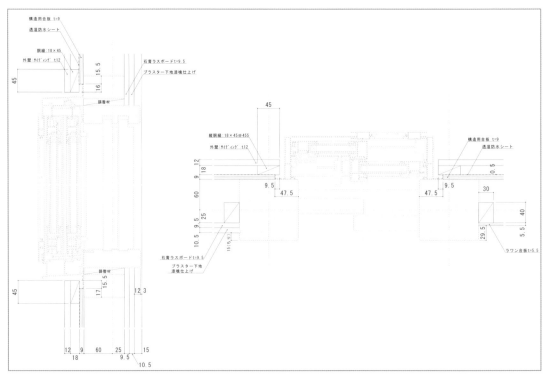

5・2・3項で作図する和室窓まわりの外壁と内壁の仕上げの完成図例（赤色の線が作図する部分）（拡大図→次ページ）

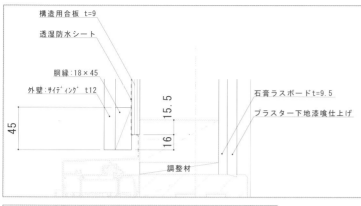

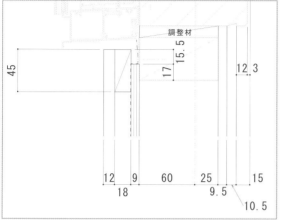

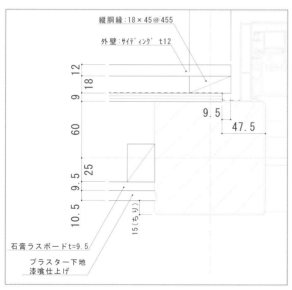

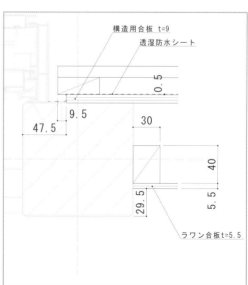

作図のポイント

● 0レイヤグループ「部分詳細図」、3レイヤ「仕上」に作図します。Fレイヤグループは表示のみ、0～2レ
イヤは表示のみ、EレイヤとFレイヤは非表示にします。

外壁と内壁の仕上げを作図

外壁と内壁の仕上げを作図します。

❶ 書込レイヤを0レイヤグループ「部分詳細図」の3レイヤ「仕上」に、Fレイヤグループを表示のみに、0〜2レイヤを表示のみに、EレイヤとFレイヤを非表示にする。

❷ 前ページの完成図例の寸法を参照して、図のように作図する。

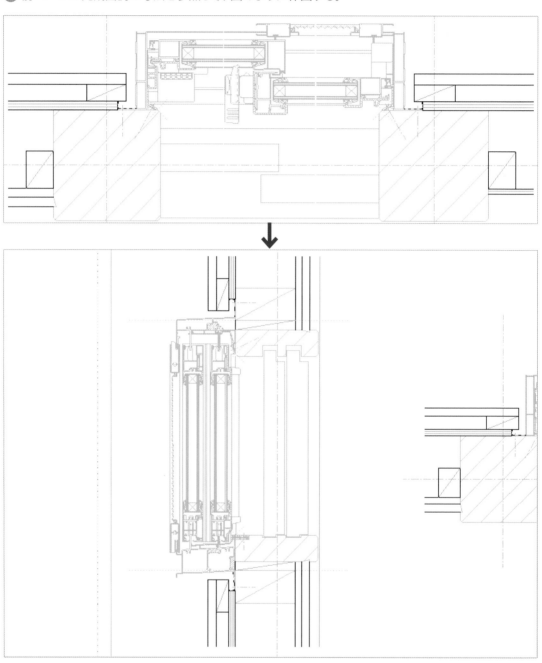

❸ 必要に応じて上書き保存する。

付録 CD **CH05A−02.jww**

5·2·4 シーリングの作図

ここでは、シーリングを作図します。平面部分詳細図、断面部分詳細図の順に作図します。

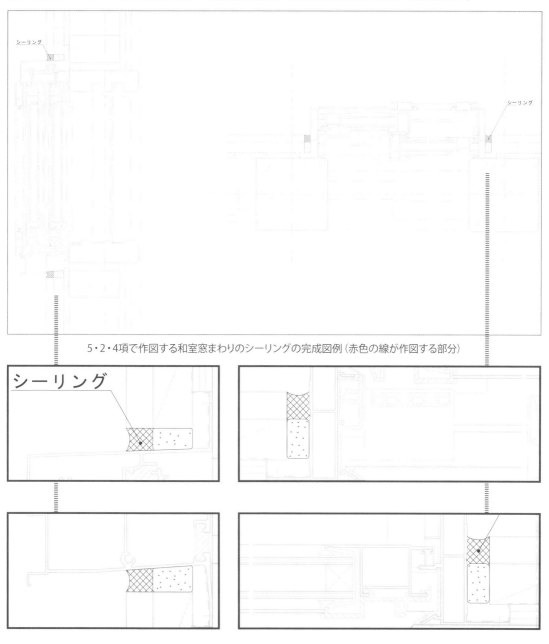

5·2·4項で作図する和室窓まわりのシーリングの完成図例（赤色の線が作図する部分）

作図のポイント

● 0レイヤグループ「部分詳細図」、4レイヤ「シーリング」に作図します。Fレイヤグループは表示のみ、0～3レイヤは表示のみ、EレイヤとFレイヤは非表示にします。

平面部分詳細図のシーリングを作図

まず、平面部分詳細図のシーリングから作図します。図形データ「外付サッシシーリング右」および「外付サッシシーリング左」を順次貼り付けて、シーリングを作図します。

❶ 書込レイヤを0レイヤグループ「部分詳細図」の4レイヤ「シーリング」に、Fレイヤグループを表示のみに、0～3レイヤを表示のみに、EレイヤとFレイヤを非表示にする。

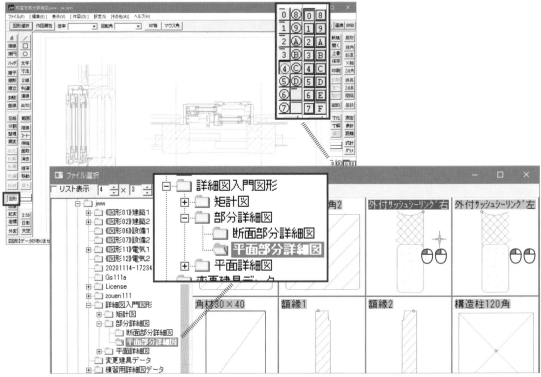

❷ ツールバー「図形」を🖱し、「詳細図入門図形」フォルダ→「部分詳細図」フォルダ→「平面部分詳細図」フォルダの「外付サッシシーリング右」を🖱🖱し、図の位置に貼り付ける。

❸ 同様にして、「外付サッシシーリング左」を🖱🖱し、図の位置に貼り付ける。

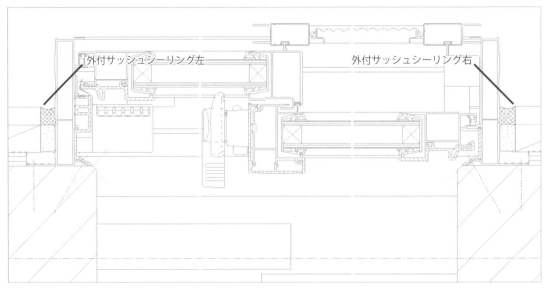

断面部分詳細図の シーリングを作図

同様にして、断面部分詳細図の シーリングを作図します。図形 データ「外付サッシュシーリング 下」および「外付サッシュシーリング上」を順次貼り付けて、シーリングを作図します。

❶ コントロールバー「図形選択」を🖱し、「詳細図入門図形」フォルダ→「部分詳細図」フォルダ→「断面部分詳細図」フォルダの「外付サッシュシーリング下」を🖱🖱し、図の位置に貼り付ける。

❷ 同様にして、「外付サッシュシーリング上」を🖱🖱し、図の位置に貼り付ける。

❸ 必要に応じて上書き保存する。

付録CD **CH05A-03.jww**

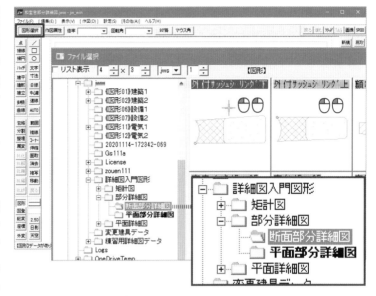

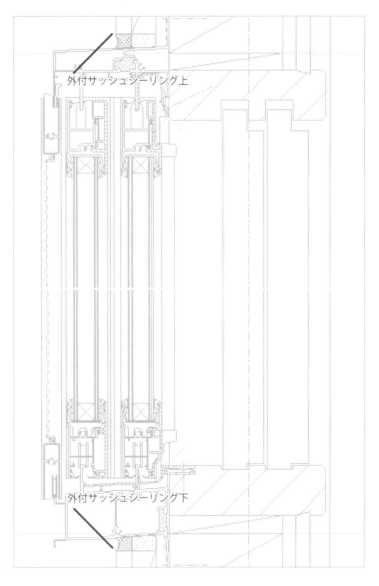

外付サッシュシーリング上

外付サッシュシーリング下

259

5·2·5 寸法、説明の作図

ここでは、寸法、説明を作図します。

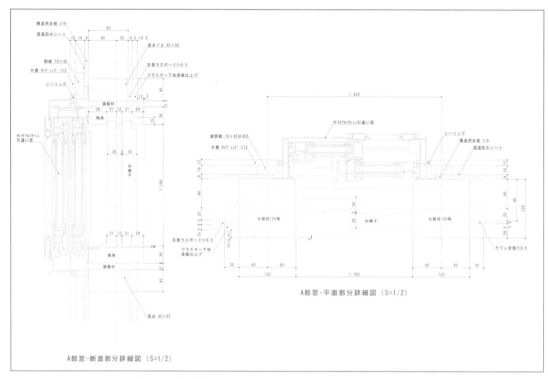

A部窓−平面部分詳細図　（S=1/2）

A部窓−断面部分詳細図　（S=1/2）

5·2·5項で作図する和室窓まわりの寸法、説明の完成図例（赤色の線が作図する部分）

作図のポイント

● 0レイヤグループ「部分詳細図」、5レイヤ「寸法・説明」に作図します。Fレイヤグループは表示のみ、0〜4レイヤは表示のみ、EレイヤとFレイヤは非表示にします。

寸法、説明の作図

完成図例を参照して、寸法、説明を作図します。下記練習用ファイルには寸法と説明が作図済みです。

❶ 書込レイヤを0レイヤグループ「部分詳細図」の5レイヤ「寸法・説明」に、Fレイヤグループは表示のみ、0〜4レイヤは表示のみ、EレイヤとFレイヤは非表示に切り替える。

❷ 完成図例を参照して、寸法、説明を作図する（拡大図→次ページ）。

❸ 必要に応じて上書き保存する。

 付録CD　CH05A−04.jww

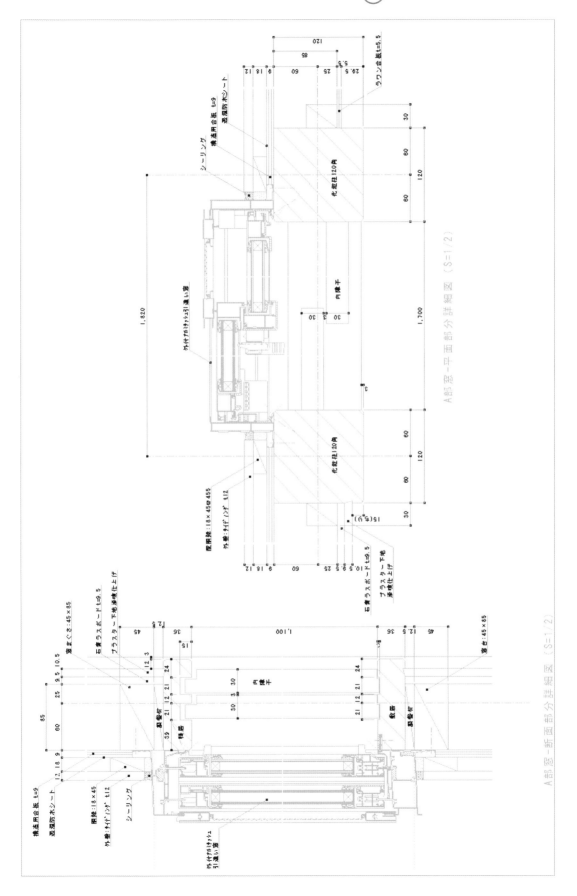

A部窓－平面部分詳細図（S＝1/2）

A部窓－断面部分詳細図（S＝1/2）

❹ ここまででいったん作図の区切りとして、Fレイヤグループおよび0〜4レイヤを編集可能にする。

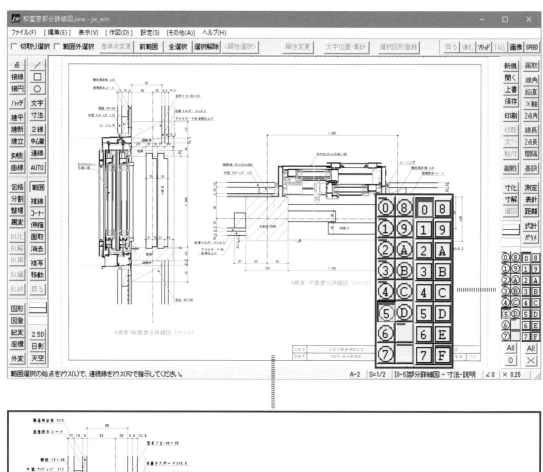

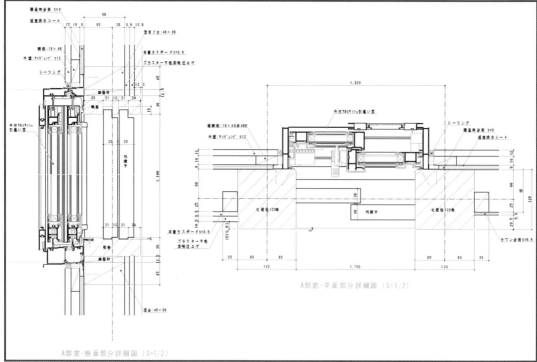

❺ 必要に応じて上書き保存する。

付録CD **CH05A-完成.jww**

5·3 洋室半外付サッシ開口部まわり（B部窓）の部分詳細図を作図

ここでは、作図済みの「平面詳細図」および「矩計図」における洋室半外付サッシ開口部まわり（B部窓→次ページ下段の図）の「平面部分詳細図」「断面部分詳細図」を順次作図します。

5·3·1 洋室半外付サッシ開口部の部分詳細図を作図する準備

本書では、あらかじめ基本設定など済ませた練習用詳細図データを使用して、洋室半外付サッシ開口部まわりの「平面部分詳細図」「断面部分詳細図」を作図します。したがって、ここで具体的な基本設定をする必要はありません。あらかじめ設定済みの内容を確認するだけです。

部分詳細図を作図する
図面ファイルの準備

まず、部分詳細図を作図していく図面ファイルを準備します。

❶「開く」コマンドで、3章であらかじめCドライブの「jww」フォルダにコピーした「練習用詳細図データ」フォルダの「CH05」フォルダから「CH05B-00 (.jww)」ファイルを開く。

 付録 CD **CH05B-00.jww**

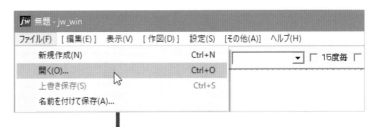

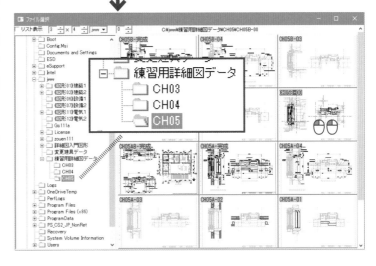

❷ 適当な場所に、別の図面ファイル名で保存（コピー）する。ここでは例として、「C：」ドライブの「jww」フォルダに「洋室掃出窓部分詳細図 (.jww)」で保存する。

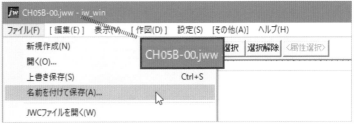

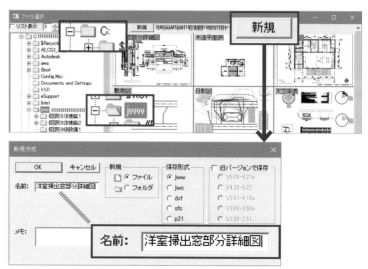

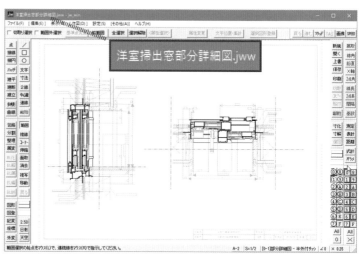

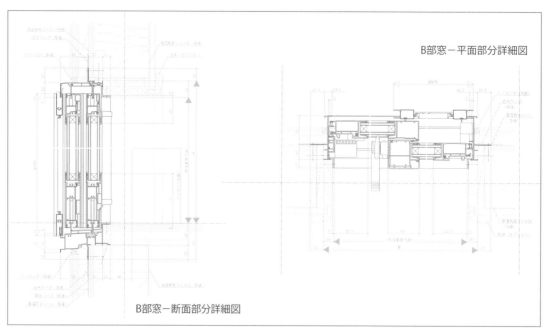

B部窓－平面部分詳細図

B部窓－断面部分詳細図

図は三協アルミ提供のCADデータ「mj01a005.jwc」を使用

レイヤ、縮尺、用紙サイズの確認

ここでは、前項で保存した「洋室掃出窓部分詳細図.jww」に設定済みのレイヤ、用紙サイズ、縮尺を確認します。基本的な手順はp.53〜54と同じです。詳細はそちらを参照してください。

「洋室掃出窓部分詳細図.jww」には、下表のレイヤグループ・レイヤを設定済みです。この設定で作図を開始します。以下、その設定を確認します。

図面名	縮尺	レイヤグループ	レイヤグループ名	レイヤ	レイヤ名
部分詳細図	1/2	0	部分詳細図	0	基準線
				1	半外付サッシ
				2	柱・まぐさ・額縁
				3	仕上
				4	シーリング
				5	寸法・説明
				E	躯体仕上例
				F	サッシ寸法
図面枠・表題	1/1	F	図面枠	0	図面枠表題
				1	図名・尺度

❶ 書込レイヤグループ0と書込レイヤ1のボタンを順次🖱️して、それぞれの一覧ウィンドウを開き、内容を確認する。

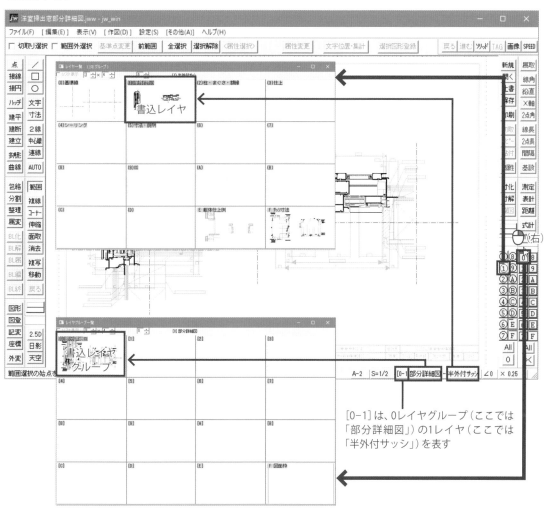

[0-1]は、0レイヤグループ（ここでは「部分詳細図」）の1レイヤ（ここでは「半外付サッシ」）を表す

265

❷ ステータスバーの縮尺ボタン「S＝1/2」を🖱して開く「縮尺・読取　設定」ダイアログで、使用する2つのレイヤグループの縮尺（→前ページのレイヤ分け表）を確認する。

❸ ステータスバーの用紙サイズボタンの表示で、使用する用紙サイズ「A-2」を確認する。

洋室掃出窓部分詳細図の作図に使用するレイヤグループは、上記のうち、0レイヤグループ「1/2」とFレイヤグループ「1/1」だけである

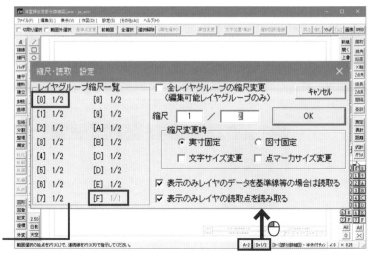

図面の基本設定を確認

「洋室掃出窓部分詳細図.jww」に設定済みの基本設定を確認します。内容は「矩計図1.jww」の場合と同じなので、p.55およびp.108を参照してください。

作図ウィンドウの目盛の非表示を確認

「洋室掃出窓部分詳細図.jww」では目盛を使わないので非表示にします。

❶ ステータスバーの軸角ボタンを🖱して開く「軸角・目盛・オフセット　設定」ダイアログで、図の「OFF」にチェックを付ける。

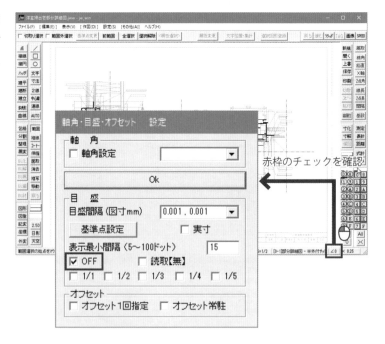

赤枠のチェックを確認

5・3・2 柱、額縁、窓まぐさの作図

ここでは、洋室半外付サッシ開口部まわりの柱、額縁、窓まぐさを作図します。平面部分詳細図、断面部分詳細図の順に各部材を作図します。

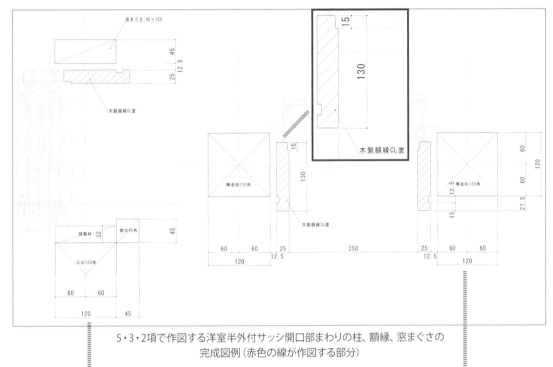

5・3・2項で作図する洋室半外付サッシ開口部まわりの柱、額縁、窓まぐさの
完成図例（赤色の線が作図する部分）

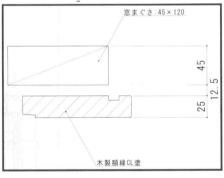

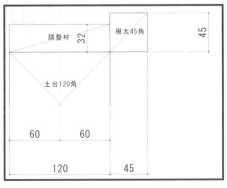

作図のポイント

- 0レイヤグループ「部分詳細図」、2レイヤ「柱・まぐさ・額縁」に作図します。Fレイヤグループは表示のみ、0レイヤと1レイヤは表示のみ、EレイヤとFレイヤは非表示にします。

平面部分詳細図の各部材を作図

まず、平面部分詳細図から作図します。

❶ 書込レイヤを0レイヤグループ「部分詳細図」の2レイヤ「柱・まぐさ・額縁」に、Fレイヤグループは表示のみ、0レイヤと1レイヤは表示のみ、EレイヤとFレイヤは非表示に切り替える。

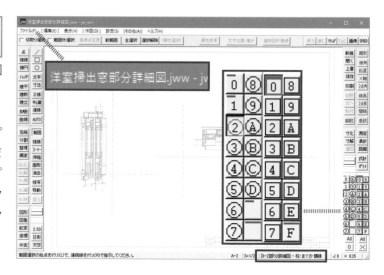

構造柱の作図

図形データ「構造柱120角」を貼り付けて、構造柱を作図します。左右一対なので、同じ図形を2カ所に貼り付けます。

❶ ツールバー「図形」をクリックし、「詳細図入門図形」フォルダ→「部分詳細図」フォルダ→「平面部分詳細図」フォルダの「構造柱120角」をクリックする。

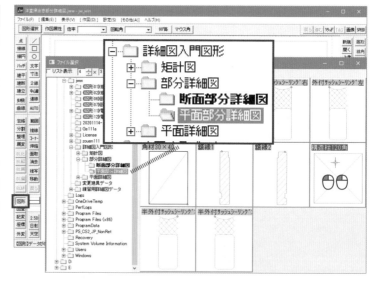

❷ 図の位置に貼り付ける。

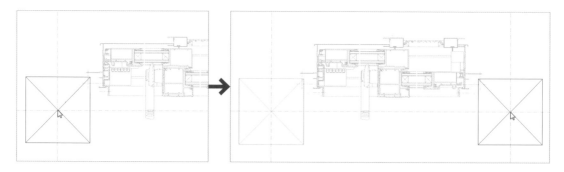

額縁の作図

引き続き図形データ「額縁1」および「額縁2」を順次貼り付けて、左右の額縁を作図します。

❶ コントロールバー「図形選択」を🖱し、「詳細図入門図形」フォルダ→「部分詳細図」フォルダ→「平面部分詳細図」フォルダの「額縁1」を🖱🖱し、左の額縁を図の位置に貼り付ける。

❷ 同様にして、「額縁2」を🖱🖱し、右の額縁を図の位置に貼り付ける。

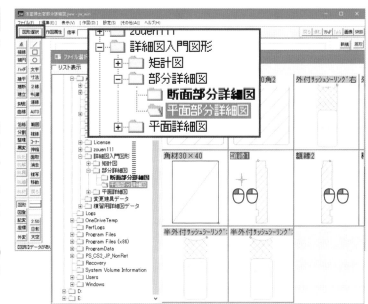

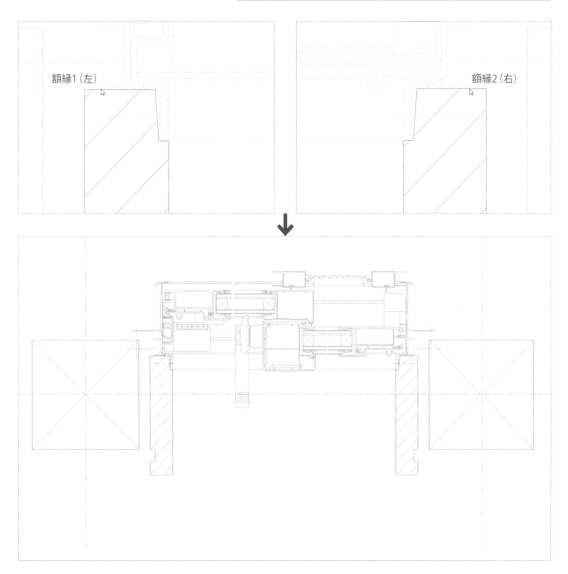

断面部分詳細図の各部材を作図

続いて、断面部分詳細図を作図します。まず、図形データ「額縁」を貼り付けて、額縁を作図します。

❶ コントロールバー「図形選択」を🖱し、「詳細図入門図形」フォルダ→「部分詳細図」フォルダ→「断面部分詳細図」フォルダの「額縁」を🖱🖱し、図の位置に貼り付ける。

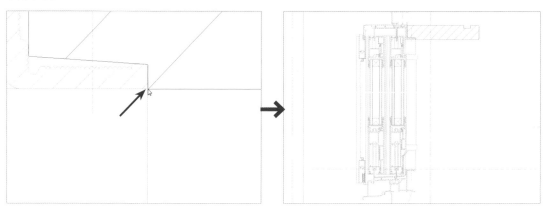

鴨居の上から12.5mmの位置に補助線を作図しておき、それをガイドにして窓まぐさを作図します。

❶ 線属性を「補助線色」「補助線種」に切り替え、図のように鴨居の上から12.5mmの位置に補助線を作図しておく。

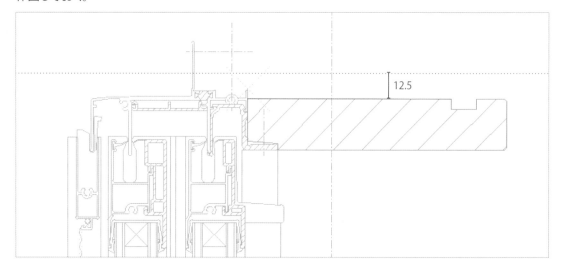

12.5

補助線をガイドにして、図形データ「窓まぐさ45×120」を貼り付けて、窓まぐさを作図します。

❷ ツールバー「図形」を🖱️し、「詳細図入門図形」フォルダ→「部分詳細図」フォルダ→「断面部分詳細図」フォルダの「窓まぐさ45×120」を🖱️🖱️する。

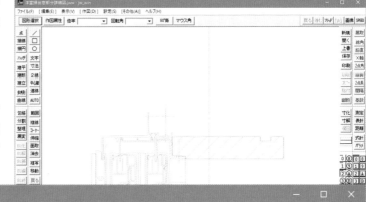

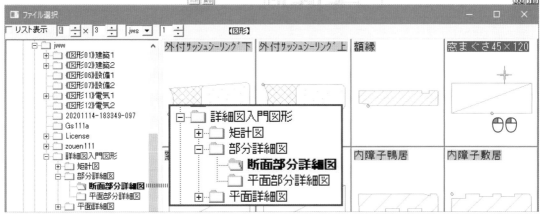

❸ 図の位置に貼り付ける。

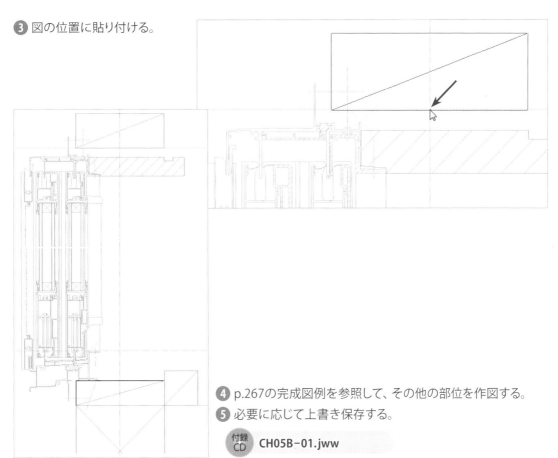

❹ p.267の完成図例を参照して、その他の部位を作図する。

❺ 必要に応じて上書保存する。

付録CD **CH05B-01.jww**

271

5・3・3 外壁と内壁の仕上げを作図

ここでは外壁と内壁の仕上げを作図します。平面部分詳細図、断面部分詳細図の順に作図します。

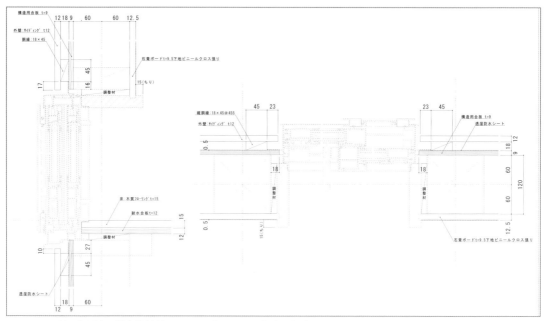

5・3・3項で作図する洋室半外付サッシ開口部まわりの外壁と内壁の仕上げの完成図例（赤色の線が作図する部分）

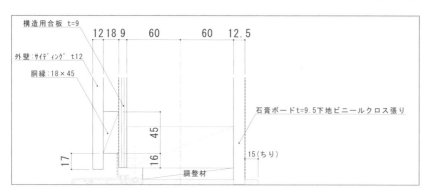

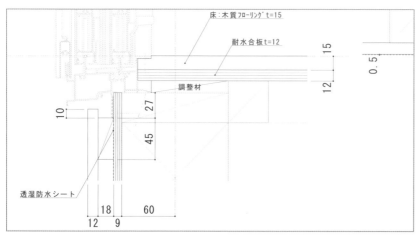

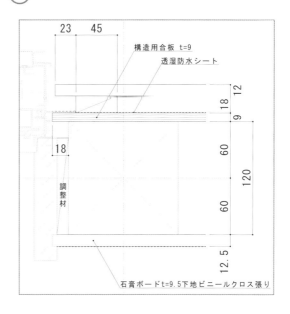

作図のポイント

● 0レイヤグループ「部分詳細図」、3レイヤ「仕上」に作図します。Fレイヤグループは表示のみ、0〜2レイヤは表示のみ、EレイヤとFレイヤは非表示にします。

外壁と内壁の仕上げを作図

外壁と内壁の仕上げを作図します。

❶ 書込レイヤを0レイヤグループ「部分詳細図」の3レイヤ「仕上」に、Fレイヤグループは表示のみ、0〜2レイヤは表示のみ、EレイヤとFレイヤは非表示に切り替える。

❷ 完成図例の寸法を参照して、図のように作図する（断面部分詳細図は次ページ）。

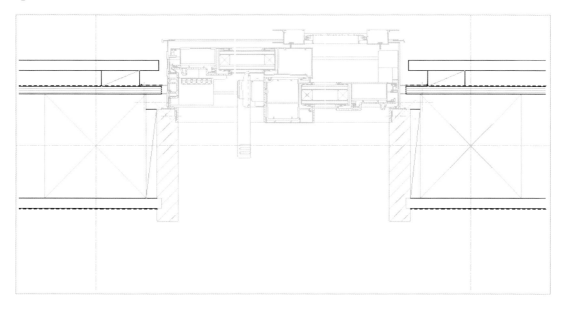

❸ 必要に応じて上書き保存する。

付録CD **CH05B-02.jww**

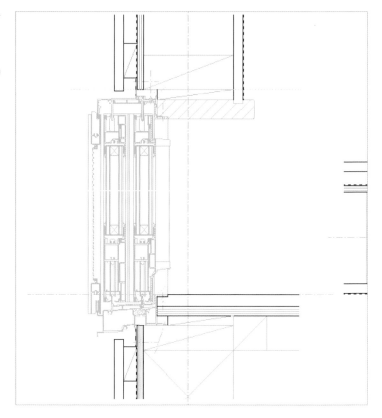

※ 写真提供：三協アルミ

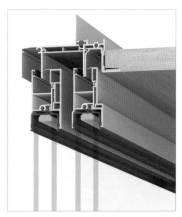

半外付サッシ上端

半外付サッシ下端

5·3·4 シーリングの作図

ここでは、シーリングを作図します。半面部分詳細図、断面部分詳細図の順に作図します。

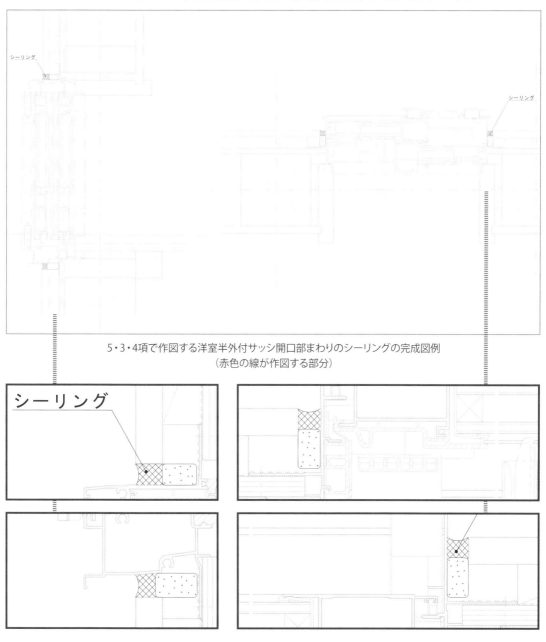

5・3・4項で作図する洋室半外付サッシ開口部まわりのシーリングの完成図例
（赤色の線が作図する部分）

作図のポイント

- 0レイヤグループ「部分詳細図」、4レイヤ「シーリング」に作図します。Fレイヤグループは表示のみ、0〜3レイヤは表示のみ、EレイヤとFレイヤは非表示にします。

平面部分詳細図のシーリングを作図

まず、平面部分詳細図のシーリングから作図します。図形データ「半外付サッシュシーリング右」および
「半外付サッシュシーリング左」を順次貼り付けて、シーリングを作図します。

❶ 書込レイヤを0レイヤグループ「部分詳細図」の4レイヤ「シーリング」に、Fレイヤグループは表示の
み、0～3レイヤは表示のみ、EレイヤとFレイヤは非表示に切り替える。

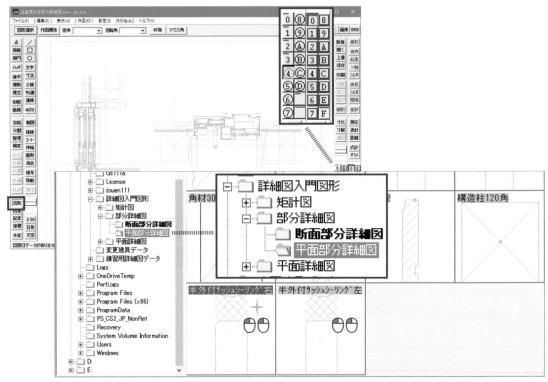

❷ ツールバー「図形」を🖱し、「詳細図入門図形」フォルダ→「部分詳細図」フォルダ→「平面部分詳細
図」フォルダの「半外付サッシュシーリング右」を🖱🖱し、図の位置に貼り付ける。

❸ 同様にして、「半外付サッシュシーリング左」を🖱🖱し、図の位置に貼り付ける。

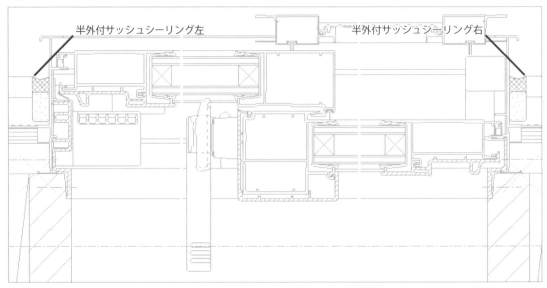

断面部分詳細図のシーリングを作図

同様にして、断面部分詳細図の
シーリングを作図します。図形
データ「半外付サッシシーリン
グ下」および「半外付サッシシ
ーリング上」を順次貼り付けて、
シーリングを作図します。

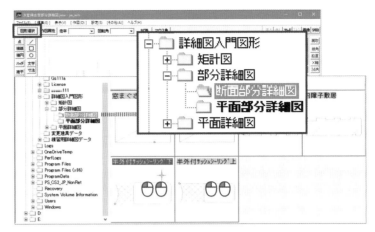

❶ コントロールバー「図形選
択」を🖱し、「詳細図入門図形」フ
ォルダ→「部分詳細図」フォルダ
→「断面部分詳細図」フォルダの
「半外付サッシシーリング下」
を🖱🖱し、図の位置に貼り付け
る。

❷ 同様にして、「半外付サッシ
シーリング上」を🖱🖱し、図の位
置に貼り付ける。

❸ 必要に応じて上書き保存す
る。

付録
CD　**CH05B-03.jww**

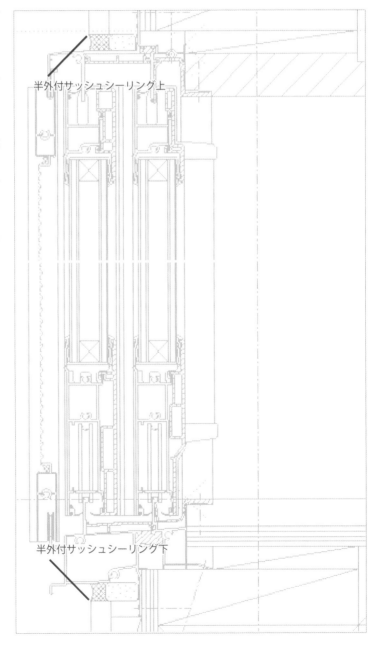

半外付サッシシーリング上

半外付サッシシーリング下

5·3·5 寸法、説明の作図

ここでは、寸法、説明を作図します。

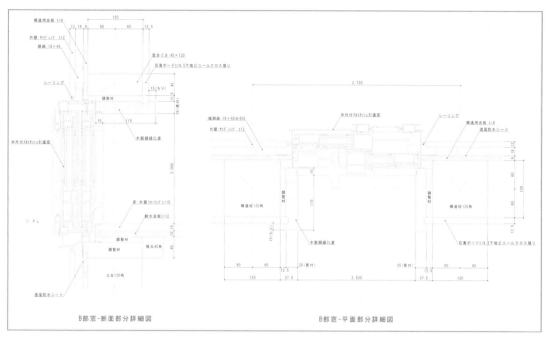

5・3・5項で作図する洋室半外付サッシ開口部まわりの寸法、説明の完成図例（赤色の線が作図する部分）

作図のポイント

- 0レイヤグループ「部分詳細図」、5レイヤ「寸法・説明」に作図します。Fレイヤグループは表示のみ、0〜4レイヤは表示のみ、EレイヤとFレイヤは非表示にします。

寸法、説明の作図

完成図例を参照して、寸法、説明を作図します。下記練習用ファイルには寸法と説明が作図済みです。

❶ 書込レイヤを0レイヤグループ「部分詳細図」の5レイヤ「寸法・説明」に、Fレイヤグループは表示のみ、0〜4レイヤは表示のみ、EレイヤとFレイヤは非表示に切り替える。

❷ 完成図例を参照して、寸法、説明を作図する（拡大図→次ページ）。

❸ 必要に応じて上書き保存する。

付録CD **CH05B-04.jww**

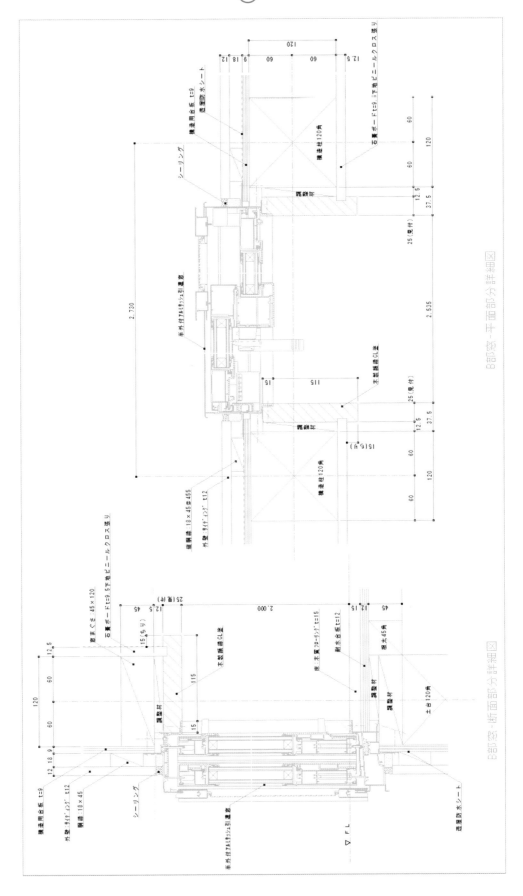

B部窓・平面部分詳細図

B部窓・断面部分詳細図

279

❹ Fレイヤグループおよび0～4レイヤを編集可能にする。

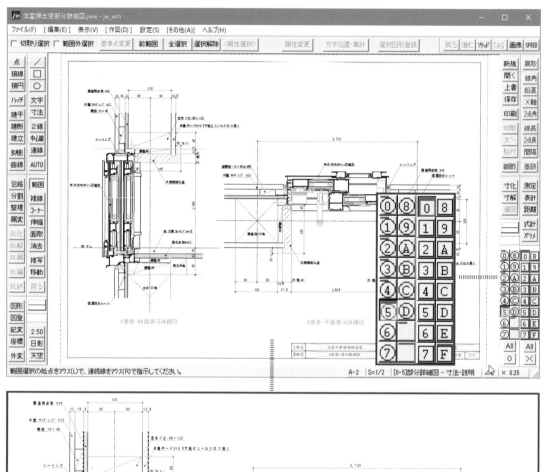

❺ 必要に応じて上書き保存する。

以上で、部分詳細図の作図は完了です。

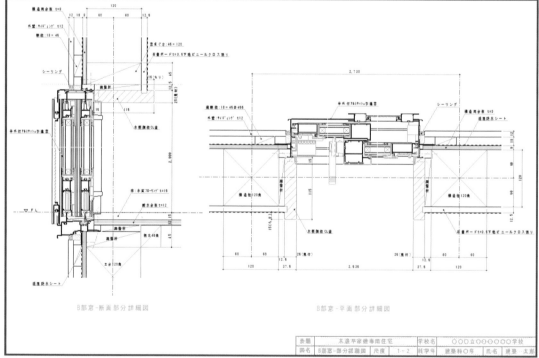

付録CD **CH05B-完成.jww**

5・4 縮尺の違う図面を 1つにまとめる

ここでは、3章で作図した「平面詳細図」（縮尺：1/30）と、この5章で作図した「平面部分詳細図」（縮尺：1/2）、それぞれ縮尺の違う図面をA1サイズ横1枚にコピーしてまとめる方法を紹介します。

5・4・1 練習用詳細図データの「CH05AB－00（.jww）」を 別名「平面詳細図部分詳細図（.jww）」で保存

作図を開始する前に、図面を準備します。

❶「開く」コマンドで、3章であらかじめCドライブの「jww」フォルダにコピーした「練習用詳細図データ」フォルダの「CH05」フォルダから「CH05AB−00（.jww）」ファイルを開く。

ここでは例として、ハードディスクの「C：」ドライブの「jww」フォルダに「平面詳細図部分詳細図（.jww）」で保存し直す。

「CH05AB−00（.jww）」ファイルは、0レイヤグループの縮尺が1/2、1レイヤグループの縮尺が1/30に設定してある。

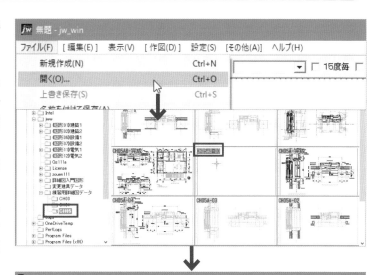

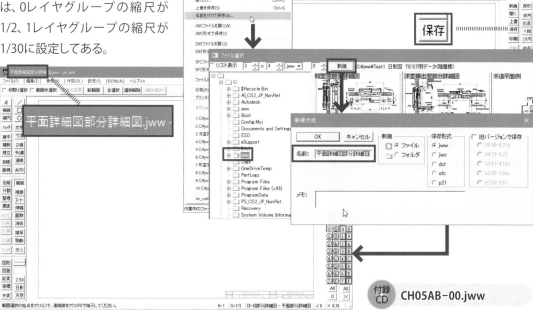

付録CD **CH05AB−00.jww**

281

5·4·2 平面部分詳細図を貼る

❶「平面詳細図部分詳細図（.jww）」を開いたまま、この章で作図した「和室窓部分詳細図（.jww）」をCドライブの「jww」フォルダから開く。

> または、Cドライブの「jww」フォルダにコピーした「練習用詳細図データ」フォルダの「CH05」フォルダから「CH05A－完成（.jww）」ファイルを開きます。

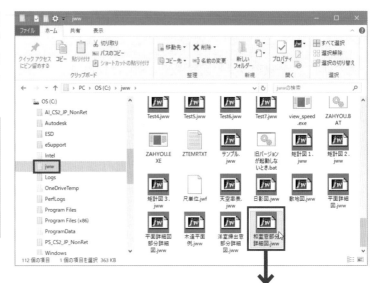

❷「範囲選択」コマンドで、図のように平面部分詳細図を選択し、「コピー」コマンドを🖱️する。

> この図面ファイルは ✕ を🖱️して閉じます（このJw_cadを終了する）。

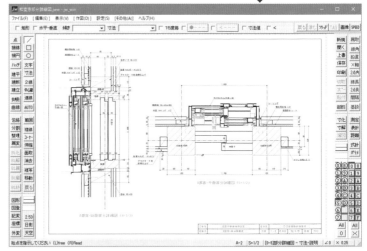

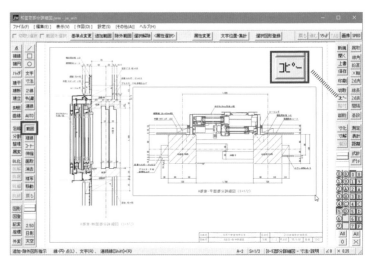

❸「平面詳細図部分詳細図(.jww)」に戻り、0レイヤと0レイヤグループが書込状態であることを確認して、「貼付」コマンドを🖱し、図のように左上あたりで🖱する。

これで、和室窓平面部分詳細図のコピーが完了する。

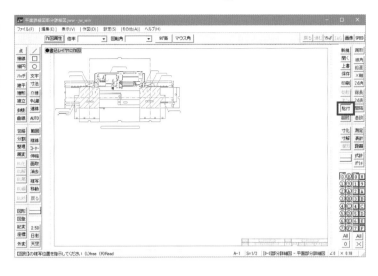

❹ さらに、「平面詳細図部分詳細図(.jww)」を開いたまま、この章で作図した「洋室掃出窓部分詳細図(.jww)」をCドライブの「jww」フォルダから開いて、平面部分詳細図をコピーする。

> または、Cドライブの「jww」フォルダにコピーした「練習用詳細図データ」フォルダの「CH05」フォルダから「CH05B−完成(.jww)」ファイルを開きます。

❺「平面詳細図部分詳細図(.jww)」に戻り、「貼付」コマンドを🖱し、図のように左下あたりで🖱する。

これで、洋室窓平面部分詳細図のコピーが完了する。

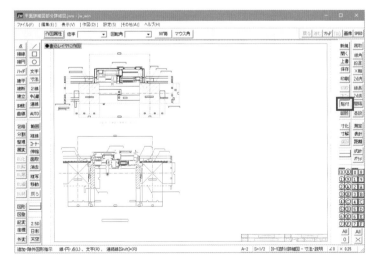

5·4·3 平面詳細図を貼る

❶「平面詳細図部分詳細図（.jww）」を開いたまま、3章で作図した「平面詳細図（.jww）」をCドライブの「jww」フォルダから開く。

> または、Cドライブの「jww」フォルダにコピーした「練習用詳細図データ」フォルダの「CH03」フォルダから「CH03－完成（.jww）」ファイルを開きます。

❷「範囲選択」コマンドで、図のように図面を選択し、「コピー」コマンドを🖱する。

> この図面ファイルは ✕ を🖱して閉じます（このJw_cadを終了する）。

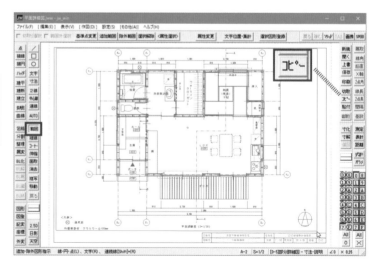

❸「平面詳細図部分詳細図
（.jww）」に戻り、「0」レイヤグル
ープを表示のみに、「1」レイヤ
グループを書込にし、「貼付」コマ
ンドで、図のように右側あたりで
🖱️する。

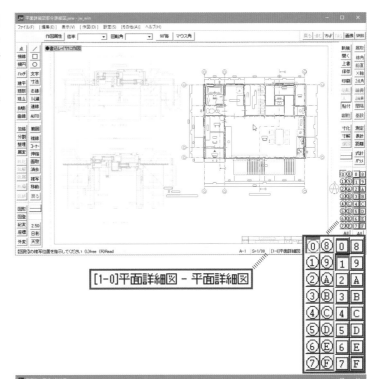

❹ 凡例と方位の位置を移動し、
「平面詳細図（S=1/30）」の文字
サイズを「文字種 [7]」にする。

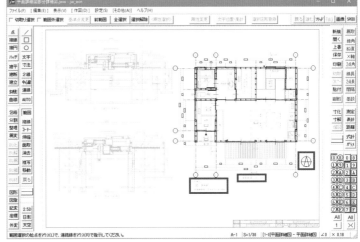

❺「0」レイヤグループを編集可
能にして、完成となる。

 CH05AB－完成.jww

これで、縮尺1/2と1/30が同じ図
面に共存することができました。

今回は、すでにかき上げた平面
部分詳細図と平面詳細図を1つの
ファイルにコピーして、縮尺の異
なる図面を共存させました。Jw_
cadでは、レイヤグループごとに
縮尺を変えて図面を作成できるこ
とを利用した作図方法です。

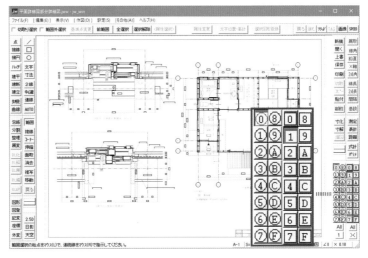

INDEX

著者紹介

櫻井 良明（さくらい よしあき）

一級建築士、一級建築施工管理技士、一級土木施工管理技士。
1963年、大阪府生まれ。
1986年、福井大学工学部建設工学科卒業。
設計事務所、ゼネコン勤務、山梨県立甲府工業高等学校建築科教諭などを経て、現在、日本工学院八王子専門学校テクノロジーカレッジ建築学科・建築設計科教員。
長年にわたりJw_cadによる建築製図指導を続けていて、全国のさまざまな建築設計コンペなどで指導した生徒を多数入選に導いている。

著書

『これで完璧!! Jw_cad基本作図ドリル』（エクスナレッジ）
『この1冊で全部わかる木造住宅製図秘伝のテクニック』（エクスナレッジ）
『高校生から始めるJw_cad建築製図入門[Jw_cad8対応版]』（エクスナレッジ）
『高校生から始めるSketchUp木造軸組入門』（エクスナレッジ）
『高校生から始めるJw_cad土木製図入門[Jw_cad8.10b対応]』（エクスナレッジ）
『Jw_cad 建築施工図入門』（エクスナレッジ）
『Jw_cad で学ぶ建築製図の基本[Jw_cad8対応版]』（エクスナレッジ）
『高校生から始めるJw_cad建築製図入門[RC造編]』（エクスナレッジ）
『高校生から始めるJw_cad製図超入門[Jw_cad8対応版]』（エクスナレッジ）
『高校生から始めるJw_cad建築構造図入門』（エクスナレッジ）
『高校生から始めるJw_cad建築プレゼン入門[Jw_cad8対応版]』（エクスナレッジ）
『建築製図 基本の基本』（学芸出版社）
『図解 建築小辞典』（共著、オーム社）
『新版 建築実習1』（共著、実教出版）
『二級建築士120講 問題と説明』（共著、学芸出版社）
『直前突破 二級建築士』（共著、学芸出版社）

ホームページ ：「建築学習資料館」 http://ags.gozaru.jp/
ブログ ：「建築のウンチク話」 http://agsgozaru.jugem.jp/

Jw_cad建築詳細図入門

2021年3月1日　初版第1刷発行

著　者　櫻井 良明

発行者　澤井 聖一
発行所　株式会社エクスナレッジ
　　　　〒106-0032　東京都港区六本木7-2-26
　　　　https://www.xknowledge.co.jp/

問合せ先
編集　p.8の「FAX質問シート」を参照してください。
販売　Tel 03-3403-1321 ／ Fax 03-3403-1829